ATB · ALEX-TASCHENBÜCHER · ATB

Hans Christian Andersen

Fliedermütterchen

und andere Märchen

DER KINDERBUCHVERLAG BERLIN

Herausgegeben und mit einem Nachwort
von Ernst Stein
Einband und
Illustrationen von Regine Ensikat

ISBN 3-358-01417-7

Das Feuerzeug

Es kam ein Soldat auf der Landstraße dahermarschiert: Eins, zwei! Eins, zwei! Er hatte seinen Tornister auf dem Rücken und einen Säbel an der Seite; denn er war im Kriege gewesen und wollte nun nach Hause.
Da begegnete er einer alten Hexe auf der Landstraße. Sie sah sehr widerlich aus, ihre Unterlippe hing ihr gerade bis auf die Brust hinab.
Sie sagte: „Guten Abend, Soldat! Was hast du doch für einen schönen Säbel und großen Tornister! Du bist ein richtiger Soldat! Nun sollst du so viel Geld bekommen, wie du haben willst!"
„Ich danke dir, du alte Hexe!" sagte der Soldat.
„Siehst du den großen Baum dort?" fragte die Hexe und zeigte auf einen Baum, der in der Nähe stand. „Er ist inwendig ganz hohl. Da mußt du in den Gipfel hinaufklettern, dann wirst du ein Loch sehen, durch das du dich hinablassen und tief in den Baum gelangen kannst! Ich werde dir einen Strick um den Leib binden, damit ich dich wieder heraufziehen kann, wenn du mich rufst."
„Was soll ich denn da unten im Baume?" fragte der Soldat. „Geld holen!" sagte die Hexe. „Wisse, wenn du auf den Boden des Baumes hinunterkommst, so bist du in einer großen Halle. Da ist es ganz hell; denn da brennen Hunderte von Lampen. Dann erblickst du drei Türen; du kannst sie öffnen, der Schlüssel steckt darin. Gehst du in die erste Kammer, so siehst du mitten auf dem Fußboden eine große Kiste, auf der sitzt ein Hund. Er hat ein Paar Augen, so groß wie Teetassen. Doch daran brauchst du dich nicht zu kehren! Ich gebe dir meine blaukarierte Schürze, die kannst du auf dem Fußboden ausbreiten; geh dann rasch hin und nimm den Hund, setze ihn auf meine

Schürze, öffne die Kiste und nimm so viele Schillinge, wie du willst. Sie sind alle aus Kupfer. Willst du lieber Silber haben, so mußt du in das nächste Zimmer gehen. Dort sitzt ein Hund, der hat ein Paar Augen, so groß wie Mühlräder. Doch daran brauchst du dich nicht zu kehren, setze ihn auf meine Schürze und nimm von dem Gelde.
Willst du Gold haben, so kannst du es auch bekommen, und zwar so viel, wie du tragen magst, wenn du in die dritte Kammer hineingehst. Der Hund der dort auf dem Geldkasten sitzt, hat zwei Augen, jedes so groß wie ein Turm. Es ist ein böser Hund, das kannst du mir glauben! Aber daran brauchst du dich nicht zu kehren! Setze ihn nur auf meine Schürze, so tut er dir nichts, und nimm aus der Kiste soviel Gold, wie du willst!"
„Das wäre so übel nicht!" sagte der Soldat. „Aber was soll ich dir dafür geben, du alte Hexe? Denn ich kann mir denken, daß du auch etwas haben willst!"
„Nein!" sagte die Hexe. „Nicht einen einzigen Schilling will ich haben! Mir sollst du nur ein altes Feuerzeug mitbringen, das meine Großmutter vergaß, als sie das letzte Mal unten war."
„Nun, so binde mir den Strick um den Leib!" sagte der Soldat. „Hier ist er", sagte die Hexe, „und hier ist meine blaukarierte Schürze."
Da kletterte der Soldat auf den Baum hinauf, ließ sich durch das Loch hinuntergleiten und stand dann, wie die Hexe gesagt hatte, unten in der großen Halle, wo die vielen hundert Lampen brannten. Nun schloß er die erste Tür auf. Hu! Da saß der Hund mit den Augen, so groß wie Teetassen, und glotzte ihn an.
„Du bist ein netter Kerl!" sagte der Soldat, setzte ihn auf die Schürze der Hexe und nahm so viele Kupferschillinge, wie seine Taschen fassen konnten. Dann schloß er die Kiste, setzte den Hund wieder

darauf und ging in das andere Zimmer. Richtig! Da saß der Hund mit den Augen, so groß wie Mühlräder.
,,Du solltest mich lieber nicht so groß ansehen!" sagte der Soldat. ,,Du bekommst sonst schlimme Augen!" Und dann setzte er den Hund auf die Schürze der Hexe. Aber als er das viele Silbergeld in der Kiste erblickte, warf er all das Kupfergeld, das er hatte, fort und füllte die Taschen und seinen Tornister nur mit Silber. Nun ging er in die dritte Kammer. Nein, das war gräßlich! Der Hund darin hatte wirklich zwei Augen, jedes so groß wie ein Turm, und die drehten sich im Kopf — gerade wie Räder.
,,Guten Abend!" sagte der Soldat und griff an die Mütze; denn einen solchen Hund hatte er vorher nie gesehen. Als er ihn aber etwas betrachtet hatte, dachte er, nun ist es genug, hob ihn auf die Schürze herunter und machte die Kiste auf. Gott bewahre! Was war da für eine Menge Gold! Dafür konnte er die ganze Stadt und die Zuckerferkel der Kuchenfrauen, alle Zinnsoldaten, Peitschen und Schaukelpferde in der ganzen Welt kaufen. Ja, das war wirklich Gold. Nun warf der Soldat alle Silberschillinge fort, mit denen er seine Taschen und seinen Tornister gefüllt hatte, und nahm dafür Gold; ja, alle Taschen, der Tornister, die Mütze und die Stiefel wurden gefüllt, so daß er kaum gehen konnte. Nun hatte er Geld! Den Hund setzte er wieder auf die Kiste, schlug die Tür zu und rief dann durch den Baum hinauf: ,,Zieh mich nun hinauf, du alte Hexe!"
,,Hast du auch das Feuerzeug?" fragte die Hexe.
,,Donnerwetter!" sagte der Soldat. ,,Das hatte ich ganz vergessen!"
Und dann ging er und holte es. Die Hexe zog ihn hinauf, und da stand er wieder auf der Landstraße,

Taschen, Stiefel, Tornister und Mütze voller Geld.
„Was willst du mit dem Feuerzeug machen?' fragte der Soldat.
„Das geht dich nichts an!" sagte die Hexe. „Du hast ja Geld bekommen! Gib mir nur das Feuerzeug!"
„Ach was!" sagte der Soldat. „Wirst du mir gleich sagen, was du damit machen willst, oder ich ziehe meinen Säbel und schlage dir den Kopf ab!"
„Nein!" sagte die Hexe.
Gleich schlug der Soldat ihr den Kopf ab. Da lag sie! Er aber band all sein Gold in ihre Schürze, nahm es wie ein Bündel auf den Rücken, steckte das Feuerzeug in die Tasche und ging geradewegs zur Stadt.
Das war eine prächtige Stadt! Und in dem prachtvollsten Wirtshause kehrte er ein, verlangte die allerbesten Zimmer und seine Lieblingsspeisen; denn nun war er ja reich, da er soviel Geld hatte.
Dem Diener, der seine Stiefel putzen sollte, kam es freilich vor, als wären es lächerlich alte Stiefel für einen so reichen Herrn. Aber der Soldat hatte sich noch keine neuen gekauft, erst am nächsten Tage bekam er Stiefel, mit denen er sich sehen lassen konnte, und feine Kleider dazu.
Nun war aus dem Soldaten ein vornehmer Herr geworden, und die Leute erzählten ihm von all den Herrlichkeiten, die in ihrer Stadt waren, und von ihrem König und was für eine niedliche Prinzessin seine Tochter sei.
„Wo kann man sie zu sehen bekommen?" fragte der Soldat. „Man kann sie gar nicht zu sehen bekommen!" sagten alle. „Sie wohnt in einem großen kupfernen Schloß, das von vielen Mauern und Türmen umgeben ist! Niemand außer dem König darf bei ihr ein und aus gehen; denn es ist prophezeit, daß sie einen einfachen Soldaten heiraten wird, und das kann der König nicht zugeben!"

Die möchte ich wohl sehen! dachte der Soldat; aber dazu konnte er ja durchaus keine Erlaubnis bekommen.
Nun lebte er recht lustig, besuchte das Theater, fuhr in des Königs Park und gab den Armen viel Geld, und das war hübsch von ihm. Er wußte noch aus alten Tagen, wie schlimm es ist, nicht einen Schilling zu besitzen! Jetzt war er reich, hatte schöne Kleider und sehr viele Freunde, die alle sagten, er sei ein vortrefflicher Mensch, ein richtiger Kavalier. Und das hörte der Soldat gern.
Aber da er jeden Tag Geld ausgab und nie etwas einnahm, so blieben ihm zuletzt nicht mehr als zwei Schillinge übrig. Er mußte die schönen Zimmer verlassen, in denen er gewohnt hatte, und oben in einer kleinen Kammer unter dem Dach wohnen, seine Stiefel selbst putzen und sie mit einer Stopfnadel zusammennähen. Keiner seiner Freunde kam zu ihm; denn es waren zu viele Treppen hinaufzusteigen.
Es war ein dunkler Abend, und er konnte sich nicht einmal ein Licht kaufen. Aber da fiel ihm ein, daß ein kleines Endchen in dem Feuerzeug liege, das er aus dem hohlen Baum, in den die Hexe ihm hinuntergeholfen, mitgenommen hatte. Er suchte das Feuerzeug und das Lichtendchen hervor, als er aber Feuer schlug und die Funken aus dem Feuersteine flogen, sprang die Tür auf, und der Hund, der Augen, so groß wie ein Paar Teetassen hatte, und den er unten im Baume gesehen, stand vor ihm und sagte: „Was befiehlt mein Herr?“ — „Was ist das?“ sagte der Soldat. „Das ist ja ein lustiges Feuerzeug, wenn ich so bekommen kann, was ich haben will! Schaffe mir etwas Geld!“ sagte er zu dem Hunde, und wupps, war der Hund fort, wupps, war er wieder da und hielt einen großen Beutel voller Schillinge in seiner Schnauze.

Nun wußte der Soldat, was für ein herrliches Feuerzeug das war!
Schlug er einmal, so kam der Hund, der auf der Kiste mit Kupfergeld saß, schlug er zweimal, so kam der, welcher das Silbergeld hatte, und schlug er dreimal, so kam der, welcher das Gold bewachte. Nun zog der Soldat wieder in die schönen Zimmer hinunter und erschien von neuem in schönen Kleidern. Gleich erkannten ihn alle seine Freunde wieder und hielten große Stücke auf ihn.
Da dachte er einmal: Es ist doch sonderbar, daß man die Prinzessin nicht zu sehen bekommen kann. Sie soll sehr schön sein, sagen alle, aber was hilft das, wenn sie immer in dem großen kupfernen Schloß mit den vielen Türmen sitzen muß! Kann ich sie denn gar nicht zu Gesicht bekommen? Wo ist nur mein Feuerzeug? Und er schlug Feuer, und wupps, kam der Hund mit den Augen, so groß wie Teetassen.
„Es ist freilich mitten in der Nacht", sagte der Soldat, „aber ich möchte so gern die Prinzessin nur einen kleinen Augenblick sehen!"
Der Hund war gleich aus der Tür, und ehe der Soldat sich's versah, kam er mit der Prinzessin wieder. Sie saß auf dem Rücken des Hundes und schlief und war so schön, daß ein jeder sehen konnte, es war wirklich eine Prinzessin. Der Soldat konnte nicht anders, er mußte sie küssen; denn er war ein richtiger Soldat.
Darauf lief der Hund mit der Prinzessin wieder zurück. Doch als es Morgen wurde und der König und die Königin Tee tranken, sagte die Prinzessin, sie hätte in der Nacht einen ganz sonderbaren Traum von einem Hund und einem Soldaten gehabt; sie wäre auf dem Hund geritten, und der Soldat hätte sie geküßt.
„Das wäre wahrlich eine schöne Geschichte!" sagte die Königin. Und in der nächsten Nacht mußte eine der alten Hofdamen am Bette der Prinzessin wachen,

um zu sehen, ob es wirklich nur ein Traum wäre oder was es sonst sein könnte.
Der Soldat sehnte sich ganz außerordentlich danach, die Prinzessin wiederzusehen, und so kam denn der Hund in der Nacht, holte sie und lief, so schnell er konnte. Aber die alte Hofdame zog Wasserstiefel an und lief ebensoschnell hinterher. Als sie nun sah, daß sie in einem großen Hause verschwanden, dachte sie, nun weiß ich, wo es ist, und machte mit einem Stück Kreide ein großes Kreuz an die Tür. Dann ging sie nach Hause und legte sich nieder, und der Hund kam mit der Prinzessin wieder.
Als er aber sah, daß ein Kreuz an die Tür des Hauses gemacht war, wo der Soldat wohnte, nahm er auch ein Stück Kreide und machte Kreuze an alle Haustüren in der Stadt.
Und das war klug getan; denn nun konnte ja die Hofdame die richtige Tür nicht finden, da an allen Kreuze waren.
Frühmorgens kamen der König und die Königin, die alte Hofdame und alle Offiziere, um zu sehen, wo die Prinzessin gewesen war.
„Da ist es!" sagte der König, als er die erste Tür mit einem Kreuz daran erblickte.
„Nein, dort ist es, mein lieber Mann!" sagte die Königin, als sie die zweite Tür mit einem Kreuz sah.
„Aber da ist eins, und dort ist eins!" sagten alle. Wohin sie blickten, waren Kreuze an den Türen. Da begriffen sie wohl, daß ihnen das Suchen nichts helfen würde.
Die Königin aber war eine sehr kluge Frau, die mehr konnte als in einer Kutsche fahren. Sie nahm ihre große goldene Schere schnitt ein Stück Seidenstoff zurecht und nähte daraus einen kleinen, niedlichen Beutel. Den füllte sie mit feiner Buchweizengrütze,

band ihn der Prinzessin auf den Rücken, und als das getan war, schnitt sie ein kleines Loch in den Beutel, so daß die Grütze den ganzen Weg bestreuen mußte, den die Prinzessin nahm.
In der Nacht kam nun der Hund wieder, nahm die Prinzessin auf den Rücken und lief mit ihr zum Soldaten hin, der sie so liebhatte und gern ein Prinz gewesen wäre, um sie zur Frau zu bekommen.
Der Hund merkte gar nicht, daß die Grütze vom Schloß bis zum Fenster des Soldaten heraussickerte, wo er die Mauer mit der Prinzessin hinauflief. Am Morgen sahen der König und die Königin nun wohl, wo ihre Tochter gewesen war. Und sie nahmen den Soldaten und setzten ihn ins Gefängnis.
Da saß er nun. Hu, wie dunkel und langweilig war es dort! Und sie sagten zu ihm: ,,Morgen wirst du gehängt!" Das zu hören war nicht gerade belustigend für den Soldaten, und sein Feuerzeug hatte er im Gasthofe vergessen.
Am Morgen konnte er durch das Eisengitter vor dem kleinen Fenster sehen, wie das Volk aus der Stadt eilte, um ihn hängen zu sehen.
Er hörte die Trommeln und sah die Soldaten marschieren. Alle Menschen liefen hinaus, darunter war auch ein Schusterjunge mit Schurzfell und Pantoffeln, der lief so im Galopp, daß ihm ein Pantoffel wegflog, gerade gegen die Mauer, wo der Soldat saß und durch das Eisengitter hinausguckte.
,,He, Schusterjunge, du brauchst dich nicht so zu beeilen!" sagte der Soldat zu ihm. ,,Es geht nicht eher los, als bis ich da bin! Aber willst du hinlaufen, wo ich gewohnt habe, und mir mein Feuerzeug holen, so sollst du vier Schillinge haben! Du mußt aber die Beine in die Hand nehmen!" Der Schusterjunge wollte gern die vier Schillinge verdienen und lief nach dem Feuerzeuge, gab es dem Soldaten und — ja, nun

werden wir hören! Draußen vor der Stadt war ein großer Galgen aufgebaut, ringsherum standen die Soldaten und viele hunderttausend Menschen. Der König und die Königin saßen auf einem prächtigen Thron den Richtern und dem ganzen Rat gegenüber. Der Soldat stand schon oben auf der Leiter, aber als sie ihm den Strick um den Hals legen wollten, sagte er, daß man ja immer einem armen Sünder, bevor er seine Strafe erleide, die Erfüllung eines unschuldigen Wunsches gewähre. Er möchte so gern eine Pfeife Tabak rauchen; es wäre ja seine letzte Pfeife in dieser Welt. Das wollte der König ihm dann auch nicht abschlagen, und so nahm der Soldat sein Feuerzeug und schlug Feuer, eins, zwei, drei! Und siehe, da standen alle drei Hunde: der mit den Augen, so groß wie Teetassen, der mit den Augen, so groß wie Mühlräder, und der mit den Augen, jedes so groß wie ein Turm.
„Helft mir nun, daß ich nicht gehängt werde!" sagte der Soldat. Und da fielen die Hunde über die Richter und den ganzen Rat her, nahmen den einen bei den Beinen und den anderen bei der Nase und warfen sie viele Klafter hoch in die Luft, so daß sie niederfielen und in Stücke zersprangen.
„Ich will nicht!" sagte der König, aber der größte Hund nahm sowohl ihn wie die Königin und warf sie den andern nach. Da erschraken die Soldaten, und alles Volk rief: „Lieber Soldat, du sollst unser König sein und die schöne Prinzessin haben!"
Dann setzten sie den Soldaten in des Königs Kutsche, und alle drei Hunde tanzten voran und riefen: „Hurra!" Und die Knaben pfiffen auf den Fingern, und die Soldaten präsentierten das Gewehr. Die Prinzessin kam aus dem kupfernen Schlosse und wurde Königin, und das gefiel ihr gut! Die Hochzeit währte acht volle Tage, und die Hunde saßen mit bei Tische und machten große Augen.

Der kleine Klaus und der große Klaus

In einem Dorf wohnten zwei Männer, die beide denselben Namen hatten. Alle beide hießen sie Klaus, aber der eine besaß vier Pferde und der andere nur ein einziges Pferd. Um sie jedoch voneinander unterscheiden zu können, nannte man den, der vier Pferde hatte, den großen Klaus, und den, der nur ein einziges Pferd besaß, den kleinen Klaus. Nun wollen wir hören, wie es den beiden erging; denn es ist eine wahre Geschichte.
Die ganze Woche hindurch mußte der kleine Klaus für den großen Klaus pflügen und ihm sein einziges Pferd leihen; dann half der große Klaus ihm wieder mit allen seinen vieren, aber nur einmal wöchentlich, und das war sonntags. Hussa! Wie knallte der kleine Klaus mit seiner Peitsche über alle fünf Pferde; sie waren ja nun so gut wie sein für den einen Tag. Die Sonne schien so herrlich, und alle Glocken im Kirchturm läuteten zur Kirche. Die Leute waren alle geputzt und gingen mit dem Gesangbuch unter dem Arm, um den Pastor predigen zu hören. Sie sahen den kleinen Klaus, der mit fünf Pferden pflügte; und er war so vergnügt, daß er immer wieder mit der Peitsche knallte und rief: „Hü, alle meine Pferde!“
„So darfst du nicht sprechen“, sagte der große Klaus. „Dir gehört ja nur ein Pferd!“
Aber als wieder jemand vorbeiging, vergaß der kleine Klaus, daß er es nicht sagen sollte, und rief: „Hü, alle meine Pferde!“ — „Nun möchte ich dich doch bitten, das bleibenzulassen“, sagte der große Klaus, „denn sagst du es noch einmal, so schlage ich dein Pferd vor den Kopf, daß es auf der Stelle tot ist; dann ist es aus mit ihm!“
„Ich will es bestimmt nicht mehr sagen!“ versprach

der kleine Klaus. Aber als wieder Leute vorbeikamen und ihm guten Tag zunickten, wurde er so vergnügt und meinte, es sähe doch recht gut aus, daß er fünf Pferde habe, sein Feld zu pflügen. Und er knallte mit der Peitsche und rief: „Hü, alle meine Pferde!"
„Ich werde deine Pferde hüen!" sagte der große Klaus, nahm eine Keule und schlug des kleinen Klaus einziges Pferd vor den Kopf, daß es umfiel und auf der Stelle tot war.
„Ach, nun habe ich gar kein Pferd mehr!" klagte der kleine Klaus und fing an zu weinen. Darauf zog er dem Pferde die Haut ab und ließ sie gut im Winde trocknen, steckte sie dann in einen Sack, den er auf die Schulter nahm, und ging nach der Stadt, um seine Pferdehaut zu verkaufen.
Er hatte einen sehr weiten Weg vor sich und mußte durch einen großen dunklen Wald. Da zog ein furchtbares Unwetter herauf, und er verirrte sich gänzlich. Ehe er wieder auf den rechten Weg kam, war es Abend und allzuweit, um zur Stadt oder wieder nach Hause zu gelangen, bevor es Nacht wurde. Dicht am Wege lag ein großer Bauernhof; die Fensterladen waren draußen vor den Fenstern geschlossen, aber das Licht konnte doch oben hindurchscheinen. Dort werde ich wohl die Nacht über bleiben dürfen, dachte der kleine Klaus und ging hin, um anzuklopfen. Die Bauersfrau machte auf, aber als sie hörte, was er wollte, sagte sie, er solle seiner Wege gehen; ihr Mann sei nicht zu Hause und sie nehme keinen Fremden auf. „Nun, so muß ich draußen liegenbleiben", sagte der kleine Klaus, und die Bauersfrau schlug ihm die Tür vor der Nase zu.
Dicht daneben stand ein großer Heuschober, und zwischen diesem und dem Haus war ein kleiner Schuppen mit einem flachen Strohdache gebaut.
Da oben kann ich liegen! dachte der kleine Klaus, als

er das Dach sah, das ist ja ein herrliches Bett. Der Storch fliegt wohl nicht herunter und beißt mich in die Beine. Denn es stand ein lebendiger Storch oben auf dem Dache, wo er sein Nest hatte. Nun kroch der kleine Klaus auf den Schuppen hinauf und drehte und wendete sich, um recht gut zu liegen. Die hölzernen Laden vor den Fenstern schlossen oben nicht, und so konnte er gerade in die Stube hineinblicken.
Da war ein großer Tisch gedeckt, mit Wein und Braten und einem herrlichen Fisch darauf, die Bauersfrau und der Küster saßen bei Tische und sonst weiter niemand. Sie schenkte ihm ein, und er gabelte in den Fisch; denn das war sein Leibgericht.
Wer doch auch etwas davon abbekommen könnte, dachte der kleine Klaus und steckte den Kopf gegen das Fenster. Gott, welchen herrlichen Kuchen sah er drinnen stehen! Ja, das war ein Fest!
Plötzlich hörte er jemand von der Landstraße her auf das Haus zugeritten kommen. Es war der Mann der Bauersfrau, der nach Hause kam. Das war ein sehr guter Mann, aber er hatte die wunderliche Krankheit, daß er keinen Küster sehen konnte. Kam ihm einer vor die Augen, so wurde er ganz rasend. Darum war der Küster auch nur zu der Frau hineingegangen, um ihr guten Tag zu sagen, weil er wußte, daß der Mann nicht zu Hause war. Und die gute Frau setzte ihm deshalb das herrlichste Essen vor, das sie hatte.
Als sie aber den Mann kommen hörten, erschraken sie sehr, und die Frau bat den Küster, in eine große leere Kiste hineinzukriechen, die hinten in der Ecke stand. Das tat er; denn er wußte ja, daß der arme Mann keinen Küster sehen konnte. Die Frau versteckte geschwind all das herrliche Essen und den Wein in ihrem Backofen; denn hätte der Mann das zu sehen bekommen, so hätte er sicher gefragt, was es zu bedeuten habe.

„Ach ja!" seufzte der kleine Klaus oben auf seinem Schuppen, als er das Essen verschwinden sah.
„Ist jemand dort oben?" fragte der Bauer und sah zum kleinen Klaus hinauf. „Warum liegst du dort? Komm lieber mit in die Stube." Nun erzählte der kleine Klaus, wie er sich verirrt habe, und bat, die Nacht über bleiben zu dürfen.
„Ja, gewiß!" sagte der Bauer. „Aber zuerst müssen wir etwas zu leben haben!"
Die Frau empfing beide sehr freundlich, deckte einen langen Tisch und setzte ihnen eine große Schüssel voll Grütze vor. Der Bauer war hungrig und aß mit rechtem Appetit, aber der kleine Klaus mußte, immerzu an den herrlichen Braten, Fisch und Kuchen denken, die er im Ofen stehen wußte.
Unter den Tisch zu seinen Füßen hatte er den Sack mit der Pferdehaut gelegt; denn wir wissen ja, daß er nur ausgegangen war, um sie in der Stadt zu verkaufen. Die Grütze wollte ihm gar nicht schmecken, und da trat er auf den Sack, daß die trockene Haut ganz laut knarrte.
„Pst!" sagte der kleine Klaus zu dem Sack, trat aber gleichzeitig wieder darauf, da knarrte es noch viel lauter als zuvor.
„Ei, was hast du denn in dem Sacke?" fragte der Bauer. — „Oh, das ist ein Zauberer!" sagte der kleine Klaus. „Er sagt, wir sollen keine Grütze essen, er habe den ganzen Ofen voll Braten, Fisch und Kuchen gehext."
„Potztausend!" sagte der Bauer und machte schnell den Ofen auf. Da erblickte er all die leckeren Speisen, die die Frau dort versteckt hatte, aber er glaubte, der Zauberer im Sack hätte sie dorthin gehext. Die Frau durfte nichts sagen, sondern setzte sogleich die Speisen auf den Tisch, und so aßen sie vom Fische, vom Braten und vom Kuchen. Nun trat der kleine

Klaus wieder auf den Sack, daß die Haut knarrte.
,,Was sagt er jetzt?" fragte der Bauer.
,,Er sagt", erwiderte der kleine Klaus, ,,daß er auch drei Flaschen Wein für uns gehext hat; sie stehen dort in der Ecke beim Ofen!"
Nun mußte die Frau auch den Wein hervorholen, den sie versteckt hatte, und der Bauer trank und wurde sehr lustig! Einen solchen Zauberer, wie ihn der kleine Klaus im Sacke trug, hätte er doch gar zu gern gehabt.
,,Kann er auch den Teufel hervorhexen?" fragte der Bauer. ,,Ich möchte ihn wohl sehen; denn nun bin ich lustig!"
,,Ja", sagte der kleine Klaus, ,,mein Zauberer kann alles, was ich verlange. Nicht wahr?" fragte er und trat auf den Sack, daß es knarrte. ,,Hörst du, wie er ja sagt? Aber der Teufel sieht sehr häßlich aus; wir wollen ihn lieber nicht sehen!"
,,Oh, mir ist gar nicht bange. Wie mag er wohl aussehen?"
,,Ja, er wird sich leibhaftig als ein Küster zeigen!"
,,Hu!" sagte der Bauer, ,,das ist häßlich! Ihr müßt wissen, ich kann es nicht vertragen, einen Küster zu sehen! Aber es tut nichts, ich weiß ja, daß es der Teufel ist; so werde ich mich wohl leichter dreinfinden! Nun habe ich Mut! Aber er darf mir nicht zu nahe kommen."
,,Nun, ich werde meinen Zauberer fragen", sagte der kleine Klaus, trat auf den Sack und hielt sein Ohr hin.
,,Was sagt er?"
,,Er sagt, Ihr könnt hingehen und die Kiste aufmachen, die dort in der Ecke steht, dann werdet Ihr den Teufel sehen, wie er darin hockt. Aber ihr müßt den Deckel festhalten, damit er nicht entwischt!"
,,Wollt Ihr mir helfen, ihn zu halten?" bat der Bauer

und ging zu der Kiste, wo die Frau den wirklichen Küster versteckt hatte, der darin saß und sich sehr fürchtete.
Der Bauer hob den Deckel ein wenig und guckte darunter.
„Hu!“ schrie er und sprang zurück. „Ja, nun habe ich ihn gesehen; er sah ganz aus wie unser Küster. Nein, das war schrecklich!“
Darauf mußte getrunken werden, und so tranken sie noch bis in die tiefe Nacht hinein.
„Den Zauberer mußt du mir verkaufen“, sagte der Bauer. „Verlange dafür alles, was du willst! Ja, ich gebe dir einen ganzen Scheffel Geld!“
„Nein, das kann ich nicht!“ sagte der kleine Klaus. „Bedenke doch, wieviel Nutzen ich von diesem Zauberer haben kann!“ — „Ach, ich möchte ihn so gern haben!“ sagte der Bauer und fuhr fort zu bitten.
„Ja“, sagte der kleine Klaus zuletzt, „da du so gut gewesen bist, mir diese Nacht Obdach zu geben, so mag es sein. Du sollst den Zauberer für einen Scheffel Geld haben; aber der Scheffel muß gehäuft voll sein.“
„Das sollst du bekommen“, sagte der Bauer. „Aber die Kiste dort mußt du mit dir nehmen. Ich will sie nicht eine Stunde länger im Hause behalten; man kann nicht wissen, vielleicht sitzt der Teufel noch darin.“
Der kleine Klaus gab dem Bauern seinen Sack mit der trockenen Haut und bekam dafür einen ganzen Scheffel Geld, und zwar gehäuft gemessen. Der Bauer schenkte ihm sogar noch einen großen Schubkarren, um das Geld und die Kiste darauf fortzufahren.
„Leb wohl!“ sagte der kleine Klaus und fuhr mit seinem Geld und der großen Kiste, in der noch der Küster saß, davon.

Auf der anderen Seite des Waldes war ein großer, tiefer Fluß. Das Wasser floß so reißend, daß man kaum gegen den Strom schwimmen konnte. Über den Fluß hatte man eine große neue Brücke geschlagen; mitten auf derselben hielt der kleine Klaus an und sagte ganz laut, damit der Küster in der Kiste es hören konnte: „Nein, was soll ich mit der alten Kiste! Sie ist so schwer, als ob Steine darin wären! Ich werde nur müde davon, sie weiterzufahren; deshalb will ich sie in den Fluß werfen. Schwimmt sie zu mir nach Hause, so ist es gut, und tut sie es nicht, so macht es auch nichts!" Und er faßte die Kiste mit der einen Hand an und hob sie ein wenig auf, gerade als ob er sie in das Wasser stürzen wollte.
„Nein, laß das sein!" rief der Küster in der Kiste. „Laß mich erst hinaus!"
„Hu!" sagte der kleine Klaus und tat, als fürchte er sich. „Der Teufel sitzt noch immer darin! Ich muß ihn geschwind in den Fluß werfen, damit er ertrinkt!"
„O nein, o nein!" rief der Küster. „Ich will dir einen ganzen Scheffel Geld geben, wenn du mich gehen läßt!"
„Ja, das ist etwas anderes!" sagte der kleine Klaus und machte die Kiste auf.
Der Küster kroch schnell heraus, stieß die leere Kiste ins Wasser und ging zu seinem Haus, wo der kleine Klaus einen ganzen Scheffel Geld bekam. Einen hatte er ja schon von dem Bauern bekommen, nun aber hatte er einen ganzen Schubkarren voll Geld.
„Sieh, das Pferd bekam ich recht gut bezahlt!" sagte er zu sich selbst, als er zu Hause in seine Stube trat und das Geld auf einen Berg mitten auf den Fußboden ausschüttete. „Das wir den großen Klaus ärgern, wenn er erfährt, wie reich ich durch mein einziges Pferd geworden bin; aber ich will es ihm doch nicht

so geradeheraus sagen!"
Nun schickte er einen Jungen zum großen Klaus, um sich ein Scheffelmaß zu leihen.
Was mag er wohl damit wollen? dachte der große Klaus und schmierte Teer an den Boden, damit von dem, was gemessen wurde, etwas hängenblieb. Und das tat es auch; denn als er das Scheffelmaß zurückbekam, hingen drei neue silberne Talerstücke daran.
„Was ist das?" sagte der große Klaus und lief sogleich zu dem kleinen. „Wo hast du denn das viele Geld herbekommen?"
„Oh, das ist für meine Pferdehaut; ich verkaufte sie gestern abend."
„Das war wahrlich gut bezahlt!" sagte der große Klaus, lief geschwind nach Hause, nahm eine Axt, schlug alle seine vier Pferde vor den Kopf, zog ihnen die Haut ab und fuhr damit zur Stadt.
„Häute, Häute! Wer will Häute kaufen!" rief er durch die Straßen.
Alle Schuhmacher und Gerber kamen gelaufen und fragten, was er dafür haben wolle.
„Einen Scheffel Geld für jede", sagte der große Klaus.
„Bist du toll?" riefen alle. „Glaubst du, wir hätten das Geld scheffelweise?"
„Häute, Häute! Wer will Häute kaufen!" rief der große Klaus wieder, aber all denen, die ihn fragten, was die Häute kosten sollten, antwortete er: „Einen Scheffel Geld."
„Er will uns zum Narren halten!" sagten alle, und die Schuhmacher nahmen ihre Spannriemen und die Gerber ihre Schurzfelle und fingen an, auf den großen Klaus loszuprügeln. „Häute, Häute!" höhnten sie. „Ja, wir wollen dir die Haut gerben, daß sie grün und blau wird. Hinaus aus der Stadt mit ihm!"

riefen sie, und der große Klaus mußte sich sputen, was er nur konnte; denn so war er noch nie durchgeprügelt worden.

„Na“, sagte er, als er nach Hause kam, „das werde ich dem kleinen Klaus heimzahlen! Totschlagen werde ich ihn dafür!“ Zu Hause beim kleinen Klaus war inzwischen die Großmutter gestorben. Sie war freilich recht böse und schlimm gegen ihn gewesen, aber er war doch sehr betrübt und nahm die tote Frau und legte sie in sein warmes Bett, um zu sehen, ob sie nicht zum Leben zurückkehren möchte. Da sollte sie die ganze Nacht liegen; er selbst wollte in einem Winkel sitzen und auf einem Stuhl schlafen. Das hatte er schon öfter getan.

Als er nun in der Nacht da saß, ging die Tür auf, und der große Klaus kam mit einer Axt herein. Er wußte wohl, wo das Bett des kleinen Klaus stand, ging gerade darauf los und schlug dann die alte Großmutter vor den Kopf; denn er glaubte, es sei der kleine Klaus.

„Siehst du!“ sagte er. „Nun sollst du mich nicht mehr zum besten haben!“ Und dann ging er wieder nach Hause.

Das ist doch ein böser, schlimmer Mann! dachte der kleine Klaus. Da wollte er mich totschlagen! Wie gut für die alte Großmutter, daß sie schon tot war, sonst hätte er ihr das Leben genommen!

Nun zog er der alten Großmutter Sonntagskleider an, lieh sich von seinem Nachbarn ein Pferd, spannte es vor den Wagen und setzte die alte Großmutter so auf den hintersten Sitz, daß die nicht herausfallen konnte, wenn er fuhr. So rollten sie vondannen durch den Wald. Als die Sonne aufging, waren sie vor einem großen Wirtshaus; da hielt der kleine Klaus an und ging hinein, um etwas zu essen. Der Wirt hatte sehr, sehr viel Geld; er war auch ein recht guter Mann, aber hitzig, als wären Pfeffer und Tabak in ihm.

„Guten Morgen!“ sagte er zum kleinen Klaus. „Du bist ja heute so früh gekommen und sogar im Sonntagsstaat!“
„Ja“, sagte der kleine Klaus, „ich will mit meiner alten Großmutter zur Stadt. Sie sitzt da draußen auf dem Wagen, ich kann sie nicht in die Stube herein bekommen. Wollt Ihr meiner Großmutter nicht ein Glas Met bringen? Aber Ihr müßt recht laut sprechen; denn sie kann nicht gut hören.“
„Ja, das will ich tun!“ sagte der Wirt und schenkte ein großes Glas Met ein, mit dem er zur toten Großmutter hinausging, die aufrecht in den Wagen gesetzt war.
„Hier ist ein Glas Met von Eurem Enkel!“ sagte der Wirt. Aber die tote Frau erwiderte kein Wort, sondern saß ganz still. „Hört Ihr nicht!“ rief der Wirt, so laut er konnte. „Hier ist ein Glas Met von Eurem Enkel!“
Noch einmal rief er dasselbe und dann noch einmal. Da sie sich aber durchaus nicht von der Stelle rührte, wurde er ärgerlich und warf ihr das Glas ins Gesicht, so daß ihr der Met gerade über die Nase lief und sie rücklings in den Wagen fiel; denn sie war nur aufgesetzt und nicht festgebunden.
„Heda!“ rief der kleine Klaus, sprang zur Tür hinaus und packte den Wirt an der Brust. „Du hast meine Großmutter erschlagen! Sieh nur, da ist ein großes Loch in der Stirn!“
„Oh, was für ein Unglück!“ rief der Wirt und schlug die Hände über dem Kopf zusammen. „Das kommt alles von meiner Hitzigkeit! Lieber kleiner Klaus, ich will dir einen ganzen Scheffel Geld geben und deine Großmutter begraben lassen, als wäre es meine eigene; aber schweige nur still, sonst schlagen sie mir den Kopf ab, und das wäre doch unangenehm!“
So bekam der kleine Klaus einen ganzen Scheffel

Geld, und der Wirt begrub die alte Großmutter, als ob es seine eigene gewesen wäre.
Als nun der kleine Klaus wieder mit dem vielen Geld nach Hause kam, schickte er gleich einen Jungen zum großen Klaus, um ein Scheffelmaß auszuleihen.
„Was denn?" sagte der große Klaus. „Habe ich ihn nicht totgeschlagen? Da muß ich doch selbst nachsehen!" Uns so ging er selbst mit dem Scheffelmaß hinüber zum kleinen Klaus.
„Nein, wo hast du nur all das Geld herbekommen?" fragte er und riß die Augen recht auf, als er sah, was hinzugekommen war.
„Meine Großmutter hast du erschlagen und nicht mich!" sagte der kleine Klaus. „Die habe ich nun verkauft und einen Scheffel Geld dafür erhalten!"
„Das ist wahrlich gut bezahlt!" sagte der große Klaus, eilte nach Hause, nahm eine Axt und schlug seine alte Großmutter tot, legte sie auf einen Wagen und fuhr mit ihr zur Stadt, wo der Apotheker wohnte, und fragte, ob er einen toten Menschen kaufen wolle.
„Wer ist es, und wo habt Ihr ihn her?" fragte der Apotheker. — „Es ist meine Großmutter!" sagte der große Klaus. „Ich habe sie totgeschlagen, um einen Scheffel Geld dafür zu bekommen!"
„Gott bewahre uns!" sagte der Apotheker. „Ihr redet irre! Erzählt doch nicht so etwas, sonst könnte es Euch den Kopf kosten!"
Und nun erklärte er ihm genau, was für eine böse Tat er da begangen habe und was für ein schlechter Mensch er sei und daß er bestraft werden müsse. Da erschrak der große Klaus so sehr, daß er aus der Apotheke gerade in den Wagen sprang, auf die Pferde lospeitschte und nach Hause fuhr. Der Apotheker aber und alle Leute glaubten, er sei verrückt, und deshalb ließen sie ihn fahren, wohin er wollte.

„Das werde ich dir heimzahlen!" sagte der große Klaus, als er draußen auf der Landstraße war. „Ja, das werde ich dir heimzahlen, kleiner Klaus!" Und dann nahm er, sobald er nach Hause kam, den größten Sack, den er finden konnte, ging hinüber zum kleinen Klaus und sagte: „Nun hast du mich wieder gefoppt! Erst habe ich meine Pferde totgeschlagen, dann meine alte Großmutter! Das ist alles deine Schuld, aber du sollst mich nie mehr zum Narren halten!" Und dann packte er den kleinen Klaus um den Leib und steckte ihn in den Sack, nahm ihn so auf den Rücken und rief: „Nun gehe ich hin und ertränke dich!"

Es war ein weiter Weg, den er zu gehen hatte, bevor er zu dem Flusse kam, und der kleine Klaus war nicht leicht zu tragen. Der Weg führte dicht an der Kirche vorbei, die Orgel ertönte, und die Leute sangen so schön! Da setzte der große Klaus den Sack mit dem kleinen Klaus darin dicht bei der Kirchentür nieder und dachte, es könne wohl ganz gut sein, einen Choral zu hören, ehe er weiterginge. Der kleine Klaus konnte ja nicht herausschlüpfen, und außerdem waren alle Leute in der Kirche. So begab er sich denn hinein.

„Ach ja, ach ja!" seufzte der kleine Klaus im Sacke und drehte und wendete sich, aber es war ihm nicht möglich, den Strick zu lösen. Da kam ein alter Viehtreiber daher, mit schneeweißem Haar und einem großen Stab in der Hand. Er trieb eine ganze Herde Kühe und Stiere vor sich her, die stießen gegen den Sack, in dem der kleine Klaus saß, so daß er umfiel.

„Ach ja!" seufzte der kleine Klaus. „Ich bin noch so jung und soll schon ins Himmelreich!"

„Und ich Armer", sagte der Viehtreiber, „ich bin schon so alt und kann noch immer nicht hineinkommen!"

„Mache den Sack auf!" rief der kleine Klaus.

„Krieche statt meiner hinein, so kommst du sogleich ins Himmelreich."
„Ja, das will ich herzlich gern", sagte der Viehtreiber und band den Sack auf, aus dem der kleine Klaus gleich heraussprang.
„Willst du nun aber auch auf das Vieh achtgeben?" fragte der alte Mann und kroch dann in den Sack hinein; den band der kleine Klaus zu und zog hierauf mit allen Kühen und Stieren seines Weges.
Bald darauf kam der große Klaus aus der Kirche. Er nahm wieder den Sack auf den Rücken, obwohl es ihm schien, als wäre er leichter geworden; denn der alte Viehtreiber war nur halb so schwer wie der kleine Klaus.
„Wie ist er doch jetzt leicht zu tragen! Ja, das kommt wohl daher, daß ich einen Choral gehört habe!"
So ging er zum Flusse, wo er tief und breit war, warf den Sack mit dem alten Viehtreiber ins Wasser und rief ihm nach, denn er glaubte ja, daß es der kleine Klaus sei: „Da liege nun! Jetzt sollst du mich nicht mehr zum Narren halten!"
Darauf ging er nach Hause. Als er aber an die nächste Wegkreuzung kam, begegnete er dem kleinen Klaus, der all sein Vieh vor sich hertrieb.
„Was ist das!" sagte der große Klaus. „Habe ich dich nicht ertränkt?"
„Ja!" sagte der kleine Klaus. „Du warfst mich vor einer halben Stunde in den Fluß hinunter!"
„Aber wo hast du all das herrliche Vieh herbekommen?" fragte der große Klaus.
„Das ist Seevieh!" sagte der kleine Klaus. „Ich will dir die ganze Geschichte erzählen und dir auch danken, daß du mich ertränktest; denn nun bin ich obenauf, bin richtig reich! Mir war so bange, als ich im Sack steckte! Und der Wind pfiff mir um die Ohren, als du mich von der Brücke hinunter in das

kalte Wasser warfst. Ich sank sofort zu Boden, aber ich stieß mich nicht; denn da unten wächst das schönste weiche Gras. Darauf fiel ich, und sogleich wurde der Sack geöffnet, und die lieblichste Jungfrau mit schneeweißen Kleidern und mit einem grünen Kranz im nassen Haar nahm mich bei der Hand und sagte: ‚Bist du da, kleiner Klaus? Da hast du fürs erste etwas Vieh! Eine Meile weiter auf dem Wege steht noch eine ganze Herde, die schenke ich dir auch!' Da sah ich, daß der Fluß für das Meervolk eine große Landstraße war. Unten auf dem Grund gingen und fuhren sie gerade von der See ins Land hinein, bis dahin, wo der Fluß endet. Schön war es da mit all den Blumen und dem frischesten Grase, und die Fische, die im Wasser schwammen, huschten mir um die Ohren, und was war da für Vieh, das auf Gräben und Wällen graste!"

„Aber warum bist du gleich wieder zu uns heraufgekommen?" fragte der große Klaus. „Das hätte ich nicht getan, wenn es dort unten so schön ist!"

„Ja", sagte der kleine Klaus; „das war gerade klug von mir. Du hast doch gehört, was ich dir erzählte: Die Seejungfrau sagte, eine Meile weiter auf dem Wege — und mit dem Weg meinte sie den Fluß; denn woanders kann sie ja nicht hingehen — stehe noch eine ganze Herde Vieh für mich. Aber ich weiß doch, was der Fluß für Windungen macht, bald hier, bald dort. Das ist ja ein weiter Umweg! Nein, da macht man es kürzer ab, wenn man hier an das Land steigt und querfeldein wieder zum Flusse treibt; dabei spare ich ja fast eine halbe Meile und komme geschwinder zu meinem Seevieh!"

„Oh, du bist ein glücklicher Mann!" sagte der große Klaus. „Glaubst du, daß ich auch Seevieh bekommen würde, wenn ich auf den Grund des Flusses gelangte?"

„Ja, das denke ich wohl", sagte der kleine Klaus. „Aber ich kann dich nicht im Sack bis zum Flusse tragen, du bist mir zu schwer! Willst du selbst dahin gehen und dann in den Sack kriechen, so werde ich dich mit dem größten Vergnügen hineinwerfen."

„Ich danke dir!" sagte der große Klaus. „Aber bekomme ich kein Seevieh, wenn ich unten bin, dann werde ich dich tüchtig verprügeln, das kannst du mir glauben!"

„Oh, nein! Mache es nicht so schlimm!" Und fort gingen sie zum Flusse.

Das Vieh war durstig. Als es das Wasser sah, lief es, was es nur konnte, um hinunter zum Trinken zu kommen.

„Sieh, wie es sich sputet!" sagte der kleine Klaus. „Es verlangt danach, auf den Grund zu kommen!"

„Ja, hilf mir nur erst", sagte der große Klaus, „sonst bekommst du Prügel!" Und so kroch er in den großen Sack, der quer über dem Rücken eines Stieres gelegen hatte.

„Packe einen Stein hinein, sonst fürchte ich, nicht unterzusinken", sagte der große Klaus.

„Es geht schon!" sagte der kleine Klaus, legte aber doch einen großen Stein in den Sack, knüpfte das Band fest zu, und dann stieß er daran. Plumps, da lag der große Klaus im Flusse und sank sogleich hinunter auf den Grund.

„Ich fürchte, er wird das Vieh nicht finden!" sagte der kleine Klaus und trieb dann heim mit dem, was er hatte.

Der Schweinehirt

Es war einmal ein armer Prinz. Er hatte ein Königreich, das ganz klein war; aber es war immerhin groß genug, um darauf zu heiraten, und verheiraten wollte er sich.
Nun war es freilich etwas keck von ihm, daß er zur Tochter des Kaisers zu sagen wagte: „Willst du mich?" Aber er wagte es doch; denn sein Name war weit und breit berühmt.
Es gab Hunderte von Prinzessinnen, die gern ja gesagt hätten — aber ob sie es wohl tun würde?
Nun, wir wollen sehen.
Auf dem Grabe von des Prinzen Vater wuchs ein Rosenstrauch, ein herrlicher Rosenstrauch! Er blühte nur jedes fünfte Jahr, und auch dann trug er nur eine einzige Rose, aber was für eine Rose! Sie duftete so süß, daß man all seine Sorgen und seinen Kummer vergaß, wenn man daran roch. Und dann hatte er eine Nachtigall, die konnte singen, als ob alle schönen Melodien in ihrer kleinen Kehle säßen. Diese Rose und diese Nachtigall sollte die Prinzessin haben; und deshalb wurden beide in große Silberbehälter gesetzt und ihr zugesandt.
Der Kaiser ließ sie vor sich her in den großen Saal tragen, wo die Prinzessin war und „Es kommt Besuch" mit ihren Hofdamen spielte. Als sie die großen Behälter mit den Geschenken darin erblickte, klatschte sie vor Freude in die Hände.
„Wenn es doch eine kleine Miezekatze wäre!" sagte sie — aber da kam die herrliche Rose hervor.
„Nein, wie ist die niedlich gemacht!" sagten alle Hofdamen. „Sie ist mehr als niedlich", sagte der Kaiser, „sie ist charmant!" Aber die Prinzessin befühlte sie, und da war sie nahe daran zu weinen.

„Pfui, Papa!“ sagte sie, „sie ist nicht künstlich, sie ist natürlich.“
„Pfui!“ sagten alle Hofdamen, „sie ist natürlich!“
„Laßt uns erst sehen, was in dem andern Behälter ist, ehe wir böse werden“, meinte der Kaiser; und da kam die Nachtigall heraus. Sie sang so schön, daß man nicht gleich etwas Böses gegen sie vorzubringen wußte.
„Süperb! Charmant!“ sagten die Hofdamen; denn sie plauderten alle französisch, eine immer ärger als die andere.
„Wie der Vogel mich an die Spieldose der seligen Kaiserin erinnert“, sagte ein alter Kavalier. „Ach, das ist ganz derselbe Ton, derselbe Vortrag!“
„Ja“, sagte der Kaiser, und dann weinte er wie ein kleines Kind.
„Es wird doch hoffentlich kein natürlicher sein?“ fragte die Prinzessin.
„Ja, es ist ein natürlicher Vogel“, sagten die„welche ihn gebracht hatten.
„So laßt den Vogel fliegen!“ sagte die Prinzessin, und sie wollte auf keine Weise gestatten, daß der Prinz käme.
Aber der ließ sich nicht einschüchtern; er bemalte sich das Gesicht braun und schwarz, zog die Mütze tief über den Kopf und klopfte an.
„Guten Tag, Kaiser“, sagte er, „könnte ich nicht hier im Schloß einen Dienst bekommen?“
„Ja“, sagte der Kaiser, „es sind nur so sehr viele, die um Anstellung bitten, ich weiß darum nicht, ob es sich machen läßt; ich werde aber an dich denken. Doch da fällt mir eben ein, ich brauche jemanden, der die Schweine hüten kann; denn von denen haben wir viele, sehr viele.“
So wurde der Prinz als kaiserlicher Schweinehirt angestellt.

Er bekam eine jämmerliche kleine Kammer unten beim Schweinestall, und hier mußte er bleiben.
Aber den ganzen Tag saß er und arbeitete, und als es Abend war, hatte er einen niedlichen kleinen Topf gemacht. Rings um den Topf herum waren Schellen, und sobald er kochte, klingelten sie aufs schönste und spielten die alte Melodie:

,,Ach, du lieber Augustin,
Alles ist hin, hin, hin!"

Aber das allerwunderbarste war doch, daß man, wenn man den Finger in den Dampf des Topfes hielt, sogleich riechen konnte, welche Speisen auf jedem Küchenherd in der Stadt zubereitet wurden. Das war freilich etwas ganz anderes als die Rose! Nun kam die Prinzessin mit all ihren Hofdamen daherspaziert, und als sie die Melodie hörte, blieb sie stehen und sah ganz erfreut aus; denn sie konnte auch ,,Ach, du lieber Augustin" spielen. Das war die einzige Melodie, die sie konnte, aber die spielte sie nur mit einem Finger.
,,Das ist ja das, was ich kann", sagte sie. ,,Es muß ein gebildeter Schweinehirt sein! Höre, geh hin und frage ihn, was das Instrument kosten soll!" und da mußte eine der Hofdamen hingehen, aber sie zog Holzpantoffeln an.
,,Was willst du für den Topf haben?" fragte die Hofdame.
,,Ich will zehn Küsse von der Prinzessin haben", sagte der Schweinehirt.
,,Gott bewahre!" sagte die Hofdame.
,,Ja, für weniger tue ich es nicht", antwortete der Schweinehirt.
,,Nun, was antwortet er?" fragte die Prinzessin.
,,Das kann ich gar nicht sagen", erwiderte die Hofdame.
,,Ei, so kannst du es mir ja ins Ohr flüstern!" Und

da flüsterte sie es. ,,Er ist unartig!" sagte die Prinzessin und ging weiter. Aber als sie ein kleines Stück gegangen war, erklangen die Schellen so lieblich:

,,Ach, du lieber Augustin,
Alles ist hin, hin, hin!"

,,Höre", sagte die schöne Prinzessin, ,,frage ihn, ob er zehn Küsse von meinen Hofdamen haben will."

,,Ich danke schön", sagte der Schweinehirt, ,,zehn Küsse von der Prinzessin — oder ich behalte meinen Topf!"

,,Das ist doch langweilig!" sagte die Prinzessin. ,,Aber dann müßt ihr euch vor mich stellen, damit es niemand sieht."

Und die Hofdamen stellten sich davor und breiteten ihre Kleider aus. Dann bekam der Schweinehirt zehn Küsse, und sie erhielt den Topf.

Nun, das war eine Freude! Den ganzen Abend und den ganzen Tag mußte der Topf kochen; es gab nicht einen Herd in der ganzen Stadt, von dem sie nicht wußten, was darauf gekocht wurde, sowohl beim Kammerherrn wie beim Schuhmacher. Die Hofdamen tanzten und klatschten in die Hände. ,,Wir wissen, wer süße Suppe und Eierkuchen essen wird, wir wissen, wer Grütze und Kotelett bekommt. Wie ist das doch interessant!"

,,Sehr interessant!" sagte die Oberhofmeisterin.

,,Ja, aber haltet reinen Mund, denn ich bin des Kaisers Tochter."

,,Jawohl, das versteht sich", sagten alle.

Der Schweinehirt, das heißt der Prinz — aber sie wußten es ja nicht anders, als daß er ein wirklicher Schweinehirt sei —, ließ keinen Tag verstreichen, ohne etwas zu tun, und so machte er eine Knarre: Wenn man die herumschwang, erklangen alle Walzer, Hopser und Polkas, die man seit Erschaffung der Welt gekannt hat.

,,Aber das ist süperb!" sagte die Prinzessin, als sie vorbeiging. ,,Ich habe nie eine schönere Komposition gehört. Komm, geh hin und frage ihn, was das Instrument kosten soll; aber ich küsse ihn nicht wieder!"

,,Er will hundert Küsse von der Prinzessin haben", sagte die Hofdame, die hingegangen war, um zu fragen.

,,Ich glaube, er ist verrückt", sagte die Prinzessin und ging weiter. Aber als sie ein kleines Stück gegangen war, blieb sie stehen.

,,Man muß die Kunst aufmuntern", sagte sie. ,,Ich bin des Kaisers Tochter! Sage ihm, er soll wie neulich zehn Küsse haben; den Rest kann er von meinen Hofdamen bekommen."

,,Ach, aber wir tun es so ungern", sagten die Hofdamen.

,,Das ist Geschwätz!" sagte die Prinzessin. ,,Wenn ich ihn küssen kann, so könnt ihr es auch. Bedenkt, ich gebe euch Kost und Lohn!"

Und nun mußte die Hofdame wieder zu ihm hin.

,,Hundert Küsse von der Prinzessin", sagte er, ,,oder jeder behält das Seine!"

,,Stellt euch vor uns!" sagte sie.

Da stellten alle Hofdamen sich davor, und dann küßte er die Prinzessin.

,,Was mag das wohl für ein Auflauf beim Schweinestall sein?" fragte der Kaiser, der auf den Balkon hinausgetreten war. Er rieb sich die Augen und setzte die Brille auf. ,,Das sind ja die Hofdamen, die da ihr Wesen treiben; ich werde wohl zu ihnen hinunter müssen." Und so zog er seine Hausschuhe hinten herauf, denn er hatte sie ganz niedergetreten. Potztausend, wie er sich beeilte!

Sobald er in den Hof hinunterkam, ging er ganz leise, und die Hofdamen hatten ja soviel damit zu tun, die

Küsse zu zählen, damit es ehrlich zugehe, daß sie den Kaiser gar nicht bemerkten. Er stellte sich auf die Zehen.

„Was ist das?“ sagte er, als er sah, daß sie sich küßten. Und dann schlug er sie mit seinem Pantoffel auf die Köpfe, gerade als der Schweinehirt den sechsundachtzigsten Kuß erhielt.

„Schert euch fort!“ sagte der Kaiser, denn er war böse. Und sowohl die Prinzessin wie der Schweinehirt wurden aus seinem Kaiserreich ausgestoßen. Da stand sie nun und weinte, der Schweinehirt schalt, und der Regen strömte hernieder.

„Ach, ich elendes Geschöpf“, sagte die Prinzessin, „hätte ich doch den schönen Prinzen genommen! Ach, wie unglücklich bin ich!“

Und der Schweinehirt ging hinter einen Baum, wischte das Schwarze und Braune aus seinem Gesicht, warf die schlechten Kleider von sich und trat nun in seiner Prinzentracht hervor, so schön, daß die Prinzessin sich verneigen mußte.

„Ich bin nun dahin gekommen, daß ich dich verachte“, sagte er. „Du wolltest keinen ehrlichen Prinzen haben, dir gefiel weder die Rose noch die Nachtigall; aber den Schweinehirten konntest du für eine Spielerei küssen. Das hast du nun davon!“

Und dann ging er in sein Königreich und machte ihr die Tür vor der Nase zu. Da konnte sie draußen stehen und singen:

„Ach, du lieber Augustin,
Alles ist hin, hin, hin!“

Tölpel-Hans

Draußen auf dem Lande lag ein alter Herrenhof; dort lebte ein alter Gutsherr, der zwei Söhne hatte, die sich so witzig und gewitzt dünkten, daß die Hälfte genügt hätte. Sie wollten nun die Königstochter freien, und das durften sie; denn die hatte öffentlich kundtun lassen, sie wolle denjenigen zum Ehegemahl wählen, der seine Worte am besten zu setzen wisse. Die beiden bereiteten sich volle acht Tage auf die Bewerbung vor, das war die längste Zeit, die ihnen vergönnt war. Aber das genügte auch; denn sie hatten Vorkenntnisse, und wie nützlich die sind, weiß jedermann. Der eine wußte das ganze lateinische Wörterbuch und nebenbei auch drei Jahrgänge vom Tageblatte des Städtchens auswendig, und zwar so, daß er alles von vorne und hinten, je nach Belieben, hersagen konnte. Der andere hatte sich in die Innungsgesetze hineingearbeitet und wußte auswendig, was jeder Innungsvorstand wissen muß, weshalb er auch meinte, er könne von Staatsangelegenheiten mitreden, außerdem verstand er noch eins: Er konnte Gurte mit Rosen und anderen Blümchen besticken; denn er war fein und fingerfertig.

„Ich bekomme die Königstochter!" riefen alle beide und darum gab ihr Vater einem jeden von ihnen ein prächtiges Pferd. Der, welcher das Wörterbuch und das Tageblatt auswendig wußte, bekam ein kohlschwarzes, der Innungsgesetzkenner ein milchweißes Pferd, und dann schmierten sie sich die Mundwinkel mit Fischtran ein, damit sie recht geschmeidig würden. — Das ganze Gesinde stand unten im Hof und war Zeuge, wie sie die Pferde bestiegen, und wie von ungefähr kam auch der dritte Bruder hinzu; denn der alte Gutsherr hatte drei Söhne, aber niemand zählte diesen dritten mit zu den anderen Brüdern, weil er

nicht so gelehrt wie die beiden war, und man nannte ihn Tölpel-Hans.
,,Ei!" sagte Tölpel-Hans, ,,wo wollt ihr denn hin in eurem Sonntagsstaat?" – ,,Zum Hofe des Königs, uns die Königstochter zu erschwatzen! Weißt du denn nicht, was dem ganzen Lande bekanntgemacht ist?" Und nun erzählten sie es ihm.
,,Potztausend! Da bin ich auch dabei!" sagte Tölpel-Hans, und die Brüder lachten ihn aus und ritten davon.
,,Vater, gib mir auch ein Pferd!" rief Tölpel-Hans. ,,Ich bekomme solch eine Lust zum Heiraten! Nimmt sie mich, so nimmt sie mich, und nimmt sie mich nicht, so nehm ich sie – kriegen tu ich sie trotzdem!"
,,Das ist Geschwätz!" sagte der Alte. ,,Dir gebe ich kein Pferd. Du kannst ja nicht reden, du weißt ja deine Worte nicht zu setzen; nein, deine Brüder, das sind ganz andere Kerle!"
,,Nun", sagte Tölpel-Hans, ,,wenn ich kein Pferd haben kann, so nehme ich den Ziegenbock, der gehört mir sowieso, und tragen kann er mich auch!" Und so setzte er sich rittlings auf den Ziegenbock, stieß ihm die Hacken in die Weichen und sprengte davon, die große Landstraße wie der Wind dahin. Hei, hopp! Das war eine eine Fahrt! ,,Hier komm ich!" schrie Tölpel-Hans und sang, daß es weit und breit widerhallte.
Aber die Brüder ritten ganz ruhig voraus. Sie sprachen kein Wort, sie mußten sich all die guten Einfälle überlegen, die sie vorbringen wollten; denn das sollte alles recht fein ausgetüftelt sein!
,,Hallo!" schrie Tölpel-Hans, ,,hier komm ich! Seht mal, was ich auf der Landstraße fand!" Und er zeigte ihnen eine tote Krähe, die er aufgehoben hatte.
,,Tölpel!" sprachen die Brüder, ,,was willst du mit der machen?"

„Mit der Krähe? – Die will ich der Königstochter schenken!" – „Ja, das tu nur!" sagten sie, lachten und ritten weiter.

„Hallo! Hier komm ich! Seht, was ich jetzt gefunden habe, das findet man nicht jeden Tag auf der Landstraße!"

Und die Brüder kehrten um, damit sie sähen, was er wohl haben könnte.

„Tölpel!" sagten sie, „das ist ja ein alter Holzschuh, dem das Oberteil fehlt; wirst du auch den der Königstochter schenken?"

„Freilich werde ich das!" erwiderte Tölpel-Hans, und die Brüder lachten und ritten davon; sie gewannen einen großen Vorsprung.

„Hallo! Hier komm ich!" rief Tölpel-Hans. „Nein, es wird immer besser! Holla! Das ist famos!"

„Was hast du denn nun wieder gefunden?" fragten die Brüder.

„Oh", sagte Tölpel-Hans, „das ist gar nicht zu sagen! Wie wird sie erfreut sein, die Königstochter."

„Pfui!" sagten die Brüder, „das ist ja reiner Schlamm, gerade aus dem Graben!"

„Ja, freilich ist es das!" sprach Tölpel-Hans. „Und zwar von der feinsten Sorte; seht, er läuft einem zwischen den Fingern durch!" Und dabei füllte er seine Tasche mit dem Schlamme. Allein die Brüder sprengten dahin, was das Zeug hielt, und darum gelangten sie auch eine ganze Stunde früher als Tölpel-Hans an das Stadttor. Dort bekamen die Freier sofort nach ihrer Auskunft Nummern und wurden in Reih und Glied geordnet, sechs in jede Reihe, und so eng zusammengedrängt, daß sie die Arme nicht bewegen konnten, und das war sehr weise eingerichtet; denn sonst hätten sie einander wohl die Kleider in Fetzen gerissen, bloß weil der eine vor dem anderen stand.

Alle übrigen Bewohner des Landes standen rings um das königliche Schloß, in dichten Massen zusammengedrängt, bis an die Fenster hinauf, um die Königstochter die Freier empfangen zu sehen, und sobald einer von diesen in den Saal trat, ging ihm die Rede aus wie ein Licht.
„Taugt nichts!" sprach die Königstochter. „Fort, hinaus mit ihm!"
Endlich kam die Reihe an denjenigen der Brüder, der das Wörterbuch auswendig wußte, aber er wußte es nicht mehr, er hatte es ganz vergessen beim Anstehn in Reih und Glied. Und die Fußdielen knarrten, und die Zimmerdecke war aus lauter Spiegelglas, daß er sich selber auf dem Kopfe stehen sah, und an jedem Fenster standen drei Schreiber und ein Oberschreiber, und jeder schrieb alles nieder, was gesprochen wurde, damit es sofort in die Zeitung käme und für zwei Schillinge an der Straßenecke verkauft würde. Es war entsetzlich, und dabei hatten sie dermaßen in dem Ofen eingeheizt, daß er glühend war.
„Hier ist eine entsetzliche Hitze!" sagte der Freier.
„Ja, das kommt davon, daß mein Vater heute junge Hähne brät!" sagte die Königstochter.
„Bäh!" Da stand er; auf solche Rede war er nicht gefaßt gewesen. Kein Wort wußte er zu sagen, obwohl er etwas Witziges hatte sagen wollen. „Bäh!"
„Taugt nichts!" sprach die Königstochter. „Fort, hinaus mit ihm!" Und hinaus mußte er.
Nun trat der andere Bruder ein.
„Hier ist eine entsetzliche Hitze!" sagte er.
„Jawohl, wir braten heute junge Hähne!" sagte die Königstochter.
„Wie be- wie?" sagte er, und die Schreiber schrieben: Wie be-wie!
„Taugt nichts!" sagte die Königstochter. „Fort, hinaus mit ihm!"

Nun war Tölpel-Hans an der Reihe; er ritt auf dem Ziegenbock geradewegs in den Saal hinein.
„Na, das ist ja eine Mordshitze hier!" sagte er.
„Ja, das kommt daher, daß ich junge Hähne brate!" sagte die Königstochter.
„Ei, das ist schön!" erwiderte Tölpel-Hans. „Dann kann ich wohl eine Krähe mitbraten?"
„Mit dem größten Vergnügen!" sprach die Königstochter. „Aber haben Sie etwas, worin sie gebraten werden kann? Denn ich habe weder Topf noch Tiegel."
„Oh, das hab ich!" sagte Tölpel-Hans. „Hier ist Kochgeschirr mit zinnernem Bügel", und so zog er den alten Holzschuh hervor und legte die Krähe hinein.
„Das ist ja eine ganze Mahlzeit", sagte die Königstochter, „aber wo nehmen wir die Brühe her?"
„Die hab ich in der Tasche!" sagte Tölpel-Hans. „Ich habe so viel, daß ich sogar etwas davon wegwerfen kann!" Und nun goß er etwas Schlamm aus der Tasche heraus.
„Das gefällt mir!" sagte die Königstochter. „Du kannst doch antworten, und du kannst reden, und dich will ich zum Manne haben! — Aber weißt du auch, daß jedes Wort, das wir sprachen und gesprochen haben, niedergeschrieben wird und morgen in die Zeitung kommt? An jedem Fenster, siehst du, stehen drei Schreiber und ein alter Oberschreiber, und dieser alte Oberschreiber ist noch der schlimmste; denn er kann nichts begreifen!" Und das sagte sie nur, um Tölpel-Hans zu ängstigen. Und die Schreiber wieherten und spritzten dabei jeder einen Tintenklecks auf den Fußboden. „Aha, das ist also die Herrschaft!" sagte Tölpel-Hans. „Nun, so werde ich dem Oberschreiber das Beste geben!" Und damit kehrte er seine Taschen um und warf ihm den

Schlamm gerade ins Gesicht.
„Das war fein gemacht!“ sagte die Königstochter. „Das hätte ich nicht tun können, aber ich werde es schon lernen!“
Und so wurde Tölpel-Hans König, bekam eine Frau und eine Krone und saß auf einem Throne, und das haben wir ganz frisch aus der Zeitung des Oberschreibers — und auf die kann man nicht viel geben!

Wie's der Alte macht, ist's immer recht

Nun will ich dir eine Geschichte erzählen, die ich hörte, als ich noch ein kleiner Knabe war. Und jedesmal, wenn ich an die Geschichte dachte, kam es mir vor, als werde sie immer schöner; denn es geht mit Geschichten wie mit vielen Menschen, sie werden mit zunehmendem Alter schöner und schöner, und das ist erfreulich.
Auf dem Lande bist du doch gewiß schon gewesen und hast wohl auch so ein richtiges altes Bauernhaus mit Strohdach gesehen. Moos und Kräuter wachsen von selbst auf dem Dach, ein Storchennest ist auf dem Dachfirst; denn ein Storch darf nicht fehlen. Die Wände des Hauses sind schief, die Fenster niedrig, und nur ein einziges Fenster ist so eingerichtet, daß es geöffnet werden kann. Der Backofen springt aus der Wand hervor, gerade wie ein kleiner dicker Bauch. Der Fliederbaum hängt über den Zaun, wo gerade unter dem verkrüppelten Weidenbaum eine kleine Wasserpfütze mit einer Ente und ihren Jungen ist. Ein Kettenhund, der alle und jeden anbellt, ist auch da.
Geradeso ein Bauernhaus stand draußen auf dem Lande und in diesem Hause wohnten ein paar alte

Leute, ein Bauer und seine Frau. Wie wenig sie auch hatten, ein Stück war doch darunter, das sie entbehren konnten; das war ein Pferd, das sich von dem Grase nährte, das es am Graben der Landstraße fand. Der alte Bauer ritt zur Stadt auf diesem Pferde, oft liehen es auch seine Nachbarn von ihm und erwiesen den alten Leuten manchen andern Dienst dafür. Allein vorteilhafter würde es doch wohl sein, wenn sie das Pferd verkauften oder es gegen irgend etwas anderes eintauschten, das ihnen mehr Nutzen brächte. Aber was könnte dies wohl sein?

„Das wirst du am besten wissen, Alter!" sagte die Frau. „Heute ist gerade Markt in der Stadt, reite hin, laß dir Geld für das Pferd geben oder mache einen guten Tausch; wie du es auch machst, mir ist's immer recht. Reite zum Markt!"

Und dann band sie ihm sein Halstuch um; denn das verstand sie besser als er. Sie band es ihm mit einer Doppelschleife, das machte sich sehr hübsch! Und dann strich sie seinen Hut mit der flachen Hand glatt und küßte ihn dann auf seinen warmen Mund. Darauf ritt er fort auf dem Pferde, das verkauft oder in Tausch gegeben werden sollte. Ja, der Alte versteht das schon!

Die Sonne brannte heiß, keine Wolke war am Himmel zu sehen. Auf der Landstraße staubte es sehr; denn es waren viele Marktleute unterwegs, zu Wagen, zu Pferde und auf ihren eigenen Beinen. Es war eine Sonnenglut, und es gab keinen Schatten auf dem Wege.

Unter andern schritt auch einer daher, der eine Kuh zu Markte trieb, die war so schön, wie eine Kuh nur sein kann. Die gibt gewiß auch schöne Milch! dachte der Bauer, das wäre ein ganz guter Tausch: die Kuh für das Pferd!

„Heda, du mit der Kuh!" sagte er. „Weißt du was?

Wollen wir uns nicht beide ein bißchen unterhalten? Ein Pferd, sollte ich meinen, kostet mehr als eine Kuh, aber mir ist das einerlei, ich habe mehr Nutzen von der Kuh. Hast du Lust, so tauschen wir!"
„Freilich will ich das", sagte der Mann mit der Kuh — und dann tauschten sie.
Das war also abgemacht, und der Bauer hätte nun eigentlich wieder umkehren können; denn er hatte ja nun erledigt, worum es ihm zu tun war. Allein da er sich einmal vorgenommen hatte, auf den Markt zu gehen, so wollte er auch hin, nur um ihn sich anzusehen, und deshalb ging er mit seiner Kuh weiter. Er schritt rasch zu, und auch die Kuh schritt rasch zu, und nach kurzer Zeit waren sie einem Manne zur Seite, der ein Schaf trieb. Es war ein gutes Schaf, fett und mit guter Wolle.
Das möchte ich wohl haben, dachte der Bauer. Es würde an unserm Grabenrand vollauf Gras finden, und im Winter könnten wir es bei uns in der Stube haben. Eigentlich wäre es richtiger für uns, ein Schaf statt einer Kuh zu halten.
„Wollen wir tauschen?"
Ja, das wollte der Mann wohl, der das Schaf hatte, und dann wurde der Tausch gemacht, und der Bauer ging mit seinem Schaf auf der Landstraße weiter.
Bald gewahrte er abermals einen Mann, der vom Felde her die Landstraße betrat und eine große Gans unter dem Arme trug.
„Das ist ein schweres Ding, das du da hast", sagte der Bauer, „es hat Federn und Fett, daß es eine Lust ist! Die würde sich erst gut ausnehmen, wenn sie bei uns daheim an einer Leine am Wasser ginge. Das wäre etwas für meine Alte, für die könnte sie allerlei Abfall sammeln. Wie oft hat sie nicht gesagt, wenn wir doch eine Gans hätten. Jetzt könnte sie eine haben — und geht's, soll sie sie haben! — Wollen wir tau-

schen? Ich gebe dir das Schaf für die Gans und schönen Dank dazu.“

Ja, das wollte der andere gern, und so tauschten sie; der Bauer bekam die Gans.

Jetzt war er schon nahe bei der Stadt, das Gedränge auf der Landstraße nahm immer mehr zu; da war ein Gewimmel von Menschen und Vieh. Sie gingen auf der Straße und am Graben entlang, ja, am Schlagbaume gingen sie sogar in des Einnehmers Kartoffelfeld hinein, wo sein einziges Huhn angebunden war, damit es über das Gedränge nicht erschrecken und sich verlaufen sollte. Das Huhn hatte kurze Seitenfedern, blinzelte mit einem Auge und sah sehr klug aus. „Kluck, kluck!“ sagte das Huhn. Was es sich dabei dachte, weiß ich nicht zu sagen, aber als der Bauer es zu Gesicht bekam, dachte er sogleich: Das ist das schönste Huhn, das ich je gesehen haben, es ist sogar schöner als des Pfarrers Bruthenne, das möchte ich wohl haben! Ein Huhn findet immer ein Körnchen, es kann sich fast selbst ernähren. Ich glaube, es wäre ein guter Tausch, wenn ich es für die Gans bekäme.

„Wollen wir tauschen?“ fragte er den Einnehmer.

„Tauschen?“ sagte der andere. „Ja, das wäre gar nicht übel!“

Und so tauschten sie. Der Einnehmer am Schlagbaum bekam die Gans, der Bauer das Huhn.

Das war viel, was er auf der Reise zur Stadt erreicht hatte; heiß war es auch, und er war müde. Ein Schnaps und ein Imbiß taten ihm not. Nun war er an der Schenke und wollte hineingehen, aber der Hausknecht wollte hinaus, er traf ihn gerade in der Tür mit einem bis obenhin vollgestopften Sack.

„Was hast du denn in dem Sacke?“ fragte der Bauer.

„Verkrüppelte Äpfel!“ antwortete der Knecht.

„Einen ganzen Sack voll für die Schweine."
„Das ist doch eine zu große Verschwendung. Den Anblick gönnte ich meiner Alten daheim. Voriges Jahr trug der alte Baum am Torfstall nur einen einzigen Apfel; der wurde aufgehoben und blieb auf der Kommode liegen, bis er ganz verdarb und zerfiel. ‚Das ist doch immerhin Wohlstand!' sagte meine Alte. Hier könnte sie aber erst Wohlstand sehen, einen ganzen Sack voll! Ja, den Anblick gönnte ich ihr!"
„Ja, was wollt Ihr mir denn für den Sack voll geben?" fragte der Knecht!
„Was ich geben will? Ich gebe mein Huhn zum Tausch", und dann gab er ihm das Huhn, bekam die Äpfel und ging mit diesen in die Schenke hinein. Den Sack lehnte er behutsam an den Ofen, der eingeheizt war, aber das bedachte er nicht. Es waren viele Gäste anwesend: Pferdehändler, Ochsentreiber und zwei Engländer, und die waren so reich, daß ihre Taschen von Goldstücken strotzten und fast platzten — und Wetten machten sie, das sollst du nun hören.
„Suss! Suss!" Was war das für ein Geräusch am Ofen? Die Äpfel begannen zu braten.
„Was ist denn das?" fragten die Engländer.
Ja, das bekamen sie bald zu erfahren! Und nun erzählte der Bauer die ganze Geschichte von dem Pferde, das er gegen die Kuh vertauscht hatte, und so weiter herunter bis zu den Äpfeln.
„Na, da wird dich deine Alte derb knuffen, wenn du nach Hause kommst", sagten die Engländer, „da setzt es was!"
„Was? Knuffen?" sagte der Alte. „Küssen wird sie mich und sagen: Wie's der Alte macht, ist's immer recht."
„Wollen wir wetten?" sagten die Engländer. „Goldstücke tonnenweise? Hundert Pfund macht ein Schiffspfund!"

,,Ein Scheffel voll genügt schon", sagte der Bauer, ,,ich kann nur den Scheffel mit Äpfeln dagegensetzen und mich selbst und meine Frau dazu, aber das ist dann mehr als ein gestrichenes Maß, das ist ein gehäuftes Maß!"

,,Topp! Angenommen!" sagten sie, und die Wette war gemacht.

Der Wagen des Wirts fuhr vor, die Engländer und der Bauer stiegen ein, die Äpfel kamen mit; und vorwärts ging es, und bald hielten sie vor dem Häuschen des Bauern.

,,Guten Abend, Alte!"

,,Guten Abend, Alter!"

,,Der Tausch wäre gemacht!"

,,Ja, du verstehst schon deine Sache!" sagte die Frau, umarmte ihn und beachtete weder den Sack noch die Fremden.

,,Ich habe eine Kuh für das Pferd ertauscht."

,,Gott sei Dank! Die schöne Milch, die wir nun haben werden, und Butter und Käse auf dem Tisch! Das war ein herrlicher Tausch!"

,,Ja, aber die Kuh tauschte ich wieder gegen ein Schaf um."

,,Ach, das ist um so besser!" sagte die Frau. ,,Du denkst immer an alles. Für ein Schaf haben wir Grasweide genug. Nun können wir Schafmilch und Schafkäse und wollene Strümpfe und wollene Jacken bekommen! Das gibt die Kuh nicht, sie verliert ja die Haare! Wie du doch alles bedenkst!"

,,Aber das Schaf habe ich wieder gegen eine Gans vertauscht!"

,,Also, dieses Jahr werden wir wirklich Gänsebraten haben, mein lieber Alter? Du denkst immer daran, mir eine Freude zu machen. Wie herrlich ist das! Die Gans kann an der Leine gehen und wird noch fetter werden, bis wir sie braten!"

,,Aber die Gans habe ich gegen ein Huhn vertauscht!" sagte der Mann.
,,Ein Huhn! Das war ein guter Tausch!" sagte die Frau. ,,Das Huhn legt Eier, die brütet es aus, wir bekommen Kücken, wir bekommen einen ganzen Hühnerhof! Ei, den habe ich mir so sehr gewünscht!" — ,,Ja, aber das Huhn habe ich wieder für einen Sack voll verkrüppelter Äpfel vertauscht!"
,,Nun muß ich dich erst recht küssen!" rief die Frau. ,,Dank, du lieber guter Mann! Ich werde dir etwas erzählen. Als du kaum fort warst, dachte ich darüber nach, wie ich dir heut abend eine recht gute Mahlzeit machen könnte: Speckeierkuchen mit Schnittlauch. Die Eier hatte ich, den Speck auch, der Schnittlauch fehlte mir nur. So ging ich denn hinüber zu Schulmeisters, die haben Schnittlauch, das weiß ich, aber die Schulmeistersfrau ist geizig, so süß sie auch tut. Ich bat sie, mir eine Handvoll Schnittlauch zu leihen. ‚Leihen?' gab sie zur Antwort. ‚Nichts, gar nichts wächst in unserm Garten, nicht einmal ein verkrüppelter Apfel; nicht einmal den kann ich Euch leihen, liebe Frau!' Jetzt kann ich ihr zehn, ja einen ganzen Sack voll leihen. Das ist ein Spaß, Vater!" Und dann küßte sie ihn mitten auf den Mund.
,,Das gefällt uns!" sagten die Engländer. ,,Immer bergabwärts und immer lustig. Das ist schon das Geld wert!"
Und nun zahlten sie ein Schiffspfund Goldstücke an den Bauern, der Küsse und keine Knüffe bekommen hatte. Ja, das lohnt sich immer, wenn die Frau es einsieht und es auch immer sagt, daß der Mann der Klügste und das, was er tut, stets das Richtige ist.
Seht, das ist meine Geschichte. Ich habe sie schon als Kind gehört, und jetzt hast du sie auch gehört und weißt jetzt: Wie's der Alte macht, ist's immer recht!

Des Kaisers neue Kleider

Vor vielen Jahren lebte ein Kaiser, der so ungeheuer viel auf neue Kleider hielt, daß er all sein Geld dafür ausgab, um recht geputzt zu sein. Er kümmerte sich nicht um seine Soldaten, kümmerte sich nicht um das Theater und liebte es nicht, spazierenzufahren, außer um seine neuen Kleider zu zeigen. Er hatte einen Rock für jede Stunde des Tages, und wie man sonst von einem Könige sagt, er ist im Rate, sagte man von ihm immer: „Der Kaiser ist in der Garderobe.“

In der großen Stadt, in der er wohnte, ging es sehr munter zu; an jedem Tage kamen viele Fremde an.

Eines Tages kamen auch zwei Betrüger. Sie gaben sich für Weber aus und sagten, daß sie den schönsten Stoff, den man sich denken könne, zu weben verstünden. Nicht nur die Farben und das Muster wären ungewöhnlich schön, sondern die Kleider, die von dem Stoffe genäht würden, besäßen auch eine wunderbare Eigenschaft; sie wären für jeden Menschen unsichtbar, der nicht für sein Amt tauge oder der unverzeihlich dumm sei.

Das wären ja prächtige Kleider, dachte der Kaiser. Wenn ich die anhätte, könnte ich dahinterkommen, welche Männer in meinem Reiche zu dem Amte, das sie haben, nicht taugen. Ich könnte die Klugen von den Dummen unterscheiden. Ja, dieser Stoff muß sogleich für mich gewebt werden. Und er gab den beiden Betrügern viel Handgeld, damit sie ihre Arbeit beginnen möchten.

Sie stellten auch zwei Webstühle auf und taten, als ob sie arbeiteten; aber sie hatten nicht das geringste auf dem Stuhle. Frischweg verlangten sie die feinste Seide und das prächtigste Gold, das steckten sie in ihre Taschen und arbeiteten an den leeren Stühlen bis spät in die Nacht hinein.

Ich möchte doch wohl wissen, wie weit sie mit dem Stoffe sind, dachte der Kaiser. Aber es war ihm ordentlich beklommen zumute, wenn er daran dachte, daß derjenige ihn nicht sehen könne, der dumm sei oder schlecht zu seinem Amte tauge. Nun glaubte er zwar, daß er für sich selbst nichts zu fürchten brauche, aber er wollte doch erst einen anderen schicken, um zu sehen, wie es damit stand. Alle Leute in der Stadt wußten, welche besondere Kraft der Stoff habe, und alle waren begierig zu sehen, wie schlecht oder dumm ihr Nachbar sei.
Ich will meinen alten ehrlichen Minister zu den Webern senden, dachte der Kaiser. Er kann am besten beurteilen, wie sich der Stoff ausnimmt; denn er hat Verstand, und keiner versieht sein Amt besser als er.
Nun ging der alte gute Minister in den Saal hinein, wo die zwei Betrüger saßen und an den leeren Webstühlen arbeiteten. Gott behüte uns, dachte der alte Minister und riß die Augen auf, ich kann ja nichts erblicken! Aber das sagte er nicht.
Beide Betrüger baten ihn, gefälligst näher zu treten, und fragten, ob es nicht ein hübsches Muster und schöne Farben wären. Dazu zeigten sie auf den leeren Webstuhl. Der arme alte Minister fuhr fort, die Augen aufzureißen, aber er konnte nichts sehen; denn es war nichts da. Herrgott, dachte er, sollte ich dumm sein? Das hätte ich nie geglaubt, und das darf kein Mensch wissen. Sollte ich nicht zu meinem Amte taugen? Nein, es geht nicht an, daß ich erzähle, ich könne den Stoff nicht sehen.
„Nun, Sie sagen nichts dazu?“ fragte der eine, der da webte.
„Oh, es ist hübsch! Ganz allerliebst!“ antwortete der alte Minister und sah durch seine Brille. „Dieses Muster und diese Farben! Ja, ich werde dem Kaiser

sagen, daß es mir sehr gefällt.“

„Nun, das freut uns“, sagten beide Weber. Danach nannten sie die Farben mit Namen und erklärten das seltsame Muster. Der alte Minister paßte gut auf, damit er dasselbe sagen könnte, wenn er zum Kaiser zurückkäme. Das tat er dann auch.

Nun verlangten die Betrüger mehr Geld, mehr Seide und mehr Gold, das sie angeblich zum Weben brauchten. Sie steckten alles in ihre Taschen, auf den Webstuhl kam kein Faden, aber sie fuhren fort, wie bisher an dem leeren Webstuhl zu arbeiten.

Der Kaiser schickte bald wieder einen anderen ehrlichen Minister hin, um zu sehen, wie es mit dem Weben stehe und ob der Stoff bald fertig sei. Dem ging es geradeso wie dem ersten: Er schaute und schaute, weil aber auf dem leeren Webstuhl nichts war, konnte er nichts erblicken.

„Ist das nicht ein hübscher Stoff?“ fragten die beiden Betrüger und zeigten und erklärten das prächtige Muster, das gar nicht da war.

Dumm bin ich nicht, dachte der Mann. Es ist also mein gutes Amt, zu dem ich nicht tauge! Das wäre wirklich sonderbar, aber man darf es sich nicht anmerken lassen. Darum lobte er den Stoff, den er nicht sah, und versicherte ihnen seine Freude über die schönen Farben und das herrliche Muster. „Ja, es ist ganz allerliebst“, sagte er zum Kaiser.

Alle Menschen in der Stadt sprachen von dem prächtigen Stoff.

Nun wollte der Kaiser ihn selbst sehen, während er noch auf dem Webstuhl war. Mit einer ganzen Schar auserwählter Männer, darunter auch die beiden ehrlichen Minister, die schon früher dort gewesen waren, ging er zu den beiden listigen Betrügern, die aus Leibeskräften webten — aber ohne Faser oder Faden.

„Ist das nicht prächtig?“ sagten die beiden alten Minister, die schon einmal dagewesen waren. „Sehen Eure Majestät, was für ein Muster, was für Farben!“ Und dann zeigten sie auf den leeren Webstuhl; denn sie glaubten, daß die andern den Stoff bestimmt sehen könnten.

Was, dachte der Kaiser, ich sehe gar nichts! Das ist ja furchtbar! Bin ich dumm? Tauge ich etwa nicht dazu, Kaiser zu sein? Das wäre das Schrecklichste, was mir begegnen könnte.

„Oh, es ist sehr hübsch!“ sagte er. „Es hat meinen allerhöchsten Beifall.“ Und er nickte zufrieden und betrachtete den leeren Webstuhl, denn er wollte nicht sagen, daß er nichts sehen könne. Das ganze Gefolge, das er bei sich hatte, schaute und schaute und bekam nicht mehr heraus als alle andern; aber sie sagten wie der Kaiser: „Oh, das ist hübsch!“ Und sie rieten ihm, diese neuen, prächtigen Kleider das erste Mal bei der großen Prozession, die bevorstand, zu tragen. „Herrlich, niedlich, exzellent!“ ging es von Mund zu Mund: man schien allerseits innig erfreut darüber, und der Kaiser verlieh den Betrügern den Titel Kaiserliche Hofweber.

Die ganze Nacht vor dem Morgen, an dem die Prozession stattfinden sollte, waren die Betrüger auf und hatten über sechzehn Lichter angezündet. Die Leute konnten sehen, daß sie stark beschäftigt waren, des Kaisers neue Kleider fertigzumachen. Sie taten, als ob sie den Stoff aus dem Webstuhl nähmen, sie schnitten mit großen Scheren in die Luft, sie nähten mit Nähnadeln ohne Faden und sagten zuletzt: „Nun sind die Kleider fertig!“

Der Kaiser mit seinen vornehmsten Kavalieren kam selbst dahin, und beide Betrüger hoben einen Arm in die Höhe, gerade als ob sie etwas hielten, und sagten: „Seht, hier sind die Beinkleider, hier ist der Rock, hier der Mantel", und so weiter. ,,Es ist so leicht wie Spinnewebe, man sollte glauben, man habe nichts auf dem Leibe. Aber das ist gerade das Schöne daran."

,,Ja!" sagten alle Kavaliere, aber sie konnten nichts sehen; denn es war nichts da.

,,Belieben Eure Kaiserliche Majestät, Ihre Kleider allergnädigst auszuziehen", sagten die Betrüger, ,,so wollen wir Ihnen die neuen anziehen, hier vor dem großen Spiegel!" Der Kaiser legte alle seine Kleider ab, und die Betrüger stellten sich, als ob sie ihm jedes Stück der neuen Kleider anzögen. Sie faßten ihn um den Leib und taten, als bänden sie etwas fest, das war die Schleppe; und der Kaiser wendete und drehte sich vor dem Speigel.

,,Ei, wie gut sie kleiden! Wie herrlich sie sitzen!" sagten alle.

,,Dieses Muster, diese Farben! Das ist ein köstlicher Anzug!"

,,Draußen stehen sie mit dem Thronhimmel, der über Eurer Majestät in der Prozession getragen werden soll", meldete der Oberzeremonienmeister.

,,Schön, ich bin ja fertig", sagte der Kaiser. ,,Sitzen sie nicht gut?" Und dann wendete er sich nochmals zu dem Spiegel; denn es sollte scheinen, als ob er seine Staatsgewänder recht betrachte.

Die Kammerherren, die die Schleppe tragen sollten, griffen mit den Händen nach dem Fußboden, gerade als ob sie die Schleppe aufhöben. Sie gingen und taten, als hielten sie etwas in der Luft; sie wagten nicht, sich anmerken zu lassen, daß sie nichts sehen konnten.

So schritt der Kaiser in der Prozession unter dem prächtigen Thronhimmel, und alle Leute auf der Straße und in den Fenstern sagten: ,,Gott, wie sind des Kaisers neue Kleider unvergleichlich! Was für eine Schleppe er hat, wie schön alles sitzt!" Keiner

wollte es sich anmerken lassen, daß er nichts sah; denn dann hätte er ja nicht zu seinem Amte getaugt oder wäre sehr dumm gewesen. Keine Kleider des Kaisers hatten solches Glück gemacht wie diese.
„Aber er hat ja nichts an", sagte endlich ein kleines Kind.
„Herrgott, die Stimme der Unschuld!" sagte der Vater und einer flüsterte dem andern zu, was das Kind gesagt hatte. „Aber er hat ja nichts an!" rief zuletzt das ganze Volk. Das ergriff den Kaiser; denn es schien ihm, sie hätten recht. Aber er dachte bei sich: Nun muß ich die Prozession durchhalten. Und so hielt er sich noch stolzer, und die Kammerherren gingen und trugen die Schleppe, die gar nicht da war.

Die Prinzessin auf der Erbse

Es war einmal ein Prinz, der wollte eine Prinzessin heiraten, aber es sollte eine wirkliche Prinzessin sein. Da reiste er in der ganzen Welt herum, um eine solche zu suchen, doch überall war etwas im Wege. Prinzessinnen gab es genug, ob es aber wirkliche Prinzessinnen waren, konnte er nicht herausbringen. Immer war etwas, das nicht so ganz in Ordnung war. Da kam er denn wieder nach Hause und war sehr traurig; denn er wollte doch so gern eine richtige Prinzessin haben.
Eines Abends zog ein furchtbares Gewitter auf, es blitzte und donnerte, der Regen floß in Strömen, es war ganz entsetzlich. Da klopfte es an das Schloßtor, und der alte König ging hin, um aufzumachen. Es war eine Prinzessin, die draußen vor dem Tore stand. Aber, o Gott, wie sah die von dem Regen und dem bösen Wetter aus! Das Wasser lief ihr von den Haaren

und Kleidern herunter, es lief in die Schuhe hinein und an den Hacken wieder heraus. Und doch sagte sie, daß sie eine wirkliche Prinzessin sei.
Ja, das werden wir schon herauskriegen, dachte die alte Königin. Aber sie sagte nichts, ging in die Schlafkammer, nahm alle Betten ab und legte eine Erbse auf den Boden der Bettstelle. Dann nahm sie zwanzig Matratzen und legte sie auf die Erbse und danach noch zwanzig Eiderdaunenbetten über die Matratzen.
Darauf mußte nun die Prinzessin die ganze Nacht liegen. Am Morgen wurde sie gefragt, wie sie geschlafen habe.
„Oh, furchtbar schlecht!" sagte die Prinzessin. „Ich habe die Augen fast die ganze Nacht nicht zugetan. Gott weiß, was da im Bette gewesen ist. Ich habe auf etwas Hartem gelegen, so daß ich ganz braun und blau am Körper bin. Es ist entsetzlich!"
Nun sahen sie ein, daß es eine wirkliche Prinzessin war, weil sie durch zwanzig Matratzen und zwanzig Eiderdaunenbetten hindurch die Erbse gespürt hatte. So empfindlich konnte niemand sein als eine richtige Prinzessin.
Da nahm der Prinz sie zur Frau; denn nun wußte er, daß er eine wirkliche Prinzessin hatte, und die Erbse kam auf die Kunstkammer, wo sie noch zu sehen ist, wenn niemand sie gestohlen hat.
Seht, das war eine wahre Geschichte.

Der fliegende Koffer

Es war einmal ein Kaufmann, der war so reich, daß er die ganze Straße und fast noch eine kleine Gasse dazu mit Silbergeld pflastern konnte. Aber das tat er nicht; er wußte sein Geld anders anzuwenden. Gab

er einen Schilling aus, so bekam er einen Taler wieder; ein so kluger Kaufmann war er — bis er starb.
Der Sohn bekam nun all dieses Geld, und er lebte lustig, ging jede Nacht zum Maskenball, machte Papierdrachen aus Talerscheinen und warf im Spiel keine Steine, sondern blanke Goldstücke flach über das Wasser. So konnte das Geld schon alle werden, und es wurde alle. Zuletzt besaß er nichts mehr als vier Schillinge und hatte keine anderen Kleider als ein Paar Pantoffeln und einen Schlafrock. Nun kümmerten sich seine Freunde nicht mehr um ihn, da sie ja nicht zusammen auf die Straße gehen konnten; aber einer von ihnen, der gutmütig war, sandte ihm einen alten Koffer, mit der Bemerkung: ,,Pack ein!" Ja, das war nun gut gesagt, aber er hatte nichts einzupacken; darum setzte er sich selbst in den Koffer.
Das war ein merkwürdiger Koffer. Sobald man an das Schloß drückte, konnte der Koffer fliegen. Er drückte, und husch! flog er mit ihm durch den Schornstein hoch über die Wolken hinauf, weiter und weiter fort. Sooft aber der Boden ein wenig knackte, war er gar sehr in Angst, daß der Koffer in Stücke gehen könnte; denn dann hätte er einen tüchtigen Purzelbaum gemacht — Gott bewahre! Auf solche Weise kam er nach dem Lande der Türken. Den Koffer versteckte er im Walde unter verdorrten Blättern und ging in die Stadt hinein. Das konnte er auch ganz gut; denn bei den Türken gingen ja alle so wie er: in Schlafrock und Pantoffeln. Da begegnete er einer Amme mit einem Kinde.
,,Höre, du Türkenamme", sagte er, ,,was ist das für ein großes Schloß hier dicht bei der Stadt, wo die Fenster so hoch oben sind?"
,,Da wohnt die Tochter des Königs", antwortete sie. ,,Es ist prophezeit, daß sie über einen Geliebten sehr

unglücklich werden würde, und deshalb darf niemand zu ihr kommen, wenn nicht der König und die Königin mit dabei sind."

„Ich danke dir!" sagte der Kaufmannssohn und ging dann hinaus in den Wald, setzte sich in seinen Koffer, flog auf das Dach und kroch durch das Fenster zur Prinzessin hinein. Sie lag auf dem Sofa und schlief. Sie war so schön, daß der Kaufmannssohn sie küssen mußte. Da erwachte sie und erschrak gewaltig; aber er sagte, er sei der Türkengott, der durch die Luft zu ihr herunter gekommen wäre, und das gefiel ihr.

So saßen sie nebeneinander, und er erzählte ihr Geschichten von ihren Augen: Das wären die herrlichsten dunklen Seen, da schwämmen die Gedanken wie Nixen darin. Und er erzählte von ihrer Stirn: Die wäre ein Schneeberg mit den prächtigsten Sälen und Bildern. Und er erzählte vom Storch, der die lieben kleinen Kinder bringt.

Ja, das waren schöne Geschichten. Dann freite er um die Prinzessin, und sie sagte gleich ja.

„Aber Ihr müßt am Sonnabend wiederkommen", sagte sie. „Da sind der König und die Königin bei mir zum Tee. Sie werden stolz darauf sein, daß ich den Türkengott bekomme. Aber seht zu, daß Ihr ein recht hübsches Märchen wißt; denn das lieben meine Eltern ganz außerordentlich. Meine Mutter will es moralisch und vornehm haben und mein Vater lustig, so daß man lachen kann."

„Ja, ich bringe keine andere Morgengabe als ein Märchen", sagte er, und so schieden sie. Aber die Prinzessin gab ihm einen Säbel, der war mit Goldstücken besetzt, und die konnte er gerade gebrauchen.

Nun flog er fort, kaufte sich einen neuen Schlafrock und saß dann draußen im Walde und dichtete ein Märchen. Es sollte bis zum Sonnabend fertig sein —

und das ist doch gar nicht so leicht.
Als er damit fertig wurde, war es Sonnabend.
Der König, die Königin und der ganze Hof warteten schon mit dem Tee bei der Prinzessin. Er wurde sehr freundlich empfangen.
„Wollt Ihr uns ein Märchen erzählen", fragte die Königin, „eins, das tiefsinnig und belehrend ist?"
„Aber worüber man doch lachen kann", sagte der König.
„Jawohl!" erwiderte er und erzählte. Und nun muß man gut aufpassen!
„Es war einmal ein Bund Schwefelhölzchen, die waren außerordentlich stolz auf ihre hohe Herkunft. Ihr Stammbaum, das heißt die große Fichte, von der sie alle kleine Hölzchen waren, hatte als mächtiger alter Baum im Walde gestanden. Die Schwefelhölzchen lagen nun bei einem Feuerzeug und einem alten eisernen Topf und erzählten von ihrer Jugend. ‚Ja, als wir auf dem grünen Zweig waren', sagten sie, ‚da waren wir wirklich noch auf dem grünen Zweig! Jeden Morgen und jeden Abend gab es Diamantentee, das war der Tau. Den ganzen Tag hatten wir Sonnenschein, wenn die Sonne schien, und all die kleinen Vögel mußten uns Geschichten erzählen. Wir konnten wohl merken, daß wir auch reich waren, denn die Laubbäume waren nur im Sommer bekleidet, aber unsere Familie hatte Mittel zu grünen Kleidern sowohl im Sommer wie im Winter. Doch da kam der Holzhauer, das war die große Revolution, und unsere Familie wurde zersplittert: Der Stammherr bekam eine Stelle als Hauptmast auf einem prächtigen Schiffe, das die Welt umsegeln konnte, wenn es wollte; die Nebenzweige kamen nach anderen Orten, und wir haben nun das Amt, dem niedrigen Volke das Licht anzuzünden. Deshalb sind wir vornehmen Leute hierher in die Küche gekommen.'

‚Mein Leben hat sich ganz anders abgespielt', sagte der eiserne Topf, neben dem die Schwefelhölzchen lagen.
‚Von Anfang an, seit ich auf die Welt kam, bin ich viele Male gescheuert und gekocht worden. Ich sorge für das Solide und bin der Erste hier im Hause. Meine einzige Freude ist, nach Tisch sauber und ordentlich an meinem Platz zu liegen und ein vernünftiges Gespräch mit meinen Kameraden zu führen. Doch wenn ich den Wassereimer ausnehme, der hin und wieder einmal in den Hof hinunterkommt, so leben wir immer nur innerhalb unserer vier Wände. Unser einziger Neuigkeitsbote ist der Marktkorb, aber der spricht recht beunruhigend über die Regierung und das Volk. Ja, neulich war da ein alter Topf, der vor Schreck darüber herunterfiel und in Stücke zersprang. Das ist ein Freisinniger, sage ich euch!'
‚Jetzt redest du zuviel', sagte das Feuerzeug, und der Stahl schlug gegen den Feuerstein, daß die Funken sprühten. ‚Wollen wir uns nicht einen lustigen Abend machen?'
‚Ja, laßt uns davon sprechen, wer der Vornehmste ist', sagten die Schwefelhölzchen.
‚Nein, ich liebe es nicht, von mir selbst zu reden', wandte der Tonkrug ein. ‚Laßt uns eine Abendunterhaltung veranstalten! Ich will anfangen. Jeder wird etwas erzählen, was er erlebt hat; da kann man sich leicht hineinversetzen, und es ist so erfreulich: An dem mit Buchen bewachsenen Gestade der Ostsee —'
‚Was für ein hübscher Anfang!' sagten alle Teller. ‚Das wird sicher eine Geschichte, die uns gefällt.'
‚— verlebte ich meine Jugend bei einer stillen Familie; die Möbel wurden gebohnert, der Fußboden gescheuert, und alle vierzehn Tage wurden reine Gardinen aufgehängt.'

‚Wie interessant Sie doch erzählen!' sagte der Kehrbesen. ‚Man kann gleich hören, daß ein Mann erzählt, der viel mit Frauen in Berührung gekommen ist; es hat so etwas Reines an sich.'
‚Ja, das fühlt man', sagte der Wassereimer und machte vor Freude einen kleinen Sprung, daß es auf dem Fußboden platschte. Und der Tonkrug fuhr fort zu erzählen, und das Ende war ebenso gut wie der Anfang.
Alle Teller klapperten vor Freude, und der Kehrbesen zog grüne Petersilie aus dem Sandloch und bekränzte den Tonkrug; denn er wußte, daß es die andern ärgern würde. Bekränze ich ihn heute, dachte er, so bekränzt er mich morgen.
‚Nun will ich tanzen!' sagte die Feuerzange und tanzte, Gott bewahre, wie konnte sie das eine Bein in die Höhe strecken! Der alte Stuhlüberzug dort im Winkel platzte, als er es sah! ‚Werde ich nun auch bekränzt?' fragte die Feuerzange, und sie wurde es.
Das ist doch nur Pöbel, dachten die Schwefelhölzchen.
Nun sollte die Teemaschine singen, aber sie sagte, sie habe sich erkältet und könne nicht singen, wenn sie nicht koche. Allein das war bloße Vornehmtuerei: Sie wollte nur singen, wenn sie bei der Herrschaft auf dem Tische stand.
Im Fenster steckte eine alte Gänsefeder, mit der das Mädchen zu schreiben pflegte. Es war nichts Besonderes daran, außer daß sie gar zu tief in die Tinte getaucht worden war. Aber darauf war sie stolz.
‚Will die Teemaschine nicht singen', sagte sie, ‚so soll sie es bleibenlassen! Draußen hängt eine Nachtigall im Vogelbauer, die kann singen. Sie hat zwar nichts gelernt, aber darüber wollen wir diesen Abend hinwegsehen.'
‚Ich finde es höchst unpassend', sagte der Teekessel

— er war Küchensänger und Halbbruder der Teemaschine —, ‚daß ein solcher fremder Vogel gehört werden soll. Ist das patriotisch? Der Marktkorb mag darüber entscheiden!‘ — ‚Ich ärgere mich nur’, sagte der Marktkorb, ‚ich ärgere mich im stillen so sehr, wie niemand es sich denken kann! Ist das etwa eine passende Art, den Abend zu verbringen? Wäre es nicht vernünftiger, in dem Haus Ordnung zu schaffen? Jeder müßte auf seinen richtigen Platz kommen, und ich würde das ganze Spiel leiten. Das würde etwas anderes werden.‘

‚Ja, laßt uns das Spiel machen!‘ sagten alle. Da ging die Tür auf. Es war das Dienstmädchen — und schon standen sie still. Keiner muckste; aber da gab es keinen einzigen Topf, der nicht gewußt hätte, was er alles tun könne und wie vornehm er sei. Ja, wenn ich gewollt hätte, dachte jeder, dann wäre es ein sehr lustiger Abend geworden! Das Dienstmädchen nahm die Schwefelhölzchen und machte Feuer damit an. — Oh, wie die sprühten und aufflammten!

Nun kann doch jeder sehen, dachten sie, daß wir die Ersten sind! Welchen Glanz haben wir! Welches Licht! Und damit waren sie verbrannt.“

„Das war ein herrliches Märchen!“ sagte die Königin. „Ich fühlte mich so ganz in die Küche versetzt zu den Schwefelhölzchen. Ja, nun sollst du unsere Tochter haben.“

„Jawohl!“ sagte der König, „du sollst unsere Tochter am Montag bekommen!“ Denn nun sagten sie „du“ zu ihm, weil er zur Familie gehören sollte.

Die Hochzeit war also bestimmt, und am Abend vorher wurde die ganze Stadt illuminiert. Zwieback und Brezeln wurden unter das Volk geworfen; die Straßenjungen standen auf den Zehen, riefen hurra und pfiffen durch die Finger; es war außerordentlich prachtvoll.

Ja, ich werde wohl auch etwas zum besten geben müssen! dachte der Kaufmannssohn. Und so kaufte er Raketen, Knallerbsen und alles Feuerwerk, was man sich denken konnte, legte es in seinen Koffer und flog damit in die Luft. Hui, wie das ging und wie das puffte! Alle Türken hüpften dabei in die Höhe, daß ihnen die Pantoffeln um die Ohren flogen; ein solches Feuerwerk hatten sie noch nie gesehen. Nun konnten sie begreifen, daß es der Türkengott selbst war, der die Prinzessin haben sollte.
Sobald der Kaufmannssohn mit seinem Koffer wieder herunter in den Wald kam, dachte er: Ich will doch in die Stadt gehen, um zu erfahren, wie es ausgesehen hat. Es war ja ganz natürlich, daß er Lust dazu hatte. Nein, was doch die Leute erzählten! Jeder, den er danach fragte, hatte es auf seine Weise geschaut; aber schön hatten es alle gefunden.
„Ich sah den Türkengott selbst", sagte der eine. „Er hatte Augen wie glänzende Sterne und einen Bart wie schäumende Wasser."
„Er flog in einem Feuermantel", sagte ein anderer. „Die lieblichsten Engelskinder blickten aus den Falten hervor." Ja, das waren herrliche Sachen, die er hörte, und am nächsten Tage sollte er Hochzeit machen.
Nun ging er in den Wald zurück, um sich in seinen Koffer zu setzen — aber wo war der denn? Der Koffer war verbrannt! Ein Funken des Feuers war zurückgeblieben, der hatte das Feuer entzündet, und der Koffer lag in Asche. Er konnte nicht mehr fliegen, nicht mehr zu seiner Braut gelangen.
Sie stand den ganzen Tag auf dem Dache und wartete; sie wartet wahrscheinlich immer noch. Er aber wandert in der Welt umher und erzählt Märchen, doch die sind nicht mehr so lustig wie das von den Schwefelhölzchen.

Die wilden Schwäne

Weit von hier, dort, wo die Schwalben hinfliegen, wenn wir Winter haben, wohnte ein König, der elf Söhne und eine Tochter, Elisa, hatte. Die elf Brüder waren Prinzen und gingen mit dem Stern auf der Brust und dem Säbel an der Seite in die Schule. Sie schrieben mit Diamantengriffeln auf Goldtafeln und lernten ebensogut auswendig, wie sie lasen; man konnte gleich hören, daß sie Prinzen waren. Die Schwester Elisa saß auf einem kleinen Schemel von Spiegelglas und hatte ein Bilderbuch, das das halbe Königreich gekostet hatte.

Oh, die Kinder hatten es gut, aber so sollte es nicht immer bleiben!

Ihr Vater, der König über das ganze Land war, verheiratete sich mit einer bösen Königin, die den armen Kindern gar nicht gut war. Schon am ersten Tage konnten sie es merken. Auf dem Schlosse war ein großes Fest, und da spielten die Kinder „Es kommt Besuch". Aber während sie sonst allen Kuchen und alle gebratenen Äpfel bekamen, die nur zu haben waren, gab die Königin ihnen bloß Sand in einer Teetasse und sagte, sie sollten so tun, als ob das etwas wäre.

Die Woche darauf brachte sie die kleine Schwester Elisa aufs Land zu Bauersleuten, und lange währte es nicht, da redete sie dem König so viel von den armen Prinzen vor, daß er sich gar nicht mehr um sie kümmerte.

„Fliegt hinaus in die Welt und ernährt euch selbst!" sagte die böse Königin. „Fliegt wie die großen Vögel ohne Stimme!" Aber sie konnte es doch nicht so schlimm machen, wie sie gern wollte; sie wurden elf herrliche wilde Schwäne. Mit einem sonderbaren Schrei flogen sie aus den Schloßfenstern hinaus über

den Park und den Wald dahin.
Es war noch früh am Morgen, als sie da vorbeikamen, wo die Schwester Elisa in der Stube des Bauern lag und schlief. Hier schwebten sie über dem Dache, drehten ihre langen Hälse und schlugen mit den Flügeln, aber niemand hörte oder sah es. Sie mußten wieder weiter, hoch zu den Wolken empor, in die weite Welt hinaus. Da flogen sie nach einem großen dunklen Walde, der sich bis an den Strand des Meeres erstreckte.
Die arme kleine Elisa stand in der Stube des Bauern und spielte mit einem grünen Blatte, anderes Spielzeug hatte sie nicht. Sie stach ein Loch in das Blatt, sah hindurch und hielt es gegen die Sonne empor. Da war es, als sähe sie die hellen Augen ihrer Brüder; jedesmal, wenn die warmen Sonnenstrahlen auf ihre Wangen schienen, gedachte sie all ihrer Küsse.
Ein Tag verging wie der andere. Strich der Wind durch die großen Rosenhecken draußen vor dem Hause, so flüsterte er den Rosen zu: „Wer kann schöner sein als ihr?" Aber die Rosen schüttelten die Köpfchen und sagten: „Elisa ist schöner!" Und saß die alte Frau am Sonntag vor der Tür und las in ihrem Gesangsbuch, so wendete der Wind die Blätter um und sagte zum Buche: „Wer kann frömmer sein als du?"
„Elisa ist frömmer!" sagte das Gesangsbuch. Und es war die reine Wahrheit, was die Rosen und das Gesangsbuch sagten. Als Elisa fünfzehn Jahre alt war, sollte sie nach Hause; und als die Königin sah, wie schön sie war, wurde sie zornig und voll Haß auf sie. Gern hätte sie Elisa in einen wilden Schwan verwandelt wie ihre Brüder, aber das wagte sie nicht sogleich, weil ja der König seine Tochter sehen wollte.
Frühmorgens ging die Königin in das Bad, das aus

Marmor erbaut und mit weichen Kissen und den prächtigsten Decken geschmückt war. Sie nahm drei Kröten, küßte sie und sagte zu der einen: „Setze dich auf Elisas Kopf, wenn sie in das Bad kommt, damit sie dumm wird wie du!
Setze dich auf ihre Stirn“, sagte sie zur andern, „damit sie häßlich wird wie du, so daß ihr Vater sie nicht erkennt!
Ruhe an ihrem Herzen!“ flüsterte sie der dritten zu. „Laß sie einen bösen Sinn bekommen, damit sie Schmerzen davon hat!“
Dann setzte sie die Kröten in das klare Wasser, das sich sogleich grün färbte, rief Elisa, zog sie aus und ließ sie in das Wasser hinabsteigen. Und wie Elisa untertauchte, setzte sich die eine Kröte ihr in das Haar, die andere auf die Stirn und die dritte auf die Brust. Aber sie schien es gar nicht zu merken. Sobald sie sich aufrichtete, schwammen drei rote Mohnblumen auf dem Wasser. Wären die Tiere nicht giftig gewesen und von der Hexe geküßt worden, so wären sie in rote Rosen verwandelt worden. Aber zu Blumen wurden sie doch, weil sie auf Elisas Haupte und an ihrem Herzen geruht hatten. Sie war zu fromm und unschuldig, als daß die Zauberei Macht über sie haben konnte.
Als die böse Königin das sah, rieb sie Elisa mit Walnußsaft ein, so daß sie ganz schwarz wurde, bestrich ihr das hübsche Antlitz mit einer stinkenden Salbe und brachte das herrliche Haar wirr durcheinander. Es war unmöglich, die schöne Elisa wiederzuerkennen.
Als sie der Vater sah, erschrak er sehr und sagte, das sei nicht seine Tochter. Niemand, außer dem Kettenhunde und den Schwalben, wollte sie erkennen; aber das waren arme Tiere, die nichts zu sagen hatten.
Da weinte die arme Elisa und dachte an ihre elf

Brüder, die alle fort waren. Betrübt schlich sie sich aus dem Schlosse und ging den ganzen Tag über Feld und Moor bis in den großen Wald hinein. Sie wußte nicht, wohin sie wollte, aber sie fühlte sich unsagbar traurig und sehnte sich nach ihren Brüdern. Die waren sicher ebenso wie sie in die Welt hinausgejagt worden; die wollte sie suchen und finden.
Nur kurze Zeit war sie im Walde, da brach die Nacht an. Sie war ganz vom Wege abgekommen, darum legte sie sich auf das weiche Moos nieder, betete ihr Abendgebet und lehnte ihr Haupt an einen Baumstumpf. Es war ganz still, die Luft war mild, und ringsum im Grase und im Moose leuchteten Hunderte von Johanniswürmchen wie grünes Feuer. Als sie einen der Zweige leise mit der Hand berührte, fielen die leuchtenden Insekten wie Sternschnuppen zu ihr nieder.
Die ganze Nacht träumte sie von ihren Brüdern; sie spielten wieder als Kinder, schrieben mit Diamantgriffeln auf die Goldtafeln und betrachteten das herrliche Bilderbuch, das das halbe Königreich gekostet hatte. Aber auf die Tafel schrieben sie nicht wie früher nur Nullen und Striche, sondern die mutigen Taten, die sie vollführt, alles, was sie erlebt und gesehen hatten. Und im Bilderbuche war alles lebendig: Die Vögel sangen, und die Menschen traten aus dem Buche heraus und sprachen mit Elisa und ihren Brüdern. Aber wenn sie das Blatt umwendete, sprangen sie gleich wieder zurück, damit keine Unordnung hineinkam.
Als Elisa erwachte, stand die Sonne schon hoch. Sie konnte sie freilich nicht sehen, die hohen Bäume breiteten ihre Zweige dicht und fest über ihr aus. Aber die Strahlen spielten dort oben wie ein wehender Goldflor; da kam ein Duft aus dem Grün, und die Vögel setzten sich fast auf ihre Schultern. Sie hörte

Wasser plätschern. Das waren viele große Quellen, die alle in einen Teich flossen, der den herrlichsten Sandboden hatte. Freilich wuchsen dort dichte Büsche ringsumher, aber an einer Stelle hatten die Hirsche eine große Öffnung gebahnt, und hier ging Elisa zum Wasser hin. Es war vollkommen klar. Wenn der Wind die Zweige und Büsche nicht bewegte, konnte man glauben, sie wären auf dem Boden abgemalt gewesen, so deutlich spiegelte sich dort jedes Blatt, ob es von der Sonne beschienen oder ganz im Schatten war.

Wie Elisa ihr eigenes Gesicht erblickte, erschrak sie, so braun und häßlich war es. Doch als sie ihre kleine Hand benetzte und Augen und Stirn rieb, glänzte die weiße Haut wieder durch. Da legte sie ihre Kleider ab und ging in das frische Wasser hinein. Ein schöneres Königskind als sie war auf dieser Welt nicht zu finden!

Als sie sich wieder angekleidet und ihr langes Haar geflochten hatte, ging sie zur sprudelnden Quelle, trank aus der hohlen Hand und wanderte tiefer in den Wald, ohne zu wissen, wohin. Sie dachte an ihre Brüder, dachte an den lieben Gott, der sie sicher nicht verlassen würde. Sie fand einen wilden Waldapfelbaum, dessen Zweige sich unter der Last der Früchte bogen. Hier hielt sie ihre Mittagsmahlzeit, setzte Stützen unter die Zweige und ging dann in den dunkelsten Teil des Waldes hinein. Da war es so still, daß sie ihre eigenen Fußtritte hörte und jedes kleine vertrocknete Blatt, auf das sie trat. Nicht ein Vogel war dort zu sehen, nicht ein Sonnenstrahl konnte durch die dichten Zweige dringen. Die hohen Stämme standen ganz nahe beisammen; wenn sie vor sich hinsah, schien es ihr, als ob ein Gitter aus Balken sie dicht umschlösse. Oh, hier war eine Einsamkeit, die sie früher nie gekannt hatte!

Die Nacht wurde ganz dunkel. Nicht ein einziger kleiner Johanniswurm leuchtete aus dem Moose. Betrübt legte sie sich nieder, um zu schlafen. Da schien es ihr, als ob die Baumzweige über ihr sich zur Seite neigten und der liebe Gott mit milden Augen auf sie niederblickte. Kleine Engel sahen über seinem Kopf und unter seinen Armen hervor.

Als sie am Morgen erwachte, wußte sie nicht, ob sie es geträumt hatte oder ob es wirklich so gewesen war.

Sie ging einige Schritte weiter, da begegnete ihr eine alte Frau mit einem Korb voll Beeren; die Alte gab ihr einige davon. Elisa fragte, ob sie nicht elf Prinzen durch den Wald habe reiten sehen.

„Nein", sagte die Alte, „aber ich sah gestern elf Schwäne mit Goldkronen auf dem Kopfe den Fluß hier nahebei hinunterschwimmen!"

Und sie führte Elisa ein Stück weiter zu einem Abhange, an dessen Fuße sich ein Flüßchen schlängelte. Die Bäume an seinen Ufern streckten ihre langen, blattreichen Zweige einander entgegen, und wo sie nicht zusammenreichen konnten, da hatten sie die Wurzeln aus der Erde losgerissen und hingen, mit den Zweigen ineinandergeflochten, über das Wasser hinaus.

Elisa sagte der Alten Lebwohl und ging den Fluß entlang, bis sie schließlich zum großen offenen Strande kam.

Das ganze herrliche Meer lag vor dem jungen Mädchen, aber nicht ein Segel zeigte sich darauf, nicht ein Boot war da zu sehen. Wie sollte sie nun weiterkommen? Sie betrachtete die unzähligen kleinen Steine am Ufer, das Wasser hatte sie alle rund geschliffen. Glas, Eisen, Steine, alles, was dort angespült lag, hatte durch das Wasser, welches doch viel weicher war als ihre feine Hand, seine Form bekommen. „Das rollt unermüdlich fort, und so ebnet

sich das Harte; ich will ebenso unermüdlich sein. Habt Dank für eure Lehre, ihr klaren rollenden Wogen! Einst, das sagt mir mein Herz, werdet ihr mich zu meinen lieben Brüdern tragen!"

Auf dem angespülten Seegrase lagen elf weiße Schwanenfedern. Sie sammelte sie zu einem Strauß. Wassertropfen hingen daran; ob es Tau oder Tränen waren, konnte man nicht sehen. Einsam war es dort am Strande, aber sie fühlte es nicht; denn das Meer bot ewige Abwechslung dar, ja, in wenigen Stunden mehr, als die stillen Landseen in einem ganzen Jahr aufweisen können. Kam eine große schwarze Wolke, so war es, als ob das Meer sagen wollte; „Ich kann auch finster aussehen", und dann blies der Wind, und die Wogen kehrten das Weiße nach außen. Schienen aber die Wolken rot und schliefen die Winde, so war das Meer einem Rosenblatte gleich; bald wurde es grün, bald weiß. Aber wie still es auch ruhte, am Ufer war doch eine leise Bewegung. Das Wasser hob sich sacht wie die Brust eines schlafenden Kindes.

Als die Sonne unterzugehen begann, sah Elisa elf wilde Schwäne mit Goldkronen auf den Köpfen dem Lande zufliegen. Sie schwebten einer hinter dem andern, es war wie ein langes weißes Band anzusehen. Da stieg Elisa den Abhang hinauf und verbarg sich hinter einem Busche. Die Schwäne ließen sich nahe bei ihr nieder und schlugen mit ihren großen weißen Schwingen.

Sowie die Sonne im Meer versunken war, fielen plötzlich die Schwanengefieder, und elf schöne Prinzen, Elisas Brüder, standen da. Sie stieß einen lauten Schrei aus; obwohl sie sich sehr verändert hatten, wußte sie doch, daß sie es waren, fühlte, daß sie es sein müßten. Und sie sprang in ihre Arme und nannte sie bei Namen. Und die Prinzen waren so glücklich, als sie ihre kleine Schwester sahen, und erkannten auch sie, die nun groß und schön geworden war. Sie lachten und weinten und hatten bald einander erzählt, wie böse ihre Stiefmutter gegen sie alle gewesen war.

„Wir Brüder", sagte der älteste, „fliegen als wilde Schwäne, solange die Sonne am Himmel steht. Sobald sie untergegangen ist, erhalten wir unsere menschliche Gestalt wieder. Deshalb müssen wir immer aufpassen, bei Sonnenuntergang festen Boden unter den Füßen zu haben; denn wenn wir um diese Zeit noch in den Wolken schweben, so müssen wir als Menschen in die Tiefe hinunterstürzen. Hier wohnen wir nicht; es liegt ein ebenso schönes Land jenseits des Meeres. Aber der Weg dahin ist weit; wir müssen über das große Wasser, und es findet sich keine Insel auf unserem Wege, wo wir übernachten könnten. Nur eine einsame kleine Klippe ragt in der Mitte hervor. Sie ist nicht größer, als daß wir Seite an Seite darauf Platz haben. Ist die See stark bewegt, so spritzt das Wasser hoch über uns hinweg; aber doch danken wir Gott dafür. Dort übernachten wir in unserer Menschengestalt. Ohne die Klippe könnten wir nie unser liebes Heimatland besuchen; denn zwei der längsten Tage des Jahres brauchen wir zu unserem Flug.

Nur einmal im Jahr ist es uns vergönnt, unsere Heimat zu sehen. Elf Tage dürfen wir hierbleiben und über den großen Wald hinfliegen, von wo wir das Schloß erblicken können, in dem wir geboren wurden und wo unser Vater wohnt, den hohen Kirchturm sehen, wo die Mutter begraben ist. Hier kommt es uns vor, als wären Bäume und Büsche mit uns verwandt, hier laufen die wilden Pferde über die Ebene hin, wie wir es in unserer Kindheit gesehen haben, hier singt der Kohlenbrenner die alten Lieder, nach denen wir als Kinder tanzten. Hier ist unser Vaterland, hierher zieht es uns, und hier haben wir dich, du liebe kleine Schwester, gefunden! Zwei Tage können wir noch hierbleiben, dann müssen wir fort über das Meer, nach einem herrlichen Lande, das aber nicht unser Vaterland ist. Wie bringen wir dich fort? Wir haben weder Schiff noch Boot!"

„Auf welche Art kann ich euch erlösen?" fragte die Schwester. Sie unterhielten sich fast die ganze Nacht und schlummerten nur einige Stunden.

Elisa erwachte vom Schlagen der Schwanenflügel, die über ihr rauschten. Die Brüder waren wieder verwandelt und flogen in großen Kreisen und zuletzt weit weg. Aber der eine von ihnen, der jüngste, blieb zurück; und der Schwan legte den Kopf in ihren Schoß, und sie streichelte seine Flügel. Den ganzen Tag waren sie beisammen. Gegen Abend kamen die anderen zurück, und als die Sonne untergegangen war, standen sie wieder in ihrer natürlichen Gestalt da.

„Morgen fliegen wir von hier fort und dürfen vor Ablauf eines ganzen Jahres nicht zurückkehren. Aber dich können wir nicht so verlassen! Hast du Mut, mitzukommen? Mein Arm ist stark genug, dich durch den Wald zu tragen; sollten wir da nicht alle so starke Flügel haben, um mit dir über das Meer zu fliegen?"

„Ja, nehmt mich mit!" sagte Elisa.

Die ganze Nacht brachten sie damit zu, aus geschmeidiger Weidenrinde und zähem Schilf ein Netz zu flechten, das wurde groß und fest. Auf dieses Netz legte sich Elisa, und als die Sonne hervortrat und die Brüder in wilde Schwäne verwandelt wurden, ergriffen sie das Netz mit ihren Schnäbeln und flogen mit ihrer lieben Schwester, die noch schlief, hoch zu den Wolken empor. Die Sonnenstrahlen fielen ihr gerade auf das Antlitz, darum flog einer der Schwäne

über ihrem Kopfe, damit seine breiten Schwingen ihr Schatten geben konnten.
Sie waren weit vom Lande entfernt, als Elisa erwachte. Sie glaubte noch zu träumen, so seltsam kam es ihr vor, hoch durch die Luft über das Meer getragen zu werden. An ihrer Seite lag ein Zweig mit herrlichen reifen Beeren und ein Bündel wohlschmeckender Wurzeln; die hatte der jüngste der Brüder gesammelt und ihr hingelegt. Sie lächelte ihn dankbar an, denn sie erkannte ihn; er war es, der über ihr flog und sie mit den Schwingen beschattete.
Sie waren so hoch, daß das größte Schiff, das sie unter sich erblickten, eine weiße Möwe zu sein schien, die auf dem Wasser lag. Eine Wolke stand hinter ihnen; das war ein ganzer Berg. Und auf diesem sah Elisa ihren eigenen Schatten und den der elf Schwäne, so riesengroß flogen sie dahin. Das war ein Gemälde, prächtiger, als sie früher je eins gesehen. Doch als die Sonne höher stieg und die Wolke weiter zurückblieb verschwand das schwebende Schattenbild.
Den ganzen Tag flogen sie wie ein sausender Pfeil durch die Luft, aber es ging doch langsamer als sonst; denn jetzt hatten sie die Schwester zu tragen. Es zog ein böses Wetter auf, der Abend brach herein. Ängstlich sah Elisa die Sonne sinken, und noch war die einsame Klippe im Meere nicht zu erblicken. Es kam ihr vor, als machten die Schwäne stärkere Schläge mit ihren Flügeln. Ach, sie war schuld daran, daß sie nicht rasch genug vorwärts kamen! Wenn die Sonne untergegangen war, mußten sie Menschen werden, in das Meer stürzen und ertrinken. Da betete sie aus tiefstem Herzen, aber noch immer erblickte sie keine Klippe. Die schwarze Wolke kam näher, starke Windstöße verkündeten einen Sturm. Die Wolken standen in einer einzigen großen drohenden Woge da,

die fast wie Blei vorwärts schoß; Blitz auf Blitz zuckte.
Jetzt war die Sonne gerade am Rande des Meeres. Elisas Herz bebte. Da schossen die Schwäne hinab, so schnell, daß sie zu fallen glaubte. Aber nun schwebten sie wieder. Die Sonne war halb unter dem Wasser; da erblickte sie erst die kleine Klippe unter sich. Sie sah nicht größer aus als ein Seehund, der den Kopf aus dem Wasser steckt. Die Sonne sank sehr schnell. Jetzt erschien sie nur noch wie ein Stern; da berührte ihr Fuß den festen Grund. Die Sonne erlosch wie der letzte Funken im brennenden Papier. Arm in Arm sah sie die Brüder um sich stehen, aber mehr Platz als gerade für diese und für sie war auch nicht da.
Die See schlug gegen die Klippe und ging wie Staubregen über sie hin, der Himmel leuchtete in fortwährendem Feuer, und Schlag auf Schlag rollte der Donner. Aber Schwester und Brüder hielten sich an den Händen und sangen Lieder, aus denen sie Trost und Mut schöpften.
In der Morgendämmerung war die Luft rein und still. Sobald die Sonne emporstieg, flogen die Schwäne mit Elisa von der Insel fort. Das Meer ging noch hoch; als sie in der Luft schwebten, schienen die weißen Schaumköpfe auf der schwarzgrünen See Millionen Schwäne zu sein, die auf dem Wasser schwammen.
Wie die Sonne höher stieg, sah Elisa vor sich, halb in der Luft schwimmend, ein Bergland mit glänzenden Eismassen auf den Felsen. Mitten darauf erhob sich ein wohl meilenlanges Schloß, mit einem kühnen Säulengange über dem andern; unten wogten Palmenwälder und Prachtblumen, so groß wie Mühlräder. Sie fragte, ob dies das Land sei, wo sie hinwollten. Aber die Schwäne schüttelten die Köpfe, denn das, was sie sah, war das herrlichste, allzeit wechselnde Wolken-

schloß der Fata Morgana, da durften sie keinen Menschen hineinbringen. Elisa starrte es an, da stürzten Berge, Wälder und Schloß zusammen, und zwanzig stolze Kirchen, alle einander gleich, mit hohen Türmen und spitzen Fenstern, standen vor ihnen. Sie glaubte die Orgel zu hören, aber es war das Meer, das sie hörte. Nun war sie den Kirchen ganz nahe, da wurden diese zu einer ganzen Flotte, die unter ihr dahinsegelte. Doch als sie hinunterblickte, waren es nur Seenebel, die über dem Wasser hinglitten. So hatte sie eine ewige Abwechslung vor Augen, bis sie das wirkliche Land sah, nach dem sie hinwollten. Dort erhoben sich die herrlichsten blauen Berge mit Zedernwäldern, Städten und Schlössern. Lange bevor die Sonne unterging, saß sie auf dem Felsen vor einer großen Höhle, die mit feinen grünen Schlingpflanzen bewachsen war; es sah aus, als wären es gestickte Teppiche.

„Nun wollen wir sehen, was du diese Nacht hier träumst", sagte der jüngste Bruder und zeigte ihr ihre Schlafkammer. „Gebe der Himmel, daß ich träumen möge, wie ich euch erretten kann!" sagte sie. Und dieser Gedanke beschäftigte sie lebhaft; sie betete recht inbrünstig zu Gott um seine Hilfe, ja, selbst im Schlafe betete sie noch fort. Da kam es ihr vor, als ob sie hoch in die Luft fliege, zu Fata Morganas Wolkenschloß. Die Fee kam ihr entgegen, schön und glänzend, und doch glich sie ganz der alten Frau, die ihr Beeren im Walde gegeben und ihr von den Schwänen mit Goldkronen auf dem Kopfe erzählt hatte.

„Deine Brüder können erlöst werden", sagte sie, „aber hast du Mut und Ausdauer? Wohl ist das Wasser weicher als deine feinen Hände, und doch formt es die Steine um. Aber es fühlt nicht die Schmerzen, die deine Finger fühlen werden; es hat kein Herz, leidet nicht die Angst und Qual, die du aushalten mußt. Siehst du die Brennessel, die ich in meiner Hand habe? Von dieser Art wachsen viele rings um die Höhle, wo du schläfst. Nur die dort und auch die, welche auf den Gräbern des Friedhofs wachsen, sind tauglich, merke dir das! Die mußt du pflücken, obwohl sie deine Hand voll Blasen brennen werden. Brich die Nesseln mit deinen Füßen, so erhältst du Flachs. Aus diesem mußt du elf Panzerhemden mit langen Ärmeln flechten und binden. Wirfst du sie über die elf Schwäne, so ist der Zauber gelöst. Aber bedenke wohl, daß du von dem Augenblicke an, wo du diese Arbeit beginnst, bis sie vollendet ist, wenn auch Jahre darüber vergehen, nicht sprechen darfst! Das erste Wort, das du sprichst, geht als tötender Dolch in deiner Brüder Herz! An deiner Zunge hängt ihr Leben. Merke dir das alles!"

Und sie berührte zugleich ihre Hand mit der Nessel; es war wie brennendes Feuer, von dem Elisa erwachte. Es war heller Tag, und dicht neben ihr lag eine Nessel gleich der, die sie im Traum gesehen hatte. Da fiel sie auf ihre Knie, dankte und ging aus der Höhle hinaus, um ihre Arbeit zu beginnen.

Mit den feinen Händen griff sie in die häßlichen Nesseln, die waren wie Feuer: Große Blasen brannten sie in ihre Hände und Arme. Aber gern wollte sie es leiden, wenn sie nur die lieben Brüder befreien konnte. Sie brach jede Nessel mit ihren bloßen Füßen und flocht den grünen Flachs.

Als die Sonne untergegangen war, kamen die Brüder und erschraken, sie so stumm zu finden; sie glaubten, es wäre ein neuer Zauber der bösen Stiefmutter. Aber als sie ihre Hände erblickten, begriffen sie, was sie ihretwegen tat. Und der jüngste Bruder weinte, und wohin die Tränen fielen, da fühlte sie keine Schmer-

zen, da verschwanden die brennenden Blasen.
Die Nacht brachte sie bei ihrer Arbeit zu; denn sie hatte keine Ruhe, bevor sie die lieben Brüder erlöst hätte. Den ganzen folgenden Tag, während die Schwäne fort waren, saß sie in der Einsamkeit, aber noch nie war die Zeit ihr so schnell entflohen. Ein Panzerhemd war schon fertig, nun fing sie das zweite an.
Da ertönte ein Jagdhorn zwischen den Bergen; sie wurde von Furcht ergriffen. Der Ton kam immer näher. Sie hörte Hunde bellen, erschrocken floh sie in die Höhle, band die Nesseln, die sie gesammelt und gehechelt hatte, zu einem Bündel zusammen und setzte sich darauf.
Sogleich kam ein großer Hund aus der Schlucht hervorgesprungen und gleich darauf wieder einer und noch einer; sie bellten laut, liefen zurück und kamen wieder. Es währte nicht lange, so standen alle Jäger vor der Höhle, und der schönste unter ihnen war der König des Landes. Er trat auf Elisa zu; nie hatte er ein schöneres Mädchen gesehen.
„Wie bist du hierhergekommen, du herrliches Kind?" fragte er. Elisa schüttelte den Kopf. Sie durfte ja nicht sprechen, es galt ihrer Brüder Erlösung und Leben. Und sie verbarg ihre Hände unter der Schürze, damit der König nicht sehen möge, was sie leiden mußte.
„Komm mit mir!" sagte er. „Hier darfst du nicht bleiben. Bist du so gut, wie du schön bist, so will ich dich in Seide und Samt kleiden, die Goldkrone dir auf das Haupt setzen, und du sollst in meinem reichsten Schlosse wohnen und hausen!" Und dann hob er sie auf sein Pferd. Sie weinte und rang die Hände, aber der König sagte: „Ich will nur dein Glück! Einst wirst du mir dafür danken." Und dann jagte er fort durch die Berge und hielt sie vor sich auf dem Pferde, und

die Jäger jagten hinterher.
Als die Sonne unterging, lag die schöne Königsstadt mit Kirchen und Kuppeln vor ihnen. Der König führte sie in das Schloß, wo große Springbrunnen in den hohen Marmorsälen plätscherten, wo Wände und Decken mit Gemälden prangten. Aber sie hatte keine Augen dafür, sie weinte und trauerte. Willig ließ sie sich von den Frauen königliche Kleider anlegen, Perlen ins Haar flechten und feine Handschuhe über die verbrannten Finger ziehen.
Als sie in ihrer Pracht dastand, war sie so blendend schön, daß der Hof sich noch tiefer verneigte. Und der König erkor sie zu seiner Braut, obwohl der Erzbischof mit dem Kopfe schüttelte und flüsterte, das schöne Waldmädchen sei sicher eine Hexe, sie blende die Augen und betöre das Herz des Königs.
Aber der König hörte nicht darauf, ließ Musik ertönen, die köstlichsten Gerichte auftragen und die lieblichsten Mädchen um sie tanzen. Sie wurde durch duftende Gärten in prächtige Säle geführt, aber nicht ein Lächeln kam auf ihre Lippen oder aus ihren Augen; wie ein Bild der Trauer stand sie da. Nun öffnete der König eine kleine Kammer dicht daneben, wo sie schlafen sollte. Die war mit köstlichen grünen Teppichen geschmückt und glich ganz der Höhle, in der sie gewesen war. Auf dem Fußboden lag das Bündel Flachs, das sie aus den Nesseln gesponnen hatte, und unter der Decke hing das Panzerhemd, das fertiggestrickt war. Alles dies hatte einer der Jäger als Merkwürdigkeit mitgenommen.
„Hier kannst du dich in deine frühere Heimat zurückträumen“, sagte der König. „Hier ist die Arbeit, die dich dort beschäftigte. Jetzt, mitten in all deiner Pracht, wird es dich belustigen, an jene Zeit zurückzudenken.“
Als Elisa das sah, was ihrem Herzen so nahelag,

spielte ein Lächeln um ihren Mund, und das Blut kehrte in die Wangen zurück. Sie dachte an die Erlösung ihrer Brüder, küßte des Königs Hand, und er drückte sie an sein Herz und ließ durch alle Kirchenglocken das Hochzeitsfest verkünden. Das schöne stumme Mädchen aus dem Walde wurde des Landes Königin.
Da flüsterte der Erzbischof böse Worte in des Königs Ohr, aber sie drangen nicht bis zu seinem Herzen. Die Hochzeit sollte stattfinden; der Erzbischof selbst mußte ihr die Krone auf das Haupt setzen, und er drückte mit bösem Sinn den engen Ring auf ihre Stirn nieder, daß es schmerzte. Doch ein schwerer Ring lag um ihr Herz: die Trauer um ihre Brüder. Sie fühlte nicht die körperlichen Leiden. Ihr Mund war stumm, ein einziges Wort würde ja ihren Brüdern das Leben kosten, aber in ihren Augen lag innige Liebe zu dem guten, schönen König, der alles tat, um sie zu erfreuen. Von ganzem Herzen gewann sie ihn von Tag zu Tag lieber. Oh, daß sie sich ihm nur anvertrauen und ihr Leid klagen dürfte! Doch stumm mußte sie sein, stumm mußte sie ihr Werk vollbringen. Darum schlich sie sich des Nachts von seiner Seite, ging in die kleine Kammer, die wie die Höhle geschmückt war, und strickte ein Panzerhemd nach dem andern fertig. Aber als sie das siebente begann, hatte sie keinen Flachs mehr.
Auf dem Friedhof, das wußte sie, wuchsen die Nesseln, die sie brauchen konnte; aber die mußte sie selbst pflücken, und wie sollte sie dahinaus gelangen!
Oh, was ist der Schmerz in meinen Fingern gegen die Qual, die mein Herz erduldet! dachte sie. Ich muß es wagen! Der Herr wird seine Hand nicht von mir abziehen! Mit einer Herzensangst, als sei es eine böse Tat, die sie vorhabe, schlich sie sich in der mond-

hellen Nacht in den Garten hinunter und ging durch die Alleen und durch die einsamen Straßen zum Friedhof hinaus. Da sah sie auf einem der breitesten Grabsteine häßliche Hexen sitzen. Elisa mußte dicht an ihnen vorbei, und sie hefteten ihre bösen Blicke auf sie; aber sie betete still, sammelte die brennenden Nesseln und trug sie heim ins Schloß.
Nur ein einziger Mensch hatte sie gesehen, der Erzbischof. Er wachte, wenn die andern schliefen. Nun hatte er doch recht mit seiner Meinung, daß es mit der Königin nicht sei, wie es sein sollte. Sie war eine Hexe, darum hatte sie den König und das Volk betört.
Im Beichtstuhl sagte er dem König, was er gesehen hatte und was er fürchtete. Und als die harten Worte aus seinem Munde kamen, schüttelten die Heiligenbilder die Köpfe, als wenn sie sagen wollten: „Es ist nicht so! Elisa ist unschuldig!" Aber der Erzbischof legte es anders aus. Er meinte, daß sie gegen sie zeugten, daß sie über ihre Sünde die Köpfe schüttelten. Da rollten zwei schwere Tränen über des Königs Wangen herab. Er ging nach Hause mit Zweifel im Herzen und stellte sich nachts, als ob er schliefe. Aber es kam kein Schlaf in seine Augen; er merkte, wie Elisa aufstand. Jede Nacht wiederholte sich das, und jedes Mal folgte er ihr leise nach und sah, wie sie in ihrer Kammer verschwand. Von Tag zu Tag wurden seine Mienen finsterer. Elisa sah es, begriff aber nicht, weshalb. Allein es ängstigte sie, und was litt sie nicht im Herzen für die Brüder! Auf den königlichen Samt und Purpur flossen ihre heißen Tränen; die lagen da wie schimmernde Diamanten, und alle, die die reiche Pracht sahen, wünschten, Königin zu sein. Inzwischen war sie bald mit ihrer Arbeit fertig. Nur ein Panzerhemd fehlte noch. Aber Flachs hatte sie auch nicht mehr und nicht eine

einzige Nessel. Einmal, nur dieses letzte Mal, mußte sie deshalb nach dem Friedhof und einige Hände voll pflücken. Sie dachte mit Angst an diese einsame Wanderung und an die schrecklichen Hexen. Aber ihr Wille stand fest wie ihr Vertrauen zu Gott.
Elisa ging, aber der König und der Erzbischof folgten ihr. Sie sahen sie bei der Gitterpforte im Friedhofe verschwinden, und als sie näher kamen, saßen sie Hexen auf dem Grabstein, wie Elisa sie gesehen hatte. Und der König wendete sich ab; denn unter ihnen glaubte er auch sie, deren Haupt noch diesen Abend an seiner Brust geruht hatte.
„Das Volk muß sie verurteilen!“ sagte er. Und das Volk verurteilte sie, in roten Flammen verbrannt zu werden.
Aus den prächtigen Königssälen wurde sie in ein dunkles feuchtes Loch geführt, wo der Wind durch das vergitterte Fenster pfiff. Statt Samt und Seide gab man ihr das Bündel Nesseln, das sie gesammelt hatte; darauf konnte sie ihr Haupt legen. Die harten, brennenden Panzerhemden, die sie gestrickt hatte, sollten ihre Decken sein. Aber nichts Lieberes hätte man ihr geben können; sie nahm ihre Arbeit wieder vor und betete zu Gott. Draußen sangen die Straßenjungen Spottlieder auf sie. Keine Seele tröstete sie mit einem freundlichen Wort.
Da schwirrte gegen Abend dicht am Gitter ein Schwanenflügel, das war der jüngste der Brüder. Er hatte die Schwester gefunden; und sie schluchzte laut auf vor Freude, obwohl sie wußte, daß die kommende Nacht wahrscheinlich die letzte sein würde, die sie zu leben hatte. Aber jetzt war ja auch die Arbeit fast beendet, und ihre Brüder waren hier.
Der Erzbischof kam, um in der letzten Stunde bei ihr zu sein; das hatte er dem König versprochen. Aber sie schüttelte das Haupt und bat mit Blicken und

Mienen, er möge gehen. In dieser Nacht mußte sie ja ihre Arbeit vollenden, sonst war alles umsonst, alles: Schmerz, Tränen und die schlaflosen Nächte. Der Erzbischof entfernte sich mit bösen Worten gegen sie, aber die arme Elisa wußte, daß sie unschuldig sei, und fuhr in ihrer Arbeit fort.
Die kleinen Mäuse liefen über den Fußboden. Sie schleppten Nesseln zu ihren Füßen hin, um doch etwas zu helfen, und die Drossel setzte sich an das Gitter des Fensters und sang die ganze Nacht so munter, wie sie konnte, damit Elisa nicht den Mut verlieren möchte.
Es dämmerte noch, erst in einer Stunde sollte die Sonne aufgehen, da standen die elf Brüder an der Pforte des Schlosses und verlangten, vor den König geführt zu werden. Das könne nicht geschehen, wurde geantwortet; es wäre ja noch Nacht, der König schlafe und dürfe nicht geweckt werden. Sie baten, sie drohten, die Wache kam, ja, selbst der König trat heraus und fragte, was das bedeute. Da ging gerade die Sonne auf, und nun waren keine Brüder mehr zu sehen, aber über das Schloß flogen elf wilde Schwäne hin.
Aus dem Stadttor strömte das ganze Volk; alle wollten die Hexe brennen sehen. Ein alter Gaul zog den Karren, auf dem sie saß. Man hatte ihr einen Kittel von grobem Sackleinen angezogen, ihr herrliches Haar hing aufgelöst um das schöne Haupt, ihre Wangen waren totenblaß, ihre Lippen bewegten sich leise, während die Finger den grünen Flachs zurichteten. Selbst auf dem Wege zu ihrem Tode unterbrach sie die angefangene Arbeit nicht. Zehn Panzerhemden lagen zu ihren Füßen, am elften strickte sie noch. Der Pöbel verhöhnte sie. ,,Seht die Hexe, wie sie murmelt! Kein Gesangbuch hat sie in der Hand! Nein, mit ihrem häßlichen Zauberkram

sitzt sie da. Reißt es in tausend Stücke!"
Und sie drangen alle auf sie ein und wollten die Panzerhemden zerreißen. Da kamen elf wilde Schwäne geflogen, die setzten sich rings um sie auf den Karren und schlugen mit ihren großen Schwingen. Da wich der Haufen erschrocken zur Seite.
„Das ist ein Zeichen des Himmels! Sie ist gewiß unschuldig!" flüsterten viele. Aber sie wagten nicht, es laut zu sagen.
Jetzt ergriff der Henker sie bei der Hand. Da warf sie hastig die elf Panzerhemden über die Schwäne, und sogleich standen elf schöne Prinzen da. Aber der jüngste hatte einen Schwanenflügel statt des einen Armes; denn es fehlte ein Ärmel in seinem Panzerhemd, den hatte sie nicht fertiggebracht.
„Nun darf ich sprechen", sagte sie. „Ich bin unschuldig!" Und das Volk, welches sah, was geschehen war, neigte sich vor ihr wie vor einer Heiligen. Aber sie sank leblos in der Brüder Arme, so hatten Spannung, Angst und Schmerz auf sie gewirkt.
„Ja, unschuldig ist sie!" sagte der älteste Bruder, und nun erzählte er alles, was geschehen war. Und während er sprach, verbreitete sich ein Duft wie von Millionen Rosen; denn jedes Stück Brennholz im Scheiterhaufen hatte Wurzel geschlagen und trieb Zweige. Es stand eine duftende Hecke da, hoch und groß, mit roten Rosen. Ganz oben saß eine Blume, weiß und glänzend; sie leuchtete wie ein Stern. Die pflückte der König und steckte sie an Elisas Busen. Da erwachte sie mit Frieden und Glückseligkeit im Herzen.
Und alle Kirchenglocken läuteten von selbst, und die Vögel kamen in großen Zügen. Es wurde ein Hochzeitszug zurück zum Schlosse, wie ihn noch kein König gesehen hatte!

Die kleine Seejungfrau

Weit draußen im Meer ist das Wasser so blau wie die Blätter der schönsten Kornblumen und so klar wie das reinste Glas. Aber es ist sehr tief, tiefer, als irgendein Ankertau reicht. Viele Kirchtürme müßten aufeinandergestellt werden, um vom Grunde bis über das Wasser zu reichen. Dort unten wohnt das Meervolk.

Nun muß man aber nicht glauben, daß da nur der nackte weiße Sandboden sei; nein, da wachsen die sonderbarsten Bäume und Pflanzen, die so geschmeidig im Stiel und in den Blättern sind, daß sie sich bei der geringsten Bewegung des Wassers rühren, gerade als ob sie lebten. Alle Fische, kleine und große, schlüpfen zwischen den Zweigen hindurch, ebenso wie hier oben die Vögel durch die Bäume. An der allertiefsten Stelle liegt des Meerkönigs Schloß. Die Mauern sind von Korallen und die langen spitzen Fenster von allerklarstem Bernstein, aber das Dach ist aus Muschelschalen gebildet, die sich öffnen und schließen, je nachdem das Wasser strömt. Es sieht herrlich aus; denn in jeder Schale liegen strahlende Perlen, schon eine einzige davon würde die Krone einer Königin sehr kostbar machen.

Der Meerkönig dort unten war seit vielen Jahren Witwer, und seine alte Mutter führte ihm die Wirtschaft. Sie war eine kluge Frau, aber stolz auf ihren Adel, deshalb trug sie zwölf Austern auf dem Schwanze, die anderen Vornehmen aber durften nur sechs tragen. Sonst verdiente sie großes Lob, besonders weil sie sich viel um die kleinen Meerprinzessinnen, ihre Enkelinnen, kümmerte. Es waren sechs schöne Kinder, aber die Jüngste war die schönste von allen. Ihre Haut war so fein und so zart wie ein Rosenblatt, ihre Augen so blau wie die tiefste See.

Aber ebenso wie alle anderen hatte sie keine Füße, der Körper endete in einem Fischschwanz.
Den ganzen Tag konnten sie unten im Schlosse spielen, in den großen Sälen, wo lebendige Blumen aus den Wänden hervorwuchsen. Die großen Bernsteinfenster waren aufgemacht, und dann schwammen die Fische zu ihnen herein, ebenso wie bei uns die Schwalben hereinfliegen, wenn wir die Fenster öffnen; doch die Fische schwammen gerade zu den Prinzessinnen hin, fraßen aus ihren Händen und ließen sich streicheln. Draußen vor dem Schlosse war ein großer Garten mit feuerroten und dunkelblauen Bäumen. Die Früchte strahlten wie Gold und die Blumen wie brennendes Feuer, da sie ständig Stengel und Blätter bewegten. Der Meeresgrund selbst war der feinste Sand, aber blau wie eine Schwefelflamme. Über dem Ganzen dort unten lag ein eigentümlich blauer Schein; man hättc eher glauben mögen, daß man hoch in der Luft stehe und nur den Himmel über und unter sich habe, als daß man auf dem Grunde des Meeres sei. Während der Windstille konnte man die Sonne erblicken, sie erschien wie eine Purpurblume, aus deren Kelch alles Licht ausströmte.
Eine jede der Prinzessinnen hatte ihren kleinen Fleck im Garten, wo sie graben und pflanzen konnte, wie es ihr gefiel. Die eine gab ihrem Blumenfleck die Gestalt eines Walfisches, einer anderen gefiel es besser, daß der ihrige einem kleinen Meerweibchen glich. Die Jüngste aber machte ihren so rund wie die Sonne und hatte Blumen, die rot wie diese schienen. Sie war ein sonderbares Kind, still und nachdenklich, und wenn die andern Schwestern sich mit den seltsamsten Sachen schmückten, die sie von gestrandeten Schiffen erhalten hatten, wollte sie außer den rosenroten Blumen, die der Sonne dort oben glichen, nur eine hübsche Marmorstatue haben. Das war ein

herrlicher Knabe, aus klarem weißen Stein gehauen, der beim Stranden auf den Meeresgrund gesunken war. Sie pflanzte bei der Statue eine rosenrote Trauerweide; die wuchs herrlich und hing mit ihren frischen Zweigen darüber gegen den blauen Sandboden hinunter, wo der Schatten sich violett zeigte und, gleich den Zweigen, in Bewegung war. Es sah aus, als ob die Spitzen und die Wurzeln miteinander spielten, als wollten sie sich küssen.

Es gab keine größere Freude für die kleine Seejungfrau, als von der Menschenwelt dort oben zu hören. Die alte Großmutter mußte alles, was sie von den Schiffen und Städten, Menschen und Tieren wußte, erzählen. Am wunderbarsten erschien es ihr, daß oben auf der Erde die Blumen dufteten; denn das taten sie auf dem Grunde des Meeres nicht, und daß die Wälder grün wären und daß die Fische, die man dort zwischen den Bäumen erblickte, so laut und herrlich singen könnten, daß es eine Lust sei. Damit meinte sie die kleinen Vögel, die die Großmutter Fische nannte; denn sonst konnten ihre Enkelinnen sie nicht verstehen, da sie noch keinen Vogel gesehen hatten.

„Wenn ihr fünfzehn Jahre alt geworden seid", sagte die Großmutter, „dann sollt ihr die Erlaubnis erhalten, aus dem Meere emporzutauchen, im Mondschein auf der Klippe zu sitzen und die großen Schiffe, die vorbeisegeln, zu sehen. Wälder und Städte werdet ihr dann erblicken!"

Im nächsten Jahr wurde die eine Schwester fünfzehn Jahre alt, aber von den übrigen war eine immer ein Jahr jünger als die andere. Die jüngste mußte also noch volle fünf Jahre warten, ehe sie vom Grund des Meeres auftauchen und sehen durfte, wie es bei uns aussieht. Aber die eine versprach der andern, zu erzählen, was sie gesehen und was sie am ersten Tage

am schönsten gefunden habe. Denn ihre Großmutter erzählte ihnen nicht genug; da war so vieles, worüber sie gern mehr gewußt hätten.
Keine war so sehnsüchtig wie die Jüngste, gerade sie, die noch die längste Zeit zu warten hatte und die so still und gedankenvoll war. Manche Nacht stand sie am offenen Fenster und sah durch das dunkelblaue Wasser empor, wie die Fische mit ihren Flossen und Schwänzen plätscherten. Mond und Sterne konnte sie sehen; freilich schienen diese ganz bleich, aber durch das Wasser sahen sie weit größer aus als für unsere Augen. Wenn dann etwas wie eine schwarze Wolke unter ihnen vorbeizog, so wußte sie, daß es entweder ein Walfisch sei, der über ihr schwamm, oder auch ein Schiff mit vielen Menschen. Die dachten sicher nicht daran, daß eine liebliche kleine Seejungfrau unten stand und ihre weißen Hände gegen den Kiel emporstreckte. Nun war die älteste Prinzessin fünfzehn Jahre alt und durfte zur Meeresfläche emporsteigen. Als sie zurückkehrte, hatte sie hunderterlei zu erzählen, aber das Schönste, sagte sie, sei, im Mondschein auf einer Sandbank in der ruhigen See zu liegen und die nahe gelegene Küste mit der großen Stadt zu betrachten, wo die Lichter wie hundert Sterne blinkten, die Musik, das Lärmen der Menschen und Rasseln von Wagen zu hören, die vielen Kirchtürme zu sehen und das Läuten der Glocken zu vernehmen. Gerade weil sie nicht zu ihnen hinaufgelangen konnte, sehnte sie sich am allermeisten danach. Oh, wie horchte da die jüngste Schwester auf, und wenn sie später des Abend am offenen Fenster stand und durch das dunkelblaue Wasser emporblickte, dachte sie an die große Stadt mit all dem Lärm und Geräusch, und dann glaubte sie die Kirchenglocken bis zu sich herunter läuten zu hören.
Im folgenden Jahr erhielt die zweite Schwester die

Erlaubnis, aus dem Wasser emporzusteigen und zu schwimmen, wohin sie wollte. Sie tauchte auf, gerade als die Sonne unterging, und dieser Anblick, fand sie, sei das Schönste. Der ganze Himmel habe wie Gold ausgesehen, sagte sie, und die Wolken, ja, deren Schönheit konnte sie nicht genug beschreiben! Rot und violett waren sie über ihr dahingesegelt, aber weit schneller noch flog, wie ein langer weißer Schleier, ein Schwarm wilder Schwäne über das Wasser hin, wo die Sonne stand. Sie schwamm der Sonne entgegen, aber die sank, und der Rosenschein erlosch auf der Meeresoberfläche und in den Wolken.

Das Jahr danach kam die dritte Schwester hinauf. Sie war die mutigste von allen, deshalb schwamm sie einen breiten Fluß aufwärts, der in das Meer mündete. Herrliche grüne Hügel mit Weinranken erblickte sie. Schlösser und Burgen schimmerten aus prächtigen Wäldern hervor. Sie hörte, wie alle Vögel sangen, und die Sonne schien so warm, daß sie oft unter das Wasser tauchen mußte, um ihr brennendes Antlitz zu kühlen. In einer kleinen Bucht traf sie eine ganze Schar kleiner Menschenkinder, die völlig nackt im Wasser herumplantschten. Sie wollte mit ihnen spielen, aber erschrocken liefen die Kinder davon, und es kam ein kleines schwarzes Tier, das war ein Hund — sie hatte noch nie einen Hund gesehen! —, der bellte sie so schrecklich an, daß sie ängstlich wurde und die offene See zu erreichen suchte. Doch nie konnte sie die prächtigen Wälder, die grünen Hügel und die niedlichen Kinder vergessen, die im Wasser schwimmen konnten, obgleich sie keinen Fischschwanz hatten.

Die vierte Schwester war nicht so mutig; sie blieb draußen mitten im wilden Meer und erzählte, daß es gerade dort am schönsten sei. Man sehe ringsumher viele Meilen weit, und der Himmel stehe wie eine Glasglocke darüber. Schiffe hatte sie erblickt, aber nur in weiter Ferne. Die sahen wie Möwen aus, und die lustigen Delphine hatten Purzelbäume geschossen und die großen Walfische aus ihren Nasenlöschern Wasser emporgespritzt, daß es ausgesehen hatte wie Hunderte von Springbrunnen ringsumher.

Nun kam die Reihe an die fünfte Schwester. Ihr Geburtstag war gerade im Winter, und deshalb sah sie, was die andern das erste Mal nicht gesehen hatten. Die See war ganz grün, und ringsumher schwammen große Eisberge. Jeder sah wie eine Perle aus und war doch weit größer als die Kirchtürme, welche die Menschen bauen. Sie zeigten sich in den sonderbarsten Gestalten und glänzten wie Diamanten. Sie hatte sich auf einen der allergrößten gesetzt, und alle Segler kreuzten erschrocken draußen herum, wo sie saß und ihr langes Haar im Winde flattern ließ. Aber gegen Abend wurde der Himmel mit Wolken überzogen: Es blitzte und donnerte, während die schwarze See die großen Eisblöcke hoch emporhob und sie im roten Blitze erglänzen ließ. Auf allen Schiffen reffte man die Segel ein; da war Angst und Grauen. Aber sie saß ruhig auf ihrem schwimmenden Eisberg und sah die blauen Blitzstrahlen im Zickzack in die schimmernde See fahren.

Wenn eine der Schwestern zum ersten Mal aus dem Wasser emportauchte, war jede entzückt über das Neue und Schöne, was sie erblickte. Aber da sie nun als erwachsene Mädchen die Erlaubnis hatten, hinaufzusteigen, wann sie wollten, wurde es ihnen gleichgültig. Sie sehnten sich wieder zurück, und nach Verlauf eines Monats sagten sie, daß es da unten bei ihnen am allerschönsten sei; da sei man so hübsch zu Hause.

In mancher Abendstunde stiegen die fünf Schwestern, Arm in Arm, in einer Reihe über das Wasser auf. Herrliche Stimmen hatten sie, schöner als irgendein Mensch. Wenn dann ein Sturm heraufzog, so daß sie vermuten konnten, es würden Schiffe untergehen, schwammen sie vor den Schiffen her und sangen so lieblich, wie schön es auf dem Meeresgrund sei, und baten die Seeleute, sich nicht zu fürchten, hinunterzukommen. Aber die konnten die Worte nicht verstehen und glaubten, es sei der Sturm. Und sie bekamen auch die Herrlichkeit dort unten nicht zu sehen; denn wenn das Schiff sank, ertranken die Menschen und kamen nur als Tote zu des Meerkönigs Schloß.

Wenn die Schwestern so des Abends Arm in Arm durch das Wasser hinaufstiegen, dann stand die kleinste Schwester ganz allein und sah ihnen nach. Es war ihr, als ob sie weinen müßte, aber eine Seejungfrau hat keine Tränen, und darum leidet sie weit mehr.

„Ach, wäre ich doch fünfzehn Jahre alt!" sagte sie. „Ich weiß, daß ich die Welt dort oben und die Menschen, die darauf wohnen, recht liebhaben werde." Endlich war sie auch fünfzehn Jahre alt.

„Sieh, nun bist du erwachsen", sagte die Großmutter, die alte Königswitwe. „Komm nun, laß dich schmücken wie deine anderen Schwestern!" Und sie setzte ihr einen Kranz weißer Lilien auf das Haar, aber jedes Blütenblatt war die Hälfte einer Perle, und die Alte ließ acht große Austern sich im Schweife der Prinzessin festklemmen, um ihren hohen Rang zu zeigen.

„Das tut weh!" sagte die kleine Seejungfrau.

„Ja, Hoffart muß Zwang leiden", sagte die Alte.

Oh, sie hätte so gern alle die Pracht abschütteln und den schweren Kranz ablegen mögen; ihre roten Blumen im Garten kleideten sie besser; aber sie konnte es nicht ändern. „Lebt wohl!" sprach sie und stieg so leicht und klar wie eine Luftblase durch das

Wasser hinauf. Die Sonne war gerade untergegangen, als die kleine Seejungfrau den Kopf über das Wasser erhob. Aber alle Wolken glänzten noch wie Rosen und Gold, und inmitten der blaßroten Luft strahlte der Abendstern hell und schön. Die Luft war mild und frisch und das Meer ganz ruhig. Da lag ein großes Schiff mit drei Masten, ein einziges Segel war nur aufgezogen; denn es rührte sich kein Lüftchen, und ringsumher im Tauwerk und auf den Rahen saßen Matrosen. Musik und Gesang ertönte, und wie der Abend dunkelte, wurden Hunderte von bunten Laternen angezündet; die sahen aus, als ob die Flaggen aller Nationen in der Luft wehten. Die kleine Seejungfrau schwamm gerade bis zum Kajütenfenster hin, und jedesmal, wenn die Welle sie emporhob, konnte sie durch die spiegelhellen Fensterscheiben hineinblicken, wo so viele geputzte Menschen standen. Aber der schönste war doch der junge Prinz mit den großen schwarzen Augen. Er war sicher nicht viel über sechzehn Jahre alt, es war sein Geburtstag, und deshalb herrschte all diese Pracht. Die Matrosen tanzten auf Deck, und als der junge Prinz hinaustrat, stiegen über hundert Raketen in die Luft. Sie leuchteten wie der helle Tag, so daß die kleine Seejungfrau sehr erschrak und unter das Wasser tauchte; aber sie steckte bald den Kopf wieder hervor, und da war es gerade, als ob alle Sterne des Himmels zu ihr herunterfielen. Nie hatte sie solch ein Feuerwerk gesehen! Große Sonnen sprühten, prächtige Feuerfische flogen in die blaue Luft, und alles spiegelte sich in der klaren, stillen See wider. Auf dem Schiffe war es so hell, daß man jedes kleine Tau, erst recht aber die Menschen sehen konnte. Oh, wie schön war doch der junge Prinz! Er drückte den Leuten die Hände und lächelte, während die Musik in der herrlichen Nacht erklang.

Es wurde spät, aber die kleine Seejungfrau konnte ihre Augen nicht von dem Schiff und dem schönen Prinzen wegwenden. Die bunten Laternen wurden ausgelöscht, Raketen stiegen nicht mehr in die Höhe, es ertönten auch keine Kanonenschüsse mehr; aber tief unten im Meere summte und brummte es. Inzwischen saß sie auf dem Wasser und schaukelte auf und nieder, so daß sie in die Kajüte hereinblicken konnte. Jetzt bekam das Schiff mehr Fahrt, ein Segel nach dem andern breitete sich aus. Nun gingen auch die Wogen höher; große Wolken zogen auf, es blitzte in der Ferne. Oh, es würde ein schreckliches Wetter geben! Darum zogen die Matrosen die Segel ein. Das große Schiff schaukelte in fliegender Fahrt auf der wilden See. Das Wasser hob sich wie große schwarze Berge, die über die Masten rollen wollten; aber das Schiff tauchte wie ein Schwan zwischen den hohen Wogen nieder und ließ sich wieder auf die hochgetürmten Wasser heben. Der kleinen Seejungfrau schien es eine recht lustige Fahrt zu sein, aber so erschien es den Seeleuten nicht. Das Schiff knackte und krachte, die dicken Planken bogen sich bei den starken Stößen, die See stürzte in das Schiff hinein, der Mast brach mittendurch, gerade als ob er ein Rohr wäre, und das Schiff legte sich auf die Seite, während das Wasser in den Raum eindrang.
Nun sah die kleine Seejungfrau, daß sie in Gefahr waren; sie mußte sich selbst vor Balken und Stücken vom Schiffe, die auf dem Wasser trieben, in acht nehmen. Einen Augenblick war es so stockfinster, daß sie nicht das mindeste wahrnehmen konnte; aber wenn es dann blitzte, wurde es wieder so hell, daß sie alle auf dem Schiffe erkennen konnte. Besonders suchte sie den jungen Prinzen und sah ihn, als das Schiff zerbrach, ins tiefe Meer versinken. Sogleich wurde sie ganz vergnügt; denn nun kam er ja zu ihr

hinunter. Aber dann dachte sie daran, daß die Menschen nicht im Wasser leben können und daß er nicht anders als tot zum Schlosse ihres Vaters hinuntergelangen würde. Nein, sterben durfte er nicht; deshalb schwamm sie zwischen Balken und Planken hin, die auf der See trieben, und vergaß völlig, daß diese sie hätten zerquetschen können. Sie tauchte tief unter das Wasser und stieg wieder zwischen den Wogen empor, und so gelangte sie am Ende zu dem jungen Prinzen, der in der stürmischen See kaum noch länger schwimmen konnte. Seine Arme und Beine begannen zu ermatten, die schönen Augen schlossen sich. Er hätte sterben müssen, wäre die kleine Seejungfrau nicht hinzugekommen. Sie hielt seinen Kopf über das Wasser empor und ließ sich dann mit ihm von den Wogen treiben, wohin sie wollten.

Am Morgen war das böse Wetter vorüber; von dem Schiffe war kein Span mehr zu erblicken. Die Sonne stieg rot und glänzend aus dem Wasser empor; es war, als ob des Prinzen Wangen dadurch Leben erhielten, aber die Augen blieben geschlossen. Die Seejungfrau küßte seine hohe schöne Stirn und strich sein nasses Haar zurück. Es schien ihr, als gleiche er der Marmorstatue in ihrem kleinen Garten; sie küßte ihn wieder und wünschte, daß er doch leben möchte.

Nun sah sie das feste Land vor sich, hohe blaue Berge, auf deren Gipfel der weiße Schnee erglänzte, als wären es Schwäne, die dort lägen. Unten an der Küste waren herrliche grüne Wälder, und vorn lag eine Kirche oder ein Kloster, das wußte sie nicht recht, aber ein Gebäude war es. Zitronen- und Apfelsinenbäume wuchsen im Garten, und vor dem Tore standen hohe Palmen. Die See bildete hier eine kleine Bucht, da war das Wasser ganz still, aber sehr tief. Gerade auf die Klippe zu, wo feiner weißer Sand

angespült war, schwamm sie mit dem schönen Prinzen, legte ihn in den Sand, sorgte aber dafür, daß der Kopf hoch im warmen Sonnenschein lag.
Nun läuteten die Glocken in dem großen weißen Gebäude, und es kamen viele junge Mädchen durch den Garten. Da schwamm die kleine Seejungfrau weiter hinaus hinter einige hohe Steine, die aus dem Wasser emporragten, legte Seeschaum auf ihr Haar und ihre Brust, so daß niemand ihr kleines Antlitz sehen konnte, und dann paßte sie auf, wer zu dem armen Prinzen kommen würde.
Es dauerte nicht lange, da kam ein junges Mädchen dorthin. Es schien sehr zu erschrecken, aber nur einen Augenblick; dann holte es mehrere Menschen, und die Seejungfrau sah, daß der Prinz zum Leben zurückkehrte und alle ringsherum anlächelte. Aber zu ihr hinaus lächelte er nicht, er wußte ja auch nicht, daß sie ihn gerettet hatte. Sie fühlte sich sehr betrübt, und als er in das große Gebäude hineingeführt wurde, tauchte sie traurig unter das Wasser und kehrte zum Schlosse ihres Vaters zurück.
Immer war sie still und nachdenklich gewesen, aber nun wurde sie es noch weit mehr. Die Schwestern fragten sie, was sie das erste Mal dort oben gesehen habe, aber sie erzählte nichts.
Manchen Abend und Morgen stieg sie da hinauf, wo sie den Prinzen verlassen hatte. Sie sah, wie die Früchte des Gartens reiften und abgepflückt wurden, sie sah, wie der Schnee auf den hohen Bergen schmolz, aber den Prinzen erblickte sie nicht, und deshalb kehrte sie immer betrübter heim. Da war es ihr einziger Trost, in ihrem kleinen Garten zu sitzen und die Arme um die schöne Marmorstatue zu schlingen, die dem Prinzen glich. Aber ihre Blumen pflegte sie nicht; die wuchsen, wie in einer Wildnis, über die Gänge hinaus und flochten ihre langen Stiele

und Blätter in die Zweige der Bäume hinein, so daß es dort ganz dunkel war.
Zuletzt konnte sie es nicht länger aushalten, sondern sagte es einer ihrer Schwestern; und da erfuhren es auch gleich alle die andern, aber niemand sonst als diese und ein paar andere Seejungfrauen, die es keinem weitersagten als ihren nächsten Freundinnen. Eine von ihnen wußte, wer der Prinz war; sie hatte auch das Fest auf dem Schiff gesehen und gab an, woher er war und wo sein Königreich lag.
„Komm, kleine Schwester!" sagten die anderen Prinzessinnen, und sich umschlungen haltend, stiegen sie in einer langen Reihe aus dem Meere empor, dort, wo sie wußten, daß des Prinzen Schloß lag.
Dieses war aus hellgelben, glänzenden Steinen gebaut, mit großen Marmortreppen, deren eine gerade in das Meer hinunterging. Prächtig vergoldete Kuppeln erhoben sich über dem Dach, und zwischen den Säulen, die um das ganze Gebäude herumliefen, standen Marmorbilder, die sahen aus, als lebten sie. Durch das klare Glas der hohen Fenster blickte man in prächtige Säle hinein, wo kostbare Seidengardinen und Teppiche aufgehängt und alle Wände mit großen Gemälden verziert waren, so daß es ein wahres Vergnügen war, alles zu betrachten. Mitten in dem größten Saale plätscherte ein großer Springbrunnen. Seine Strahlen reichten hoch hinauf gegen die Glaskuppel der Decke, durch welche die Sonne auf das Wasser und die schönen Pflanzen schien, die im großen Bassin wuchsen.
Nun wußte sie, wo er wohnte, und dort war sie manchen Abend und manche Nacht auf dem Wasser. Sie schwamm viel näher an das Land heran, als es die Schwestern gewagt hatten, ja, sie ging den schmalen Kanal ganz hinauf, bis unter den prächtigen Marmorbalken, der einen langen Schatten über das

Wasser warf. Hier saß sie und betrachtete den jungen Prinzen, der da glaubte, er sei ganz allein im hellen Mondschein.
Sie sah ihn manchen Abend bei Musik in seinem prächtigen Boote segeln, auf dem Flaggen wehten. Sie lauschte durch des grüne Schilf hervor, und wenn der Wind ihren langen silberweißen Schleier ergriff, so glaubte jeder, der ihn sah, es sei ein Schwan, der die Flügel ausbreite.
Sie hörte in mancher Nacht die Fischer, wenn sie mit Fackeln auf der See waren, viel Gutes von dem jungen Prinzen erzählen, und es freute sie, daß sie sein Leben gerettet hatte, als er halbtot auf den Wogen umhertrieb. Sie dachte daran, wie fest sein Haupt an ihrer Brust geruht und wie innig sie ihn geküßt hatte. Er aber wußte gar nichts davon und konnte nicht einmal von ihr träumen.
Mehr und mehr begann sie die Menschen zu lieben, mehr und mehr wünschte sie, unter ihnen umherwandeln zu können, deren Welt ihr weit größer erschien als die ihrige. Sie konnten ja auf Schiffen über das Meer fliegen, auf die hohen Berge hoch über die Wolken emporsteigen, und die Länder, die sie besaßen, erstreckten sich mit Wäldern und Feldern weiter, als ihre Blicke reichten. Da war so vieles, was sie zu wissen wünschte, aber die Schwestern wußten ihr nicht alles zu beantworten. Darum fragte sie die Großmutter, und diese kannte die höhere Welt, die sie sehr richtig die Länder über dem Meere nannte, recht gut.
„Wenn die Menschen nicht ertrinken“, fragte die kleine Seejungfrau, „können sie dann ewig leben? Sterben sie nicht wie wir hier unten im Meere?“
„Ja“, sagte die Alte, „sie müssen auch sterben, und ihre Lebenszeit ist sogar noch kürzer als die unsere. Wir können dreihundert Jahre alt werden, aber wenn

wir dann aufhören, hier zu sein, so werden wir nur in Schaum auf dem Wasser verwandelt und haben nicht einmal ein Grab hier unten bei unsern Lieben. Wir haben keine unsterbliche Seele, wir werden nie wieder zum Leben erweckt; wir sind wie das grüne Schilf: Ist das einmal durchschnitten, so kann es nicht wieder grünen. Die Menschen dagegen haben eine Seele, die ewig lebt, die noch lebt, wenn der Körper wieder zu Erde geworden ist; sie steigt durch die klare Luft empor, hinauf zu all den glänzenden Sternen! So wie wir aus dem Wasser auftauchen und die Länder der Menschen erblicken, so steigen sie zu unbekannten herrlichen Orten auf, die wir nie zu sehen bekommen."

„Weshalb bekamen wir keine unsterbliche Seele?" fragte die kleine Seejungfrau betrübt. „Ich möchte alle alle meine Hunderte von Jahren, die ich zu leben habe, dafür geben, um nur einen Tag ein Mensch zu sein und dann Anteil an der himmlischen Welt zu haben."

„Daran darfst du nicht denken!" sagte die Alte. „Wir fühlen uns weit glücklicher und besser als die Menschen dort oben!" — „Ich werde also sterben und als Schaum auf dem Meere treiben, nicht die Musik der Wogen hören, nicht die schönen Blumen und die rote Sonne sehen? Kann ich denn gar nichts tun, um eine unsterbliche Seele zu gewinnen?"

„Nein!" sagte die Alte. „Nur wenn ein Mensch dich so lieben würde, daß du ihm mehr als Vater und Mutter wärest; wenn er mit all seinem Denken und all seiner Liebe an dir hinge und vom Priester seine rechte Hand in deine legen ließe mit dem Versprechen der Treue hier und in alle Ewigkeit: Dann flösse seine Seele in deinen Körper über, und auch du erhieltest Anteil an der Glückseligkeit der Menschen. Er gäbe dir eine Seele und behielte doch seine eigene. Aber

das kann niemals geschehen! Was hier im Meere gerade schön ist, dein Fischschwanz, den finden sie dort auf der Erde häßlich. Sie verstehen es nun einmal nicht besser; man muß dort zwei plumpe Stützen haben, die sie Beine nennen, um schön zu sein!"
Da seufzte die kleine Seejungfrau und sah betrübt auf ihren Fischschwanz.
„Laß uns froh sein", sagte die Alte; „hüpfen und springen wollen wir in den dreihundert Jahren, die wir zu leben haben, das ist lang genug. Später kann man sich um so besser ausruhen. Heute abend werden wir Hofball haben!"
Das war auch eine Pracht, wie man sie nie auf Erden erblickt. Die Wände und die Decke des großen Tanzsaals waren aus dickem, aber durchsichtigem Glase. Mehrere hundert riesige Muschelschalen, rosenrote und grasgrüne, standen in Reihen an jeder Seite mit einem blau brennenden Feuer, das den ganzen Saal erleuchtete und durch die Wände hindurchschien, so daß die See draußen davon erhellt wurde. Man konnte all die unzähligen Fische sehen, große und kleine, die gegen die Glasmauer hinschwammen, auf einigen glänzten die Schuppen purpurrot, auf den andern erschienen sie wie Silber und Gold. Mitten durch den Saal floß ein breiter Strom, auf dem tanzten die Meermänner und Meerweibchen zu ihrem eigenen lieblichen Gesang. So schöne Stimmen haben die Menschen auf der Erde nicht. Die kleine Seejungfrau sang am schönsten von allen, und der ganze Hof klatschte Beifall mit Händen und Schwänzen. Einen Augenblick fühlte sie Freude in ihrem Herzen; denn sie wußte, daß sie die schönste Stimme von allen auf der Erde und im Wasser hatte. Aber bald gedachte sie wieder der Welt oben über sich; sie konnte den hübschen Prinzen und ihren Kummer, daß sie keine unsterbliche Seele wie er besitze, nicht vergessen.

Deshalb schlich sie sich aus ihres Vaters Schloß hinaus, und während drinnen Gesang und Frohsinn war, saß sie betrübt in ihrem kleinen Garten. Da hörte sie ein Waldhorn durch das Wasser klingen und dachte: Nun segelt er sicher dort oben, er, an dem meine Gedanken hängen und in dessen Hand ich meines Lebens Glück legen möchte. Alles will ich wagen, um ihn zu gewinnen und eine unsterbliche Seele zu bekommen! Während meine Schwestern dort in meines Vaters Schloß tanzten, will ich zur Meerhexe gehen, vor der mir immer so bange gewesen ist; aber sie kann vielleicht raten und helfen.
Nun ging die kleine Seejungfrau aus ihrem Garten hinaus zu den brausenden Strudeln, hinter denen die Hexe wohnte. Den Weg war sie früher nie gegangen; da wuchsen keine Blumen, kein Seegras, nur der nackte graue Sandboden erstreckte sich gegen die Strudel hin, wo das Wasser gleich brausenden Mühlrädern herumwirbelte und alles, was es erfaßte, mit sich in die Tiefe riß. Mitten zwischen diesen zermalmenden Wirbeln mußte sie hindurch, um in den Bereich der Meerhexe zu gelangen; und hier war eine lange Strecke kein anderer Weg als über heißen sprudelnden Schlamm, den die Hexe ihr Torfmoor nannte. Dahinter lag ihr Haus mitten in einem seltsamen Walde. Alle Bäume und Büsche waren Polypen, halb Tier und halb Pflanze; sie sahen aus wie hundertköpfige Schlangen, die aus der Erde hervorwuchsen. Alle Zweige waren lange schleimige Arme, mit Fingern wie geschmeidige Würmer; und Glied für Glied bewegten sie, von der Wurzel bis zur äußersten Spitze. Alles, was sie im Meere erfassen konnten, umschlangen sie fest und ließen es nie wieder los.
Die kleine Seejungfrau blieb vor ihnen ganz erschreckt stehen; ihr Herz pochte vor Furcht, fast wäre sie umgekehrt. Da aber dachte sie an den Prin-

zen und an die unsterbliche Seele der Menschen, und nun bekam sie Mut. Ihr langes wehendes Haar band sie fest um das Haupt, damit die Polypen sie nicht daran ergreifen konnten; beide Hände legte sie über ihrer Brust zusammen und schoß davon, wie der Fisch durchs Wasser, zwischen den häßlichen Polypen hindurch, die ihre geschmeidigen Arme und Finger hinter ihr herstreckten. Sie sah, wie jeder von ihnen etwas, was er ergriffen hatte, mit Hunderten kleiner Arme wie mit starken Eisenbanden hielt. Menschen, die auf der See umgekommen und tief hinuntergesunken waren, sahen als weiße Gerippe aus den Armen der Polypen hervor. Schiffsruder und Kisten hielten sie fest, auch Skelette von Landtieren und ein kleines Meerweib, das sie gefangen und erstickt hatten; dies war ihr fast das Schrecklichste.
Nun kam sie zu einem sumpfigen Platz im Walde, wo große fette Wasserschlangen sich wälzten und ihren häßlichen weißgelben Bauch zeigten. Mitten auf dem Platz war ein Haus aus weißen Knochen gestrandeter Menschen errichtet: Da saß die Meerhexe und ließ eine Kröte aus ihrem Munde fressen, gerade wie die Menschen einen kleinen Kanarienvogel mit Zucker füttern. Die häßlichen fetten Wasserschlangen nannte sie ihre Küchlein und ließ sie sich auf ihrer Brust wälzen.
„Ich weiß schon, was du willst", sagte die Meerhexe. „Es ist zwar dumm von dir, doch du sollst deinen Willen haben; denn er wird dich ins Unglück stürzen, meine schöne Prinzessin. Du willst gern deinen Fischschwanz los sein und statt dessen zwei Stützen wie die Menschen zum Gehen haben, damit der junge Prinz sich in dich verliebt und du ihn und eine unsterbliche Seele erhalten kannst!" Dabei lachte die Hexe laut und widerlich, so daß die Kröte und die Schlangen auf die Erde fielen, wo sie sich ringelten.

„Du kommst gerade zur rechten Zeit", sagte die Hexe. „Morgen, wenn die Sonne aufgeht, könnte ich dir nicht helfen, bis wieder ein Jahr um wäre. Ich werde dir einen Trank bereiten, mit dem mußt du noch vor Sonnenaufgang an Land schwimmen, dich dort ans Ufer setzten und ihn trinken. Dann verschwindet dein Schwanz und schrumpft zu dem zusammen, was die Menschen niedliche Beine nennen. Aber es tut weh; es ist, als ob ein scharfes Schwert dich durchbohrt. Alle, die dich sehen, werden sagen, du seist das schönste Menschenkind, das sie erblickt hätten. Du behältst deinen schwebenden Gang, keine Tänzerin kann sich so leicht bewegen wie du; aber bei jedem Schritt, den du machst, ist es, als ob du auf scharfe Messer trätest, als ob dein Blut fließen müßte. Willst du all dieses leiden, so werde ich dir helfen!"
„Ja", sagte die kleine Seejungfrau mit bebender Stimme und gedacht des Prinzen und der unsterblichen Seele.
„Aber bedenke", sagte die Hexe, „hast du erst menschliche Gestalt bekommen, so kannst du nie wieder eine Seejungfrau werden. Du kannst niemals durch das Wasser zu deinen Schwestern und zum Schlosse seines Vaters zurückkehren. Und gewinnst du die Liebe des Prinzen nicht so, daß er um deinetwillen Vater und Mutter vergißt, an dir mit Leib und Seele hängt und den Priester eure Hände ineinanderlegen läßt, daß ihr Mann und Frau werdet, so bekommst du keine unsterbliche Seele! Wenn er eine andere heiratet, wird dein Herz am ersten Morgen danach brechen, und du wirst zu Schaum auf dem Wasser."
„Ich will es!" sagte die kleine Seejungfrau und war bleich wie der Tod.
„Aber du mußt mich auch bezahlen", sagte die Hexe, „und es ist nicht wenig, was ich verlange. Du hast

die schönste Stimme von allen hier unten auf dem Grunde des Meeres; damit glaubst du wohl, ihn bezaubern zu können. Aber diese Stimme mußt du mir geben. Das Beste, was du besitzt, will ich für meinen kostbaren Trank haben! Mein eigenes Blut muß ich dir ja dazu geben, damit der Trank scharf werde wie ein zweischneidiges Schwert!"

,,Aber wenn du meine Stimme nimmst", sagte die kleine Seejungfrau, ,,was bleibt mir dann noch übrig?"

,,Deine schöne Gestalt", sagte die Hexe, ,,dein schwebender Gang und deine sprechenden Augen; damit kannst du schon ein Menschenherz betören. Nun, hast du den Mut verloren?"

,,Es geschehe!" sagte die kleine Seejungfrau, und die Hexe setzte ihren Kessel auf, um den Zaubertrank zu kochen.

,,Reinlichkeit ist eine gute Sache!" sagte sie und scheuerte den Kessel mit den Schlangen ab, die sie zu einem Knoten band; dann ritzte sie sich selbst die Brust und ließ ihr schwarzes Blut hineintröpfeln. Der Dampf bildete die sonderbarsten Gestalten, so daß einem angst und bange werden mußte. Jeden Augenblick warf die Hexe neue Sachen in den Kessel, und als es recht in ihm kochte, war es, als ob ein Krokodil weine. Endlich war der Trank fertig, er sah wie das klarste Wasser aus.

,,Da hast du ihn!" sagte die Hexe und schnitt der kleinen Seejungfrau die Zunge ab. Sie war nun stumm und konnte weder singen noch sprechen.

,,Sollten die Polypen dich ergreifen, wenn du durch meinen Wald zurückgehst", sagte die Hexe, ,,so wirf nur einen einzigen Tropfen dieses Getränkes auf sie, dann zerspringen ihre Arme und Finger in tausend Stücke!"

Aber das brauchte die kleine Seejungfrau nicht zu

tun. Die Polypen zogen sich erschrocken von ihr zurück, wie sie den glänzenden Trank erblickten, der in ihrer Hand leuchtete, als sei er ein funkelnder Stern. So kam sie schnell durch den Wald, das Moor und den brausenden Strudel.
Sie konnte ihres Vaters Schloß sehen. Die Fackeln in dem großen Tanzsaal waren erloschen, alle schliefen ruhig drinnen; aber sie wagte nicht, sie aufzusuchen, nun, da sie stumm war und sie auf immer verlassen wollte. Es war, als ob ihr Herz vor Trauer zerspringen müßte. Sie schlich in den Garten, nahm eine Blume von jedem Blumenbeet ihrer Schwestern, warf Tausende von Kußhänden dem Schlosse zu und stieg durch die dunkelblaue See hinauf.
Die Sonne war noch nicht aufgegangen, als sie des Prinzen Schloß erblickte und die prächtige Marmortreppe hinanstieg. Der Mond schien herrlich klar. Die kleine Seejungfrau trank den brennend scharfen Trank, und es war, als ginge ein zweischneidiges Schwert duch ihren feinen Körper; sie fiel in Ohnmacht und lag wie tot da. Als die Sonne über die See schien, erwachte sie und fühlte einen schneidenden Schmerz. Aber gerade vor ihr stand der schöne Prinz; er heftete seine kohlschwarzen Augen auf sie, so daß sie die ihren niederschlug. Und jetzt erst bemerkte sie auch, daß ihr Fischschwanz fort war und sie die niedlichsten weißen Füße hatte, die nur ein kleines Mädchen haben kann. Aber sie war ganz nackt, deshalb hüllte sie sich in ihr dichtes langes Haar ein. Der Prinz fragte, wer sie sei und wie sie hierhergekommen wäre. Sie sah ihn mild und doch betrübt mit ihren dunkelblauen Augen an; sprechen konnte sie ja nicht. Da nahm er sie bei der Hand und führte sie in das Schloß hinein. Bei jedem Schritt, den sie tat, war es, wie die Hexe ihr vorausgesagt hatte, als trete sie auf spitze Nadeln und scharfe Messer; aber das ertrug

sie gern. An des Prinzen Hand schritt sie so leicht einher wie eine Seifenblase, und er und alle wunderten sich über ihren anmutigen schwebenden Gang.
Sie bekam nun köstliche Kleider von Seide und Musselin anzuziehen. Im Schlosse war sie die Schönste von allen; aber sie war stumm, sie konnte weder singen noch sprechen. Herrliche Sklavinnen, in Seide und Gold gekleidet, traten auf und sangen vor dem Prinzen und seinen königlichen Eltern. Eine sang schöner als alle andern, und der Prinz klatschte in die Hände und lächelte ihr zu. Da wurde die kleine Seejungfrau betrübt; sie wußte, daß sie selbst viel schöner gesungen hatte, und dachte: Oh, wenn er nur wüßte, daß ich, um bei ihm zu sein, meine Stimme für alle Ewigkeit hingegeben habe!
Nun tanzten die Sklavinnen hübsche schwebende Tänze zur herrlichsten Musik. Da erhob die kleine Seejungfrau ihre schönen weißen Arme, richtete sich auf die Fußspitzen auf und schwebte tanzend über den Fußboden hin, wie noch keine getanzt hatte. Bei jeder Bewegung wurde ihre Schönheit noch sichtbarer, und ihre Augen sprachen tiefer zum Herzen als der Gesang der Sklavinnen.
Alle waren entzückt davon, besonders der Prinz, der sie sein kleines Findelkind nannte; und sie tanzte mehr und mehr, obwohl es ihr jedesmal, wenn ihr Fuß die Erde berührte, war, als ob sie auf scharfe Messer träte. Der Prinz sagte, daß sie immer bei ihm bleiben solle, und sie erhielt die Erlaubnis, vor seiner Tür auf einem Samtkissen zu schlafen.
Er ließ ihr eine Männertracht machen, damit sie ihn zu Pferde begleiten könne. Sie ritten durch duftende Wälder, wo die grünen Zweige ihre Schultern berührten und die kleinen Vögel im Laub versteckt sangen. Sie kletterte mit dem Prinzen auf die hohen Berge hinauf, und obgleich ihre zarten Füße bluteten,

daß die andern es sehen konnten, lachte sie doch darüber und folgte ihm, bis sie die Wolken unter sich segeln sah, als wären sie Vogelschwärme, die nach fremden Ländern zögen.
Zu Hause in des Prinzen Schloß, wenn nachts die andern schliefen, ging sie auf die breite Marmortreppe hinaus und kühlte ihre brennenden Füße im kalten Seewasser, und dann gedachte sie derer dort unten in der Tiefe.
Einmal des Nachts kamen ihre Schwestern Arm in Arm. Sie sangen so traurig, während sie über das Wasser schwammen. Sie winkte ihnen zu, und sie erkannten sie und erzählten, wie sehr sie alle durch ihr Fortgehen betrübt habe. Seitdem besuchten die Schwestern sie jede Nacht, und einmal erblickte sie weit draußen ihre alte Großmutter, die schon viele Jahre nicht mehr über der Meeresfläche gewesen war, und den Meerkönig mit seiner Krone auf dem Haupt. Sie streckten die Hände nach ihr aus, wagten sich aber nicht so nahe an das Land wie die Schwestern.
Tag für Tag wurde sie dem Prinzen lieber; er liebte sie, wie man ein gutes, liebes Kind liebt. Aber sie zu seiner Königin zu machen kam ihm nicht in den Sinn; und wenn sie nicht seine Frau wurde, erhielt sie doch keine unsterbliche Seele und mußte an seinem Hochzeitmorgen zu Schaum auf dem Meere werden.
„Liebst du mich denn nicht am meisten von allen?“ schienen die Augen der kleinen Seejungfrau zu fragen, wenn er sie in seine Arme nahm und ihre schöne Stirn küßte.
„Ja, du bist mir die liebste“, sagte der Prinz, „denn du hast das beste Herz von allen. Du bist mir am meisten ergeben, und du gleichst jenem jungen Mädchen, das ich einmal sah, aber sicher nie wiederfinden werde. Ich war auf einem Schiff, welches strandete Die Wellen warfen mich bei einem heiligen Tempel

an das Land, wo mehrere junge Mädchen den Dienst verrichteten. Die jüngste dort fand mich am Ufer und rettete mein Leben, ich sah sie nur zweimal; sie wäre die einzige, die ich in dieser Welt lieben könnte. Aber du gleichst ihr, und du verdrängst fast ihr Bild aus meiner Seele. Sie gehört dem heiligen Tempel an, und deshalb hat mein gutes Glück dich mir gesandt. Wir wollen uns niemals wieder trennen!"

Ach, er weiß nicht, daß ich sein Leben gerettet habe, dachte die kleine Seejungfrau. Ich trug ihn über das Meer zum Walde hin, wo der Tempel steht; ich saß hinter dem Schaum und guckte, ob keine Menschen kommen würden. Ich sah das hübsche Mädchen, das er mehr liebt als mich! Und die kleine Seejungfrau seufzte tief; weinen konnte sie nicht. Das Mädchen gehört dem heiligen Tempel an, hat er gesagt; es kommt nie in die Welt hinaus, die begegnen sich nicht mehr. Ich bin bei ihm, sehe ihn jeden Tag, ich will ihn pflegen, lieben, ihm mein Leben opfern!

Aber nun sollte der Prinz sich verheiraten und des Nachbarkönigs schöne Tochter zur Frau bekommen, erzählte man; deshalb rüstete er ein prächtiges Schiff aus. Der Prinz reist, um des Nachbarkönigs Länder zu besichtigen, heißt es wohl; aber es geschieht nur, weil er des Nachbarkönigs Tochter sehen will. Ein großes Gefolge soll ihn begleiten. Die kleine Seejungfrau schüttelte das Haupt und lächelte; sie kannte des Prinzen Gedanken weit besser als alle andern.

„Ich muß reisen", hatte er zu ihr gesagt, „ich muß die schöne Prinzessin sehen, meine Eltern verlangen es. Aber sie wollen mich zwingen, sie als meine Braut heimzuführen. Ich kann sie nicht lieben. Sie gleicht nicht dem schönen Mädchen im Tempel, dem du ähnelst. Sollte ich einst eine Braut wählen, so würdest du es eher sein, mein stummes Findelkind mit den sprechenden Augen!" Und er küßte ihren roten

Mund, spielte mit ihrem langen Haar und legte sein Haupt an ihr Herz, das von Menschenglück und einer unsterblichen Seele träumte.

„Du fürchtest doch nicht das Meer, mein stummes Kind?“ sagte er, als sie auf dem prächtigen Schiffe standen, das ihn nach den Ländern des Nachbarkönigs führen sollte. Er erzählte ihr vom Sturm und von der Windstille, von seltsamen Fischen in der Tiefe und von dem, was die Taucher dort gesehen haben, und sie lächelte bei seiner Erzählung, denn sie wußte ja besser als irgendein anderer, was auf dem Grunde des Meeres vorging.

In der mondhellen Nacht, wenn alle schliefen, außer dem Steuermann, der am Steuerruder stand, saß sie an dem Bord des Schiffes und starrte durch das klare Wasser hinunter. Sie glaubte ihres Vaters Schloß zu erblicken; hoch oben stand die alte Großmutter mit der Silberkrone auf dem Haupt und starrte durch die reißenden Ströme zum Kiel des Schiffes empor. Da tauchten ihre Schwestern aus dem Wasser hervor, schauten sie traurig an und rangen ihre weißen Hände. Sie winkte ihnen zu, lächelte und wollte erzählen, daß es ihr gut und glücklich ginge; aber der Schiffsjunge näherte sich ihr, und die Schwestern tauchten unter, so daß er glaubte, das Weiße, was er gesehen, sei Schaum auf der See gewesen.

Am nächsten Morgen segelte das Schiff in den Hafen der prächtigen Stadt des Nachbarkönigs. Alle Kirchenglocken läuteten, und von den hohen Türmen wurden die Posaunen geblasen, während die Soldaten mit fliegenden Fahnen und blitzenden Bajonetten dastanden. Jeden Tag wurde ein Fest gefeiert. Bälle und Gesellschaften folgten einander, aber die Prinzessin war noch nicht da. Sie werde weit davon entfernt in einem heiligen Tempel erzogen, sagte man, dort lerne sie alle königlichen Tugenden. End-

lich kam sie an.
Die kleine Seejungfrau war begierig, ihre Schönheit zu sehen, und sie mußte sie anerkennen; eine lieblichere Erscheinung hatte sie noch nie gesehen. Die Haut war fein und zart, und hinter den langen dunklen Augenwimpern lächelten ein Paar schwarzblaue treue Augen.
„Du bist es!" sagte der Prinz. „Du, die mich gerettet hat, als ich wie ein Toter an der Küste lag!" Und er drückte seine errötende Braut in seine Arme. „Oh, ich bin allzu glücklich", sagte er zur kleinen Seejungfrau. „Das Beste, was ich je hoffen durfte, ist mir in Erfüllung gegangen. Du wirst dich über mein Glück freuen; denn du meinst es von allen am besten mit mir!" Und die kleine Seejungfrau küßte seine Hand, und es schien ihr, als fühle sie ihr Herz brechen. Sein Hochzeitsmorgen würde ihr ja den Tod geben und sie in Schaum auf dem Meere verwandeln.
Alle Kirchenglocken läuteten; die Herolde ritten in den Straßen umher und verkündeten die Verlobung. Auf allen Altären brannte duftendes Öl in kostbaren Silberlampen. Die Priester schwangen die Rauchfässer, und Braut und Bräutigam reichten einander die Hand und erhielten den Segen des Bischofs. Die kleine Seejungfrau war in Seide und Gold gekleidet und hielt die Schleppe der Braut, aber ihre Ohren hörten die festliche Musik nicht, ihre Augen sahen die heilige Zeremonie nicht; sie dachte an ihre Todesnacht und all das, was sie in dieser Welt verloren hatte.
Noch am selben Abend gingen die Braut und der Bräutigam an Bord des Schiffes. Die Kanonen donnerten, alle Flaggen wehten, und mitten auf dem Schiffe stand ein prächtiges Zelt von Gold und Purpur und mit den schönsten Kissen; da sollte das Brautpaar in der kühlen Nacht schlafen.

Die Segel schwellten im Winde, und das Schiff glitt leicht und ohne Bewegung über die klare See dahin.
Als es dunkelte, wurden bunte Lampen angezündet, und die Seeleute tanzten lustige Tänze auf dem Deck. Die kleine Seejungfrau mußte daran denken, wie sie das erste Mal aus dem Meere aufgetaucht war und dieselbe Pracht und Freude erblickt hatte. Sie wirbelte mit im Tanze, schwebte, wie die Schwalbe schwebt, wenn sie verfolgt wird, und alle jubelten ihr Bewunderung zu; nie hatte sie so herrlich getanzt. Es schnitt wie scharfe Messer in die zarten Füße, aber sie fühlte es nicht; es schnitt ihr noch schmerzlicher durch das Herz. Sie wußte, es war der letzte Abend, an dem sie ihn sah, für den sie ihre Verwandten und ihre Heimat verlassen, ihre schöne Stimme dahingegeben und täglich unendliche Qualen ertragen hatte, ohne daß er es mit einem Gedanken ahnte. Es war die letzte Nacht, daß sie dieselbe Luft mit ihm atmete, das tiefe Meer und den sternenhellen Himmel erblickte. Eine ewige Nacht ohne Gedanken und Traum harrte ihrer, die keine Seele hatte und keine Seele gewinnen konnte. Und alles war Freude und Heiterkeit auf dem Schiff bis weit über Mitternacht hinaus; sie lachte und tanzte mit Todesgedanken im Herzen. Der Prinz küßte seine schöne Braut, und sie spielte mit seinem schwarzen Haar, und Arm in Arm gingen sie zur Ruhe in das prächtige Zelt.
Es wurde still auf dem Schiffe, nur der Steuermann stand am Ruder. Die kleine Seejunfrau legte ihre weißen Arme auf den Schiffsbord und blickte gegen Osten nach der Morgenröte; der erste Sonnenstrahl, wußte sie, würde sie töten. Da sah sie ihre Schwestern der Flut entsteigen; die waren bleich wie sie, ihre langen schönen Haare wehten nicht mehr im Winde, sie waren abgeschnitten.
„Wir haben sie der Hexe geopfert, um dir Hilfe

bringen zu können, damit du diese Nacht nicht stirbst! Sie hat uns ein Messer gegeben, hier ist es! Siehst du, wie scharf es ist? Bevor die Sonne aufgeht, mußt du es in das Herz des Prinzen stoßen, und wenn sein warmes Blut auf deine Füße spritzt, dann wachsen sie zu einem Fischschwanz zusammen, und du wirst wieder eine Seejungfrau, kannst zu uns herabsteigen und lebst dreihundert Jahre, bevor du zu totem, salzigem Seeschaum wirst. Beeile dich! Eins von euch beiden muß sterben, bevor die Sonne aufgeht. Unsere alte Großmutter trauert so, daß sie ihr weißes Haar verlor, wie wir das unsrige unter der Schere der Hexe. Töte den Prinzen und komm zurück! Beeile dich! Siehst du den roten Streifen am Himmel? In wenigen Minuten steigt die Sonne auf, und dann mußt du sterben!" Und sie stießen einen tiefen Seufzer aus und versanken in den Wogen. Die kleine Seejungfrau zog den Purpurteppich vom Zelte fort und sah die schöne Braut mit ihrem Haupte an des Prinzen Brust ruhen. Sie beugte sich nieder, küßte ihn auf seine schöne Stirn, blickte zum Himmel auf, wo die Morgenröte mehr und mehr leuchtete, betrachtete das scharfe Messer und heftete die Augen wieder auf den Prinzen, der im Traum seine Braut bei Namen nannte. Nur sie war in seinen Gedanken, und das Messer zitterte in der Seejungfrau Hand.

Aber da warf sie es weit hinaus in die Wogen; die glänzten rot, wo es hinfiel, es sah aus, als quöllen Blutstropfen aus dem Wasser auf. Noch einmal sah sie mit halbgebrochenem Blick auf den Prinzen, stürzte sich vom Schiff in das Meer hinab und fühlte, wie ihr Körper sich in Schaum auflöste.

Nun stieg die Sonne aus dem Meere auf, die Strahlen fielen so mild und warm auf den kalten Meeresschaum, und die kleine Seejungfrau fühlte nichts vom Tode. Sie sah die helle Sonne, und oben über ihr schwebten Hunderte von durchsichtigen, herrlichen Geschöpfen. Sie konnte durch sie hindurch des Schiffes weiße Segel und des Himmels rote Wolken erblicken; ihre Sprache war Melodie, aber so geistig, daß kein menschliches Ohr sie vernehmen, ebenso wie kein irdisches Auge sie erblicken konnte. Ohne Schwingen schwebten sie nur durch ihre eigene Leichtigkeit in den Lüften. Die kleine Seejungfrau sah, daß sie einen Körper hatte wie diese, der sich mehr und mehr aus dem Schaume erhob. „Wo komme ich hin?" fragte sie, und ihr Stimme klang wie die der anderen Wesen, so geistig, daß keine irdische Musik sie wiederzugeben vermag.

„Zu den Töchtern der Luft!" erwiderten die andern. „Die Seejungfrau hat keine unsterbliche Seele und kann sie nie erhalten, wenn sie nicht eines Menschen Liebe gewinnt; von einer fremden Macht hängt ihr ewiges Dasein ab. Die Töchter der Luft haben auch keine unsterbliche Seele, aber sie können durch gute Taten sich selbst eine schaffen. Wir fliegen nach den warmen Ländern, wo schwüle Pestluft die Menschen tötet; dort fächeln wir Kühlung. Wir breiten den Duft der Blumen durch die Luft aus und senden Erquikkung und Heilung. Wenn wir dreihundert Jahre lang gestrebt haben, alles Gute zu tun, was wir vermögen, dann erhalten wir eine unsterbliche Seele und nehmen teil am ewigen Glück der Menschen. Du arme kleine Seejungfrau hast mit ganzem Herzen nach demselben gestrebt wie wir. Du hast gelitten und geduldet, hast dich zur Welt der Luftgeister erhoben und kannst dir nun selbst durch gute Werke nach drei Jahrhunderten eine unsterbliche Seele schaffen."

Und die kleine Seejungfrau erhob ihre hellen Augen zur Sonne, und zum ersten Male fühlte sie Tränen in ihnen.

Auf dem Schiffe war wieder Lärm und Leben. Sie sah

den Prinzen mit seiner schönen Braut nach ihr suchen; wehmütig starrten sie den perlenden Schaum an, als ob sie wüßten, daß sie sich in die Fluten gestürzt habe. Unsichtbar küßte sie die Stirn der Braut, lächelte den Prinzen an und stieg mit den übrigen Kindern der Luft zu der rosenroten Wolke hinauf, die den Äther durchschwamm.

Der Schatten

In den heißen Ländern brennt die Sonne sehr stark, dort werden die Leute ganz mahagonibraun; ja, in den allerheißesten Ländern werden sie sogar zu Negern gebrannt. Dieses Mal waren es jedoch nur die heißen Länder, wohin ein gelehrter Mann aus den kalten Gegenden gekommen war. Der glaubte nun, daß er da ebenso herumlaufen könnte wie zu Hause, aber von der Meinung kam er bald wieder ab. Er und alle vernünftigen Leute mußten zu Hause bleiben. Fensterladen und Türen waren den ganzen Tag geschlossen; es sah aus, als ob im Hause alle schliefen oder ausgegangen wären. Die schmale Straße mit den hohen Häusern, in der der Fremde wohnte, war aber auch so gebaut, daß die Sonne vom Morgen bis zum Abend darauf liegen mußte. Es war wirklich nicht auszuhalten.
Der Gelehrte aus den kalten Gegenden war ein kluger junger Mann. Es kam ihm vor, als säße er in einem glühenden Ofen; das griff ihn sehr an, er wurde ganz mager. Selbst sein Schatten schrumpfte zusammen und wurde viel kleiner als zu Hause. Auch ihn nahm die Sonne mit, und er lebte erst des Abends auf, wenn sie untergegangen war. Es war recht lustig, das mit anzusehen. Sobald Licht in die Stube gebracht wurde, streckte sich der Schatten ganz über die Wand, ja

noch weiter, bis an die Decke, so lang er sich nur machen konnte. Er mußte sich strecken, um wieder zu Kräften zu kommen. Der gelehrte Mann ging auf den Balkon hinaus, um sich zu dehnen, und sobald die Sterne an dem schönen, klaren Himmel hervorkamen, fühlte er sich wieder erfrischt. Auf allen Balkonen der Straße — und in den warmen Ländern ist vor jedem Fenster ein Balkon — erschienen jetzt Leute; denn frische Luft muß man doch schöpfen, auch wenn man daran gewöhnt ist, mahagonibraun zu werden! Dann wurde es lebhaft unten und oben. Schuster und Schneider, alle Leute kamen auf die Straße hinaus; Tische und Stühle wurden gebracht, und Lichter brannten, ja, über tausend Lichter. Einer sprach, ein anderer sang, und die Leute spazierten, Wagen fuhren, Maultiere trabten, „klingelingeling" — sie tragen nämlich Schellen am Geschirr —, Leichen wurden begraben mit Gesang, die Kirchenglokken läuteten; ja, es war wirklich sehr lebhaft unten auf der Straße.
Nur in dem einen Hause, gerade dem gegenüber, wo der fremde Mann wohnte, war es still. Und doch wohnte dort jemand; denn es standen Blumen auf dem Balkon, die blühten so schön in der Sonnenhitze. Das hätten sie nicht gekonnt, wenn sie nicht begossen worden wären, und jemand mußte sie doch begießen; es mußte also dort Leute geben. Die Tür wurde da auch gegen Abend halb geöffnet, aber dann war es dunkel, wenigstens in dem vordersten Zimmer. Weiter aus dem Innern hörte man Musik. Der fremde gelehrte Mann fand die Musik außerordentlich schön; aber es war freilich auch möglich, daß er sich das bloß einbildete; denn ihm gefiel alles wunderbar in den warmen Ländern, wenn nur keine Sonne dagewesen wäre. Der Wirt des Fremden sagte, daß er nicht wisse, wer das gegenüberliegende Haus gemietet

habe; man sehe gar keinen Menschen, und was die Musik angehe, so scheine sie ihm schrecklich langweilig zu sein. „Es ist geradeso, als ob jemand dasitzt und ein Stück übt, das er doch nicht richtig herausbringt, immer dasselbe Stück. Ich kriege es doch noch fertig! meint er bei sich; er bringt es aber nicht zustande, so lange er auch spielt."
Einst in der Nacht wachte der Fremde auf. Er schlief bei offener Balkontür, der Wind bewegte den Vorhang, und es schien ihm, als komme ein wunderbarer Glanz vom Balkon des gegenüberliegenden Hauses. Alle Blumen leuchteten wie Flammen in den schönsten Farben, und mitten zwischen ihnen stand eine schlanke liebliche Jungfrau. Es war, als leuchte auch sie, daß es ihm die Augen blendete; er hatte sie aber auch weit aufgerissen und kam eben erst aus dem Schlaf. Mit einem Sprung war er aus dem Bette, ganz leise schlich er sich hinter den Vorhang — doch die Jungfrau war fort, der Glanz war fort, die Blumen leuchteten nicht mehr, standen aber noch so schön da wie immer. Die Tür drüben war angelehnt, und von innen klang Musik, so lieblich, so schön, daß man sich dabei wirklich in süße Gedanken verlieren konnte. Es war gerade wie Zauberei. Aber wer wohnte da? Wo war der richtige Eingang? Denn nach der Straße und nach dem Seitengäßchen hin war im Erdgeschoß Laden an Laden, und da konnten die Leute doch nicht immer durchlaufen.
Eines Abends saß der Fremde auf seinem Balkon; in der Stube genau hinter ihm brannte ein Licht, und so war es ganz natürlich, daß sein Schatten auf die Wand des gegenüberliegenden Hauses fiel. Ja, da saß er gerade zwischen den Blumen auf dem Balkon, und wenn der Fremde sich bewegte, dann bewegte sich auch der Schatten.
„Ich glaube, mein Schatten ist das einzig Lebendige,

was man da drüben sieht", sagte der gelehrte Mann. „Sieh, wie hübsch er dort zwischen den Blumen sitzt! Die Tür steht nur angelehnt, da sollte der Schatten so gescheit sein und hineingehen, sich drinnen umsehen, dann zurückkommen und mir erzählen, was er gesehen hat. Ja, du würdest dich dadurch nützlich machen", sagte er wie im Scherz. „Sei so gut und tritt hinein. Na, wirst du gehen?" Und dann nickte er dem Schatten zu, und der Schatten nickte wieder. „Nun geh nur, aber bleib nicht ganz weg!" Und der Fremde erhob sich, und sein Schatten auf dem Balkon gegenüber erhob sich auch. Der Fremde drehte sich um, und der Schatten drehte sich ebenfalls um; ja, wenn jemand genau darauf achtgegeben hätte, so würde er deutlich gesehen haben, wie der Schatten geradewegs durch die halbgeöffnete Balkontür des gegenüberliegenden Hauses in demselben Augenblick hineinging, als der Fremde in seine Stube zurückkehrte und den langen Vorhang herabfallen ließ.

Am nächsten Morgen ging der gelehrte Mann aus, um Kaffee zu trinken und Zeitungen zu lesen.

„Was ist das?" sagte er, als er in den Sonnenschein hinaustrat. „Ich habe ja keinen Schatten mehr! Da ist er also wirklich gestern abend fortgegangen und nicht zurückgekommen; das ist ja recht verdrießlich!"

Und das ärgerte ihn; aber nicht so sehr deswegen, weil der Schatten fort war, sondern weil er wußte, das es eine Geschichte von einem Mann ohne Schatten gab, die alle Leute zu Hause kannten. Wenn nun der gelehrte Mann zurückkäme und seine eigene Geschichte erzählte, so würden die Leute sagen, das sei nur eine Nachahmung von ihm; und das hatte er nicht nötig, von sich sagen zu lassen. Er wollte daher lieber gar nicht davon reden, und das war vernünftig von ihm gedacht.

Am Abend ging er wieder auf seinen Balkon hinaus.

Das Licht hatte er wieder genau hinter sich gesetzt; denn er wußte, daß der Schatten stets seinen Herrn zum Schirme haben will. Aber er konnte ihn nicht herauslocken. Er machte sich klein, er machte sich lang; doch da war kein Schatten, da kam kein Schatten. Er sagte: „Hm, hm!" Aber das half nichts.

Das war ärgerlich! Doch in den warmen Ländern wächst alles so geschwind, und nach Verlauf von acht Tagen merkte er zu seiner großen Freude, daß ihm ein neuer Schatten aus den Beinen herauswuchs, wenn er in den Sonnenschein kam. Die Wurzel mußte also noch geblieben sein. Nach drei Wochen hatte er einen ganz leidlichen Schatten, der, als er nach den nördlichen Ländern zurück reiste, immer mehr und mehr wuchs, so daß er zuletzt so lang und so groß war, daß er ganz gut die Hälfte hätte abgeben können. Als der gelehrte Mann nach Hause kam, schrieb er Bücher über das, was es Wahres in der Welt und was es darin Gutes und Schönes gibt. So vergingen die Tage, und es vergingen Jahre — es vergingen viele Jahre. Da saß er eines Abends in seiner Stube, und ganz leise klopfte es an seine Tür. „Herein!" sagte er, aber niemand trat ein. Da öffnete er die Tür, und vor ihm stand ein außerordentlich magerer Mensch, daß ihm ganz wunderlich zumute wurde. Übrigens war der Mensch äußerst fein gekleidet, es mußte ein vornehmer Mann sein.

„Mit wem habe ich die Ehre zu sprechen?" fragte der Gelehrte.

„Ja, das dachte ich mir wohl", sagte der feine Mann, „daß Sie mich nicht kennen würden! Ich bin so sehr Körper geworden, daß ich ordentlich Fleisch und Kleider bekommen habe. Sie haben wohl nie daran gedacht, mich in solchem Zustand zu sehen? Erkennen Sie Ihren alten Schatten nicht? Ja, Sie haben gewiß nicht geglaubt, daß ich einmal wiederkommen würde. Mir ist es außerordentlich gut gegangen, seit ich zuletzt bei Ihnen war. Ich bin in jeder Hinsicht sehr vermögend geworden; will ich mich vom Dienst freikaufen, so kann ich das!" Und er klapperte mit einer Menge kostbarer Schmuckstücke, die an seiner Uhr hingen, und steckte seine Hand durch die dicke goldene Kette, die er um den Hals trug; und wie blitzten alle seine Finger von Diamantringen! Und alles war echt!

„Nein, ich kann es gar nicht fassen", sagte der gelehrte Mann.

„Was bedeutet das alles!"

„Ja, etwas Gewöhnliches nicht", sagte der Schatten. „Aber Sie gehören ja auch selbst nicht zu den Gewöhnlichen, und ich bin, das wissen Sie wohl, von Kindesbeinen an in Ihre Fußtapfen getreten. Sobald Sie fanden, daß ich reif genug sei, um allein in der Welt fortzukommen, ging ich meinen eigenen Weg. Ich befinde mich in den allerbesten Umständen. Aber mich überkam eine Art Sehnsucht, Sie noch einmal zu sehen, ehe Sie sterben. Ich wollte auch diese Gegenden wiedersehen, man hängt doch stets an seinem Vaterlande. Ich weiß, daß Sie einen anderen Schatten bekommen haben. Habe ich etwas an den oder an Sie zu bezahlen? Haben Sie nur die Güte, es zu sagen!"

„Nein, bist du es wirklich?" sagte der gelehrte Mann. „Das ist ja höchst merkwürdig! Ich hätte nie geglaubt, daß man seinen alten Schatten jemals als Menschen wiedersehen könnte!"

„Sagen Sie nur, was ich zu bezahlen habe", sagte der Schatten, „denn ich möchte nicht gern bei jemandem in Schuld stehen."

„Wie kannst du so sprechen?" sagte der gelehrte Mann. „Von welcher Schuld kann hier die Rede sein!

Du bist so frei wie einer! Ich freue mich außerordentlich über dein Glück. Setzt dich nieder, alter Freund, und erzähle mir doch ein wenig, wie das zugegangen ist und was du dort, in den warmen Ländern, in dem Haus uns gegenüber gesehen hast!"

„Ja, das will ich Ihnen erzählen", sagte der Schatten und setzte sich, „aber dann müssen Sie mir versprechen, niemals irgend jemandem hier in der Stadt, wo Sie mich auch treffen sollten, zu sagen, daß ich Ihr Schatten gewesen bin! Ich beabsichtige, mich zu verloben; ich kann mehr als eine Familie ernähren."

„Sei ganz unbesorgt", sagte der gelehrte Mann, „ich werde niemandem sagen, wer du eigentlich bist. Hier ist meine Hand, ich verspreche es dir — und ein Mann, ein Wort!"

„Ein Wort, ein Schatten", sagte der Schatten, denn so mußte er ja sprechen.

Es war übrigens äußerst merkwürdig, wie sehr er Mensch geworden. Er war ganz schwarz gekleidet und trug das allerfeinste schwarze Tuch, lackierte Stiefel und einen Hut, den man zusammendrücken konnte, so daß er nichts als Deckel und Krempe war, ganz zu schweigen von dem, was wir schon wissen: dem Uhrbehang, der goldenen Halskette und den Diamantringen. Ja, der Schatten war außerordentlich gut gekleidet, und das war es gerade, was ihn zu einem ganzen Menschen machte.

„Nun will ich erzählen", sagte der Schatten; und dann setzte er seine Füße mit den lackierten Stiefeln, so fest er nur konnte, auf den Arm vom neuen Schatten des gelehrten Mannes nieder, der wie ein Pudelhund zu dessen Füßen lag. Das geschah nun entweder aus Hochmut oder vielleicht auch, damit der neue Schatten daran klebenbleiben sollte. Aber der liegende Schatten verhielt sich ganz still und ruhig, um recht zuhören zu können. Er wollte auch wissen, wie man so loskommen und sich zu seinem eigenen Herrn hinaufdienen könne.

„Wissen Sie, wer in dem Hause uns gegenüber wohnte?" fragte der Schatten. „Das war das Herrlichste von allem: Es war die Poesie! Ich war drei Wochen da, und das wirkt ebensosehr, wie wenn man dreitausend Jahre lebte und alles lesen könnte, was gedichtet und geschrieben ist. Denn das sage ich, und es ist wahr: Ich habe alles gesehen, und ich weiß alles!"

„Die Poesie!" rief der gelehrte Mann. „Ja, sie lebt oft als Einsiedlerin in den großen Städten. Die Poesie! Ja, ich habe sie einen einzigen kurzen Augenblick gesehen, aber der Schlaf steckte mir in den Augen. Sie stand auf dem Balkon und leuchtete wie das Nordlicht: eine Blume aus lebenden Flammen. Erzähle, erzähle! Du warst auf dem Balkon. Du gingst durch die Tür, und dann — — —"

„Dann befand ich mich im Vorzimmer", sagte der Schatten. „Sie saßen drüben und sahen stes nach dem Vorzimmer hinüber. Da war kein Licht, es herrschte dort eine Art Halbdunkel; aber eine Tür nach der andern in einer langen Reihe von Stuben und Sälen stand offen, und da war es hell. Die Macht des Lichtes hätte mich getötet, wäre ich ganz bis zu der Jungfrau gekommen. Aber ich war besonnen; ich nahm mir Zeit, und das muß man tun."

„Und was sahst du dann?" fragte der gelehrte Mann.

„Ich sah alles, und das will ich Ihnen erzählen. Aber es ist wirklich nicht Stolz von mir — als freier Mann und bei den Kenntnissen, die ich besitze, zu schweigen von meiner guten Stellung und meinen Vermögensverhältnissen, wünschte ich doch, daß Sie mich mit ‚Sie' anreden."

„Bitte um Verzeihung", sagte der gelehrte Mann; „es ist eine alte Gewohnheit, die man nicht so leicht ablegt. Sie haben vollkommen recht, und ich will daran denken. Aber nun erzählen Sie mir alles, was Sie sahen!"

„Alles", sagte der Schatten, „denn ich sah alles, und ich weiß alles." — „Wie sah es denn in den inneren Gemächern aus?" fragte der gelehrte Mann. „War es dort wie im kühlen Walde? War es dort wie in einem heiligen Tempel? Waren die Säle wie der sternenhelle Himmel, wenn man auf hohen Bergen steht?"

„Alles war da", sagte der Schatten; „ich war zwar nicht ganz drinnen, sondern blieb im vordersten Zimmer im Halbdunkel, aber da stand ich außerordentlich gut. Ich sah alles und weiß alles. Ich bin am Hofe der Poesie im Vorgemach gewesen."

„Aber was sahen Sie denn? Gingen durch die großen Säle all die Götter der Vorzeit? Kämpften dort die alten Helden? Spielten dort liebliche Kinder und erzählten ihre Träume?"

„Ich sage Ihnen, daß ich dagewesen bin, und daher begreifen Sie wohl, daß ich alles sah, was zu sehen war. Wenn Sie dorthin gekommen wären, wären Sie kein Mensch geblieben, aber ich wurde einer! Und zugleich lernte ich mein innerstes Wesen, mein Angeborenes und die Verwandtschaft kennen, in der ich zur Poesie stand. Ja, damals, als ich bei Ihnen war, dachte ich nicht darüber nach. Aber immer, das wissen Sie, wenn die Sonne auf- und niedergeht, war ich wunderbar groß, und im Mondschein war ich fast deutlicher zu sehen als Sie selbst. Ich begriff damals mein innerstes Wesen noch nicht, im Vorgemach aber erschloß es sich mir — ich wurde Mensch! Reif kam ich wieder heraus, doch Sie waren nicht mehr in den warmen Ländern. Ich schämte mich, als Mensch so zu gehen, wie ich ging. Ich hatte Stiefel, Kleider und diese Menschenhülle nötig, die einen Menschen kenntlich macht. Ich nahm meinen Weg — Ihnen kann ich es ja verraten, denn Sie werden es wohl nicht gerade in Ihr Buch setzen — ich nahm meinen Weg unter den Rock der Kuchenfrau, unter den versteckte ich mich. Das Weib ahnte nicht, was es da bei sich hatte. Erst am Abend ging ich aus und lief im Mondschein auf der Straße herum. Ich streckte mich ganz lang an der Mauer hinauf, das kitzelte so schön auf dem Rücken; ich lief hinauf und hinab, schaute durch die höchsten Fenster in die Säle hinein und guckte durchs Dach. Ich sah hin, wo niemand hinsehen konnte, und ich sah, was kein anderer sah, was niemand sehen sollte!

Es ist im Grunde doch eine niederträchtige Welt. Ich möchte eigentlich kein Mensch sein, wenn nicht allgemein behauptet würde, das wäre etwas ganz Besonderes. Ich sah das Allerunglaublichste bei Frauen und Männern, bei Eltern und bei den ‚süßen, unvergleichlichen Kindern'. Ich sah, was kein Mensch weiter weiß, was sie aber alle gar zu gern wissen möchten: Übles bei den Nachbarn. Hätte ich eine Zeitung geschrieben, die wäre gelesen worden! Aber ich schrieb gleich an die Leute selbst, und es entstand Schrecken in allen Städten, wohin ich kam. Sie hatten solche Angst vor mir, daß sie außerordentlich lieb zu mir waren! Der Professor machte mich zum Professor; der Schneider gab mir neue Kleider (ich bin gut versehen!); der Münzmeister schlug Geldstücke für mich; die Frauen sagten mir, daß ich schön sei — und so wurde ich der Mann, der ich jetzt bin. Und nun sage ich Lebwohl! Hier ist meine Karte, ich wohne auf der Sonnenseite und bin bei Regenwetter stets zu Hause." Und der Schatten ging.

„Das war aber merkwürdig!" sagte der gelehrte Mann.

Jahre und Tage vergingen, da kam der Schatten wieder.
„Wie geht es?" fragte er. „Ach", sagte der gelehrte Mann; „ich schreibe über das Wahre, das Gute und das Schöne; aber niemand will so etwas hören. Ich bin ganz verzweifelt; denn ich nehme mir das zu Herzen!"
„Das tue ich aber nicht", sagte der Schatten. „Ich werde dick und fett, und danach muß man streben. Sie verstehen sich nicht auf die Welt, Sie werden krank dabei. Sie müssen reisen. Ich will diesen Sommer eine Reise machen, wollen Sie mit! Ich hätte gern einen Reisekameraden. Wollen Sie als Schatten mitreisen? Es soll mir ein Vergnügen sein! Ich bezahle die Reise!"
„Das geht wirklich zu weit!" sagte der gelehrte Mann.
„Wie man's nimmt. Wollen Sie mein Schatten sein, dann sollen Sie alles auf der Reise frei haben."
„Das ist doch zu toll!" sagte der gelehrte Mann.
„Aber so ist nun einmal die Welt", sagte der Schatten, „und so wird sie auch bleiben!" Und er entfernte sich.
Dem gelehrten Mann ging es gar nicht gut. Sorgen und Kummer verfolgten ihn, und was er von dem Wahren, dem Guten und dem Schönen sprach, das war für die meisten, was die Muskatnuß für die Kuh. Er wurde zuletzt ganz krank.
„Sie sehen wirklich aus wie ein Schatten!" sagten die Leute zu ihm, und es überlief den gelehrten Mann wie ein Schauer; denn er hatte so seine eigenen Gedanken dabei.
„Sie müssen in ein Bad reisen", sagte der Schatten, als er ihn wieder einmal besuchte. „Es gibt keine andere Hilfe für Sie. Ich will Sie um unserer alten Bekanntschaft willen mitnehmen. Ich bezahle die

Reise, und Sie machen die Beschreibung davon und vertreiben mir so die Zeit unterwegs. Ich will in ein Bad. Mein Bart wächst nicht so recht, wie er sollte; das ist auch eine Krankheit, und einen Bart muß man doch haben. Seien Sie vernünftig und nehmen Sie mein Anerbieten an; wir reisen ja wie Kameraden."
Und dann reisten sie. Der Schatten war nun Herr, und der Herr war Schatten. Sie fuhren miteinander, sie ritten und gingen zusammen, nebeneinander, vor- und hintereinander, wie die Sonne eben stand. Der Schatten wußte stets den Ehrenplatz einzunehmen; das fiel dem gelehrten Mann nicht weiter auf. Er hatte ein sehr gutes Herz und war außerordentlich mild und freundlich, darum sagte er eines Tages zum Schatten: „Da wir nun auf solche Weise Reisekameraden geworden und zugleich von Kindesbeinen an miteinander aufgewachsen sind, wollen wir nicht Brüderschaft trinken? Das ‚Du' klingt doch viel vertraulicher."
„Sie sagen da etwas", sagte der Schatten, der ja nun eigentlich der Herr war, „was sehr wohlwollend und aufrichtig gesagt ist; ich will nun ebenso wohlwollend und aufrichtig sein. Sie als gelehrter Mann wissen wohl, wie wunderlich die Natur ist. Es gibt Menschen, die nicht vertragen können, graues Papier anzuriechen; es wird ihnen ganz übel davon. Andern geht es durch Mark und Bein, wenn man mit einem Nagel an einer Glasscheibe kratzt. Ich für meine Person habe ein ähnliches unangenehmes Gefühl, wenn ich Sie ‚du' zu mir sagen höre; ich fühle mich dadurch, wie in meiner ersten Stellung bei Ihnen, zu Boden gedrückt. Sie sehen, daß dies ein Gefühl ist, kein Stolz. Ich kann Sie nicht ‚du' zu mir sagen lassen, aber ich will gern ‚du' zu Ihnen sagen, da wird Ihr Wunsch doch wenigstens zur Hälfte erfüllt."
Und nun sagte der Schatten „du" zu seinem früheren Herrn. Das ist doch etwas stark, dachte dieser, daß

ich „Sie“ sagen muß, er aber „du“ sagt! Aber er mußte es sich gefallen lassen. Sie kamen in ein Bad, wo viele Fremde waren und unter ihnen eine wunderschöne Königstochter, welche die Krankheit hatte, daß sie allzu scharf sah, was sehr beunruhigend war.

Sogleich merkte sie, daß der Neuangekommene eine ganz andere Person war als alle die andern.

„Man sagt, daß er hier ist, um seinen Bart zum Wachsen zu bringen; aber ich kenne die rechte Ursache: Er kann keinen Schatten werfen!“

Nun war sie neugierig geworden, und daher ließ sie sich auf der Promenade mit dem fremden Herrn gleich in ein Gespräch ein. Als Königstochter brauchte sie nicht erst viel Umstände zu machen, deshalb sagte sie geradeheraus zu ihm: „Ihre Krankheit besteht darin, daß Sie keinen Schatten werfen können.“

„Ihre Königliche Hoheit müssen sehr auf dem Wege der Besserung sein“, sagte der Schatten. „Ich weiß, Ihr Übel besteht darin, daß Sie allzu scharf sehen. Aber das hat sich gegeben. Sie sind wiederhergestellt. Ich habe eben einen ganz ungewöhnlichen Schatten. Sehen Sie nicht die Person, die stets neben mir geht? Andere Menschen haben einen gewöhnlichen Schatten, aber ich liebe das Gewöhnliche nicht. Man gibt oft seinen Dienern feineres Tuch zur Kleidung, als man selbst trägt, und so habe ich meinen Schatten sich zu einem Menschen herausputzen lassen. Ja, Sie sehen, daß ich ihm sogar einen Schatten gegeben habe. Das kostet sehr viel, aber ich liebe es, etwas Besonderes zu haben.“

„Wie“, sagte die Prinzessin, „sollte ich mich wirklich erholt haben? Dieses Bad ist das beste, das es gibt, das Wasser hat hier ganz wunderbare Kräfte. Aber ich reise noch nicht von hier fort; denn jetzt wird es erst unterhaltend. Der fremde Prinz — denn ein Prinz muß es doch sein — gefällt mir außerordentlich gut. Wenn nur sein Bart nicht wächst; denn dann reist er wieder ab."

Am Abend in dem großen Ballsaal tanzten die Königstochter und der Schatten zusammen. Sie war leicht, aber er war noch leichter; einen solchen Tänzer hatte sie noch nie gesehen. Sie sagte ihm, aus welchem Lande sie sei, und er kannte das Land. Er war da gewesen, aber damals war sie gerade nicht daheim. Er hatte durch die Fenster des Schlosses geguckt, von unten und von oben; er hatte das eine und das andere erfahren, und daher konte er der Königstochter antworten und Anspielungen machen, über die sie sehr erstaunte. Er mußte der klügste Mann auf der ganzen Erde sein; sie bekam große Achtung vor allem, was er wußte. Und als sie wieder tanzten, verliebte sie sich in ihn, und das bemerkte der Schatten sehr gut; denn sie hätte ihn beinah mit ihren Augen durch und durch gesehen. Sie tanzten noch einmal, und sie war nahe daran, es ihm zu sagen. Aber sie war vernünftig, sie dachte an ihr Land und Reich und an die vielen Menschen, über die sie regieren sollte. Ein kluger Mann ist er, sagte sie zu sich selbst, das ist gut. Und ganz vortrefflich tanzt er, das ist auch gut. Aber ob er wohl gründliche Kenntnisse hat? Das ist ebenso wichtig. Er muß geprüft werden! Und nun richtete sie gleich eine so schwierige Frage an ihn, daß sie selbst nicht darauf hätte antworten können, und der Schatten machte ein ganz sonderbares Gesicht.

„Darauf können Sie mir nicht antworten!" sagte die Königstochter. „Das habe ich ja schon in meinen Kinderjahren gelernt", sagte der Schatten. „Ich glaube, sogar mein Schatten dort an der Tür würde darauf antworten können."

„Ihr Schatten?" sagte die Königstochter. „Das wäre sehr merkwürdig!"

„Ich sage nicht bestimmt, daß er es kann", sagte der Schatten, „aber ich möchte glauben. Er ist mir schon so manches Jahr gefolgt und hat so vieles von mir gehört, darum könnte ich es mir denken. Aber Ihre Königliche Hoheit erlauben mir, Sie darauf aufmerksam zu machen, daß er so stolz ist, für einen Menschen zu gelten, daß er, wenn er bei guter Laune sein soll — und das muß er sein, um richtig zu antworten —, ganz wie ein Mensch behandelt sein will."

„Das gefällt mir", sagte die Königstochter.

Und nun ging sie zu dem gelehrten Mann an der Tür und sprach mit ihm von Sonne und Mond, von den grünen Wäldern und von den Menschen nah und fern, und der gelehrte Mann antwortete sehr klug und sehr gut.

Was das für ein Mann sein muß, der einen so klugen Schatten hat! dachte sie. Er würde ein wahrer Segen für mein Volk und mein Reich sein, wenn ich ihn zu meinem Gemahl erwählte. — Ich tue es!

Und sie wurden bald einig, die Königstochter und der Schatten, aber niemand sollte etwas davon wissen, bevor sie in ihr Reich zurückgekehrt war.

„Höre, mein Freund", sagte der Schatten zu dem gelehrten Mann, „jetzt bin ich so glücklich und mächtig, wie nur jemand werden kann; jetzt will ich auch etwas Besonders für dich tun. Du sollst bei mir auf dem Schloß wohnen, mit mir in meinem königlichen Wagen fahren und hunderttausend Reichstaler jährlich haben, aber du mußt dich von allen und jedem Schatten nennen lassen und darfst nicht sagen, daß du jemals Mensch gewesen bist. Und dann mußt du jährlich einmal, wenn ich auf dem Balkon im Sonnenschein sitze und mich sehen lasse, zu meinen

Füßen liegen, wie es sich für einen Schatten gehört. Denn ich will dir sagen, ich heirate die Königstochter, und heute abend ist die Hochzeit.“

„Nein, das ist doch zu toll!“ sagte der gelehrte Mann. „Das will ich nicht, das tue ich nicht. Das hieße ja das ganze Land betrügen und die Königstochter dazu! Ich werde alles sagen: daß ich Mensch bin und du Schatten, nur daß du Menschenkleider angezogen hast!“

„Das würde niemand glauben“, sagte der Schatten. „Sei vernünftig, oder ich lasse die Wache rufen!“

„Ich gehe geradewegs zur Königstochter“, sagte der gelehrte Mann.

„Aber ich gehe zuerst“, sagte der Schatten, „und du gehst ins Gefängnis!“ Und das geschah, denn die Schildwachen gehorchten dem, von dem sie wußten, daß die Königstochter ihn heiraten wollte.

„Du zitterst?“ sagte die Königstochter, als der Schatten bei ihr eintrat. „Ist etwas vorgefallen? Du darfst heute nicht krank werden, jetzt, da wir unsere Hochzeit feiern wollen!“

„Ich habe das Fürchterlichste erlebt, was man erleben kann“, sagte der Schatten. „Denke dir — ja, so ein armes Schattengehirn kann nicht viel vertragen! Denke dir, mein Schatten ist verrückt geworden. Er bildet sich ein, daß er ein Mensch geworden ist und daß ich — denke dir nur! — daß ich sein Schatten bin!“ — „Das ist ja schrecklich!“ sagte die Prinzessin. „Er ist doch eingesperrt?“

„Das versteht sich. Ich fürchte, daß er sich nie wieder erholen wird.“

„Der arme Schatten!“ sagte die Prinzessin. „Er ist sehr unglücklich. Es wäre eine wahre Wohltat, ihn von seinem bißchen Leben zu befreien, und wenn ich recht darüber nachdenke, wie so in unserer Zeit das Volk nur allzu bereit ist, die Partei des Geringeren gegen die Höheren zu nehmen: da scheint es mir nötig zu sein, daß man ihn ganz in aller Stille beiseite schafft."

„Das ist freilich hart; denn er war ein treuer Diener" sagte der Schatten und tat, als wenn er seufzte.

„Du bist ein edler Charakter", sagte die Königstochter und verneigte sich vor ihm.

Am Abend war die ganze Stadt beleuchtet. Kanonen wurden abgefeuert: Bum!, und die Soldaten präsentierten die Gewehre. Das war eine Hochzeit! Die Königstochter und der Schatten traten auf den Balkon hinaus, um sich sehen zu lassen und noch eimal ein Hurra zu bekommen.

Der gelehrte Mann hörte nichts mehr von all diesen Herrlichkeiten — denn er war schon hingerichtet worden.

Däumelinchen

Es war einmal eine Frau, die sich ein ganz kleines Kind wünschte, aber sie wußte nicht, woher sie es bekommen sollte. Da ging sie zu einer alten Hexe und sagte zu ihr: „Ich möchte so herzlich gern ein kleines Kind haben. Kannst du mir nicht sagen, wie ich das kriegen kann?"

„Oh, damit wollen wir schon fertig werden", sagte die Hexe. „Da hast du ein Gerstenkorn. Das ist nicht von der Art, wie sie auf dem Felde des Bauern wachsen oder die Hühner zu fressen kriegen. Lege es in einen Blumentopf, so wirst du etwas zu sehen bekommen!"

„Ich danke dir", sagte die Frau und gab der Hexe zwölf Schillinge, denn soviel kostete es. Dann ging sie nach Hause und pflanzte das Gerstenkorn. Sogleich wuchs da eine herrliche große Blume, die sah aus wie eine Tulpe, aber die Blätter schlossen sich dicht zusammen, gerade als ob sie noch in der Knospe wären.

,,Das ist eine schöne Blume'', sagte die Frau und küßte sie auf die rot-gelben Blätter; aber gerade als sie sie küßte, öffnete sich die Blume mit einem Knall. Es war wirklich eine Tulpe, wie man nun sehen konnte; doch mitten in der Blume saß wie auf einem grünen Stühlchen ein winzig kleines Mädchen, ganz fein und niedlich. Sie war kaum einen Daumen lang, und deshalb wurde sie Däumelinchen genannt.

Eine niedliche lackierte Walnußschale bekam Däumelinchen zur Wiege, blaue Veilchenblätter waren ihre Matratzen und ein Rosenblatt ihr Deckbett. Da schlief sie des Nachts, aber am Tage spielte sie auf dem Tische, wo die Frau einen Teller hingestellt und ringsum mit einem Kranz von Blumen belegt hatte, deren Stengel im Wasser standen. Darin schwamm ein großes Tulpenblatt, und auf diesem konnte Däumelinchen sitzen und von der einen Seite des Tellers nach der andern fahren; zum Rudern hatte sie zwei weiße Pferdehaare. Das sah wirklich wunderhübsch aus! Sie konnte auch singen, so fein und niedlich, wie man es noch nie gehört hatte.

Eines Nachts, als sie in ihrem schönen Bette lag, kam eine alte Kröte durch das Fenster, in dem die Scheibe entzwei war, hereingehüpft. Die Kröte war sehr häßlich, groß und naß; sie hüpfte auf den Tisch hinab, wo Däumelinchen lag und unter dem roten Rosenblatt schlief. ,,Das wäre eine schöne Frau für meinen Sohn'', sagte die Kröte; und dann nahm sie die Walnußschale, worin Däumelinchen schlief, und hüpfte mit durchs Fenster in den Garten hinunter.

Da floß ein großer, breiter Bach, aber das Ufer war sumpfig und morastig; hier wohnte die Kröte mit ihrem Sohne. Hu! der war häßlich und garstig, und

glich ganz seiner Mutter. „Koax, koax, brekkekekex!“ Das war alles, was er sagen konnte, als er das niedliche kleine Mädchen in der Walnußschale erblickte.
„Sprich nicht so laut, sonst erwacht sie“, sagte die alte Kröte. „Sie könnte uns noch entlaufen; denn sie ist so leicht wie ein Schwanenflaum. Wir wollen sie auf eins der breiten Seerosenblätter in den Bach hinaus setzen; das ist für sie, die so leicht und klein ist, gerade wie eine Insel. Da kann sie nicht fortlaufen, während wir die Staatsstube unter dem Morast, wo ihr wohnen sollt, instand setzen.“
Draußen in dem Bache wuchsen viele Seerosen mit den breiten grünen Blättern, die aussahen, als schwämmen sie oben auf dem Wasser. Das Blatt, das am weitesten draußen lag, war auch das allergrößte; dahin schwamm die alte Kröte und setzte die Walnußschale mit Däumelinchen drauf.
Däumelinchen erwachte frühmorgens, und als sie sah, wo sie war, fing sie recht bitterlich an zu weinen; denn zu allen Seiten des großen grünen Blattes war Wasser, und sie konnte nirgends an Land kommen.
Die alte Kröte saß unten im Morast und putzte ihre Stube mit Schilf und gelben Fischblattblumen aus; es sollte da recht hübsch für die neue Schwiegertochter werden. Dann schwamm sie mit dem häßlichen Sohn zu dem Blatt hinaus, wo Däumelinchn war. Sie wollten ihr hübsches Bett holen; das sollte in das Brautgemach gestellt werden, bevor sie selbst dahin kam. Die alte Kröte verneigte sich tief im Wasser vor ihr und sagte: „Hier siehst du meinen Sohn; er wird dein Mann sein, und ihr werdet recht prächtig unten im Morast wohnen!“
„Koax, koax, brekkekekex!“ war alles, was der Sohn sagen konnte.
Dann nahmen sie das hübsche kleine Bett und

schwammen damit fort. Däumelinchen aber saß ganz allein auf dem grünen Blatt und weinte; denn sie mochte nicht bei der garstigen Kröte wohnen oder ihren häßlichen Sohn zum Manne haben. Die kleinen Fische, die unten im Wasser schwammen, hatten die Kröte wohl bemerkt und auch gehört, was sie gesagt hatte. Deshalb steckten sie die Köpfe heraus, sie wollten das kleine Mädchen sehen. Sobald sie es erblickten, fanden sie es so niedlich, und es tat ihnen recht leid, daß es zu der häßlichen Kröte hinunter sollte. Nein, das durfte niemals geschehen! Sie versammelten sich unten im Wasser rings um den grünen Stengel, der das Blatt hielt, und nagten mit den Zähnen den Stiel ab. Da schwamm das Blatt mit Däumelinchen den Bach hinab, weit weg, wo die Kröte sie nicht mehr erreichen konnte.
Däumelinchen segelte an vielen Städten vorbei. Kleine Vögel saßen in den Büschen, sahen sie und sangen: „Welch liebliches kleines Mädchen!" Das Blatt schwamm mit ihr immer weiter und weiter fort. So reiste Däumelinchen außer Landes. Ein kleiner weißer Schmetterling umflatterte sie und ließ sich zuletzt auf dem Blatt nieder. Däumelinchen gefiel ihm, und sie war sehr erfreut darüber; denn nun konnte die Kröte sie nicht mehr erreichen, und es war so schön, wo sie fuhr. Die Sonne schien auf das Wasser, und das glänzte wie das herrlichste Gold. Sie nahm ihren Gürtel und band das eine Ende um den Schmetterling, das andere Ende befestigte sie am Blatt; das glitt nun viel schneller davon und sie mit, denn sie stand ja darauf.
Da kam ein großer Maikäfer angeflogen, der erblickte sie und schlang augenblicklich seine Beine um ihren schlanken Leib und flog mit ihr auf einen Baum. Das Blatt schwamm den Bach hinab, und der Schmetterling flog mit; denn er war an das Blatt festgebunden

und konnte nicht davon loskommen. Gott, wie war das arme Däumelinchen erschrocken, als der Maikäfer mit ihm auf den Baum flog! Aber hauptsächlich war sie wegen des schönen weißen Schmetterlings betrübt. Wenn er sich nicht befreien konnte, mußte er ja verhungern. Allein darum kümmerte sich der Maikäfer gar nicht. Er setzte sich mit ihr auf das größte grüne Blatt des Baumes, gab ihr das Süße der Blumen zu essen und sagte, daß sie sehr niedlich sei, obgleich sie einem Maikäfer durchaus nicht gleiche. Später kamen alle anderen Maikäfer, die im Baume wohnten, zu Besuch. Sie betrachteten Däumelinchen, und die Maikäferfräulein rümpften die Fühlhörner und sagten: „Sie hat ja nicht mehr als zwei Beine; das sieht erbärmlich aus!"
„Sie hat keine Fühlhörner!" meinte eine andere. „Sie ist so schlank in der Taille; pfui, sie sieht wie ein Mensch aus!"
„Wie häßlich sie ist", sagten alle Maikäferfräulein, und doch war Däumelinchen so reizend. Das wußte auch der Maikäfer, der sie geraubt hatte. Aber als alle die andern sagten, sie sei häßlich, glaubte er es zuletzt selbst und wollte sie nicht mehr haben; sie könne gehen, wohin sie wolle. Nun flogen sie mit ihr vom Baum hinab und setzten sie auf ein Gänseblümchen. Da weinte sie, weil sie so häßlich sei, daß die Maikäfer sie nicht haben wollten, und doch war sie das Lieblichste, was man sich denken konnte, so fein und zart wie das schönste Rosenblatt.

Den ganzen Sommer über lebte das arme Däumelinchen ganz allein in dem großen Walde. Sie flocht sich ein Bett aus Grashalmen und hängte es unter einem Kleeblatt auf, da war sie vor Regen geschützt. Sie pflückte das Süße der Blumen zur Speise und trank vom Tau, der jeden Morgen auf den Blättern stand. So vergingen Sommer und Herbst, aber nun kam der

Winter, der kalte, lange Winter. Alle Vögel, die so schön für sie gesungen hatten, flogen davon. Laub und Blumen verwelkten; das große Kleeblatt, unter dem sie gewohnt hatte, rollte sich zusammen, und es blieb nichts als ein dürrer gelber Stengel zurück. Sie fror schrecklich, denn ihre Kleider waren zerrissen, und sie war selbst so fein und klein, das arme Däumelinchen; sie mußte erfrieren. Es fing an zu schneien, und jede Schneeflocke, die auf sie fiel, war, als wenn man auf uns eine ganze Schaufel voll Schnee wirft; denn wir sind so groß, und sie war nur einen Daumen lang. Da hüllte sie sich in ein dürres Blatt ein, aber das riß in der Mitte entzwei und wollte nicht wärmen; sie zitterte vor Kälte. Dicht vor dem Walde, wohin sie nun gekommen war, lag ein großes Kornfeld; aber das Korn war schon lange abgeerntet, nur die nackten, trockenen Stoppeln standen aus der gefrorenen Erde hervor. Die waren für sie wie ein ganzer Wald zu durchwandern; oh, wie zitterte sie vor Kälte! Da kam sie vor die Tür der Feldmaus. Die hatte eine kleine Höhle unter den Stoppeln und wohnte da warm und gemütlich, hatte die ganze Stube voll Korn, eine herrliche Küche und Speisekammer. Das arme Däumelinchen stellte sich in die Tür, gerade wie ein armes Bettelmädchen, und bat um ein kleines Stück von einem Gerstenkorn; denn sie hatte seit zwei Tagen nicht das geringste zu essen bekommen.
„Du armes Ding“, sagte die Feldmaus; denn im Grunde war es eine gute alte Feldmaus, „komm herein in meine warme Stube und speise mit mir!“
Da ihr nun Däumelinchen gefiel, sagte sie: „Du kannst gern den Winter über bei mir bleiben, aber du mußt meine Stube sauberhalten und mir Geschichten erzählen; denn die liebe ich sehr.“ Und Däumelinchen tat, was die gute alte Feldmaus verlangte, und hatte es dafür außerordentlich gut. „Nun werden wir

bald Besuch bekommen", sagte die Feldmaus, „mein Nachbar pflegt mich jede Woche einmal zu besuchen. Er steht sich noch besser als ich, hat große Säle und trägt einen schönen schwarzen Samtpelz. Wenn du den nur zum Manne bekommen könntest, dann wärst du gut versorgt. Er kann allerdings nicht sehen. Du mußt ihm die niedlichsten Geschichten erzählen, die du weißt." Doch darum kümmerte sich Däumelinchen nicht; ihr lag nichts an dem Nachbar, denn es war ja ein Maulwurf.

Dieser kam nun in seinem schwarzen Samtpelz zu Besuch. Er sei so reich und gelehrt, sagte die Feldmaus, seine Wohnung sei zwanzigmal größer als die der Feldmaus. Gelehrsamkeit besitze er, aber die Sonne und die schönen Blumen möge er gar nicht leiden; von denen spreche er schlecht, denn er habe sie nie gesehen.

Däumelinchen mußte singen, und sie sang „Maikäfer, flieg" und „Der Mönch geht auf das Feld". Da verliebte sich der Maulwurf in sie, ihrer schönen Stimme wegen; aber er sagte nichts, denn er war ein besonnener Mann.

Er hatte sich vor kurzem einen langen Gang durch die Erde gegraben, von seiner Wohnung bis zu ihrer. In diesem Gange durften die Feldmaus und Däumelinchen spazierengehen, soviel sie wollten. Aber er bat sie, sich nicht vor dem toten Vogel zu fürchten, der in dem Gang läge. Es war ein ganzer Vogel mit Federn und Schnabel, der sicher erst kürzlich gestorben war und nun begraben lag, gerade wo der Maulwurf seinen Gang gemacht hatte.

Der Maulwurf nahm ein Stück faules Holz ins Maul, das schimmerte wie Feuer im Dunkeln, und ging dann voran und leuchtete ihnen in dem langen, finsteren Gang. Als sie dahin kamen, wo der Vogel lag, stemmte der Maulwurf seine breite Nase gegen die

Decke und stieß die Erde auf, so daß ein großes Loch entstand, durch welches das Licht hinunterscheinen konnte. Mitten auf dem Fußboden lag eine tote Schwalbe, die schönen Flügel fest an die Seiten gedrückt, Füße und Köpfchen unter die Federn gezogen; der arme Vogel war sicher vor Kälte gestorben. Das tat Däumelinchen sehr leid; sie hatte alle kleinen Vögel gern, weil die ja den ganzen Sommer so schön vor ihr gesungen und gezwitschert hatten. Der Maulwurf aber stieß ihn mit seinen kurzen Beinen an und sagte: „Nun pfeift er nicht mehr. Es muß doch erbärmlich sein, als kleiner Vogel geboren zu werden! Gott sei Dank, daß keins von meinen Kindern das wird; so ein Vogel hat ja nichts außer seinem Kwiwitt und muß im Winter verhungern."
„Ja, das mögt Ihr als vernünftiger Mensch wohl sagen", sprach die Feldmaus. „Was hat der Vogel für all sein Kwiwitt, wenn der Winter kommt? Er muß hungern und frieren. Doch das soll wohl gar noch vornehm sein!"
Däumelinchen sagte nichts, als aber die beiden andern dem Vogel den Rücken wandten, neigte sie sich hinab, schob die Federn zur Seite, die den Kopf bedeckten, und küßte den Vogel auf die geschlossenen Augen.
Vielleicht war er es, der mir im Sommer so hübsch vorgesungen hat, dachte sie. Wieviel Freude hat er mir gemacht, der liebe, schöne Vogel!
Der Maulwurf stopfte nun das Loch zu, durch das der Tag hereinschien, und begleitete dann die Damen nach Hause. Aber des Nachts konnte Däumelinchen gar nicht schlafen; sie stand aus ihrem Bette auf und flocht von Heu einen großen, schönen Teppich. Den trug sie hin, breitete ihn über den toten Vogel und legte weiche Wollflocken verblühter Blumen, die sie in der Stube der Feldmaus gefunden hatte, rings um

ihn herum, damit er in der kalten Erde warm liegen möge. „Leb wohl, du schöner kleiner Vogel", sagte sie. „Leb wohl und habe Dank für deinen herrlichen Gesang im Sommer, als alle Bäume grün waren und die Sonne warm auf uns herniederschien." Dann legte sie ihr Haupt an des Vogels Brust, erschrak aber zugleich; denn es war gerade, als ob drinnen etwas klopfte: Poch, poch! Das war des Vogels Herz. Der Vogel war nicht tot; er lag nur starr und betäubt, war nun erwärmt worden und bekam wieder Leben.

Im Herbst fliegen alle Schwalben nach den warmen Ländern fort, aber wenn sich eine verspätet, dann friert sie, daß sie wie tot niederstürzt und liegenbleibt, der kalte Schnee deckt sie dann zu.

Däumelinchen zitterte ordentlich, so erschrocken war sie; denn der Vogel war ja groß, sehr groß — und sie nur einen Daumen lang. Aber sie faßte doch Mut, legte die Blumenwolle dichter um die Schwalbe, holte ein Krauseminzblatt, das sie selbst als Deckbett gebraucht hatte, und legte es über den Kopf des Vogels.

In der nächsten Nacht schlich sie sich wieder zu ihm, und da war er lebendig, aber so matt, daß er nur einen kurzen Augenblick seine Augen öffnen und Däumelinchen ansehen konnte, die mit einem Stück faulen Holz in der Hand vor ihm stand; denn eine andere Laterne hatte sie nicht.

„Ich danke dir, du niedliches kleines Kind", sagte die kranke Schwalbe zu ihr. „Ich bin so herrlich erwärmt worden. Bald bekomme ich meine Kräfte wieder und kann dann draußen im warmen Sonnenschein umherfliegen."

„Oh!" sagte Däumelinchen, „es ist kalt draußen, es schneit und friert. Bleib nur in deinem warmen Bette, ich werde dich schon pflegen."

Dann brachte sie der Schwalbe Wasser in einem

Blumenblatt. Die trank und erzählte ihr, wie sie sich den einen Flügel an einem Dornbusch wund gerissen habe und deshalb nicht so schnell habe fliegen können wie die andern Schwalben, die fortgeflogen seien, weit fort nach den warmen Ländern. So sei sie zuletzt auf die Erde gefallen, aber an mehr konnte sie sich nicht entsinnen und wußte gar nicht, wie sie hierhergekommen war.
Den ganzen Winter blieb sie nun da unten, und Däumelinchen pflegte sie und hatte sie sehr lieb. Weder der Maulwurf noch die Feldmaus erfuhren etwas davon; denn die konnten ja die arme Schwalbe nicht leiden.
Sobald das Frühjahr kam und die Sonne die Erde erwärmte, nahm die Schwalbe Abschied. Däumelinchen öffnete das Loch, das der Maulwurf oben gegraben hatte. Die Sonne schien herrlich zu ihnen herein, und die Schwalbe fragte, ob Däumelinchen mitkommen wolle. Sie könne auf ihrem Rücken sitzen und mit ihr weit in den grünen Wald hineinfliegen. Aber Däumelinchen wußte, daß es die alte Feldmaus betrüben würde, wenn sie sie so heimlich verließe.
„Nein, ich kann nicht", sagte Däumelinchen.
„Leb wohl, leb wohl, du gutes kleines Mädchen", sagte die Schwalbe und flog hinaus in den Sonnenschein. Däumelinchen sah ihr nach, und die Tränen traten ihr in die Augen; denn sie hatte die arme Schwalbe so lieb. „Kwiwitt, kwiwitt", sang der Vogel und flog in den grünen Wald.
Däumelinchen war sehr betrübt. Sie bekam nie Erlaubnis, in den warmen Sonnenschein hinauszugehen. Das Korn, das auf dem Felde über der Wohnung der Feldmaus gesät war, wuchs hoch in die Luft empor; das war ein ganz dichter Wald für das arme kleine Mädchen, das ja nur einen Daumen lang war.
„Nun bist du Braut, Däumelinchen", sagte die Feld-

maus. „Der Nachbar hat um dich angehalten. Welch großes Glück für ein armes Kind! Nun mußt du deine Aussteuer nähen, aus Wolle und auch aus Leinen; denn es darf an nichts fehlen, wenn du des Maulwurfs Frau wirst."

Däumelinchen mußte die Spindel drehen, und die Feldmaus mietete vier Spinnen, die Tag und Nacht für sie webten. Jeden Abend kam der Maulwurf auf Besuch und sprach dann immer davon, daß am Ende des Sommers die Sonne nicht mehr so warm scheinen werde; sie brenne ja jetzt die Erde hart wie einen Stein. Ja, wenn der Sommer vorbei sei, dann wolle er mit Däumelinchen Hochzeit halten.

Aber die war gar nicht froh; denn sie mochte den langweiligen Maulwurf nicht leiden. Jeden Morgen, wenn die Sonne aufging, und jeden Abend, wenn sie unterging, schlich sie sich zur Tür hinaus. Wenn dann der Wind die Kornähren bewegte, so daß sie durch eine Lücke den blauen Himmel sehen konnte, dachte sie daran, wie hell und schön es hier draußen sei, und wünschte sich sehnlichst, die liebe Schwalbe wiederzusehen. Aber die kam nicht zurück, gewiß war sie weit weg in den schönen grünen Wald geflogen.

Als es nun Herbst wurde, hatte Däumelinchen ihre ganze Aussteuer fertig.

„In vier Wochen sollst du Hochzeit halten", sagte die Feldmaus zu ihr. Aber Däumelinchen weinte und sagte, sie wolle den langweiligen Maulwurf nicht haben.

„Schnickschnack", sagte die Feldmaus; „sei nicht widerspenstig, sonst beiße ich dich mit meinen weißen Zähnen. Es ist doch ein schöner Mann, den du bekommst. Die Königin selbst hat nicht solch einen schwarzen Samtpelz. Er hat Küche und Keller voll. Du kannst Gott dafür danken!"

Nun sollte die Hochzeit sein. Der Maulwurf war

schon gekommen, um Däumelinchen zu holen. Sie sollte bei ihm wohnen, tief unter der Erde, und nie wieder an die warme Sonne hinauskommen; denn die mochte er nicht leiden. Däumelinchen war sehr traurig. Sie mußte nun der lieben Sonne Lebwohl sagen, die sie bei der Feldmaus doch wenigstens von der Tür aus hatte sehen dürfen.

„Leb wohl, du helle Sonne", sagte sie, streckte die Arme hoch empor und ging auch ein kleines Stück vor dem Hause der Feldmaus weiter; denn nun war das Korn geerntet, und es standen nur die trockenen Stoppeln. „Leb wohl, leb wohl", sagte sie und schlang ihre Arme um eine kleine rote Blume, die dort blühte. „Grüß die Schwalbe von mir, wenn du sie einmal siehst!"

„Kwiwitt, kwiwitt!" ertönte es plötzlich über ihrem Kopfe. Sie sah empor, da war es die kleine Schwalbe, die gerade vorbeikam. Als sie Däumelinchen erblickte, freute sie sich sehr. Däumelinchen erzählte ihr, daß sie gar keine Lust habe, den häßlichen Maulwurf zu heiraten, und daß sie dann tief unter der Erde wohnen solle, wo niemals die Sonne scheine. Sie konnte nicht an sich halten und weinte bitterlich.

„Nun kommt der kalte Winter", sagte die kleine Schwalbe; „ich fliege weit fort nach den warmen Ländern. Willst du mit mir kommen? Du kannst auf meinem Rücken sitzen. Binde dich nur mit deinem Gürtel fest, dann fliegen wir von dem häßlichen Maulwurf und seiner dunklen Stube fort, weit weg, über die Berge, nach den warmen Ländern, wo die Sonne schöner scheint als hier, wo es immer Sommer ist und wo herrliche Blumen blühen. Fliege mit mir, liebes kleines Däumelinchen, du hast ja mein Leben gerettet, als ich erstarrt im dunklen Erdkeller lag."

„Ja, ich werde mit dir ziehen!" sagte Däumelinchen.

Sie setzte sich auf des Vogels Rücken, mit den Füßen auf seine entfalteten Schwingen, und band ihren Gürtel an einer der stärksten Federn fest. Da flog die Schwalbe hoch in die Luft hinauf, über Wald und über See, hoch hinauf über die großen Berge, wo immer Schnee liegt. Und Däumelinchen fror in der kalten Luft, aber da verkroch es sich unter die warmen Federn des Vogels und steckte nur den kleinen Kopf hervor, um all die Schönheiten unter sich zu bewundern.
So kamen sie in die warmen Länder. Dort schien die Sonne viel heller als hier; der Himmel war doppelt so hoch, und auf Gräben und Hecken wuchsen die schönsten grünen und blauen Weintrauben. In den Wäldern hingen Zitronen und Apfelsinen; es duftete von Myrten und Krauseminze, und auf den Landstraßen liefen die niedlichsten Kinder und spielten mit großen bunten Schmetterlingen.
Aber die Schwalbe flog noch weiter fort, und es wurde immer schöner und schöner. Unter den herrlichsten grünen Bäumen am blauen See stand ein leuchtendweißes Marmorschloß aus alten Zeiten. Weinreben rankten sich an den hohen Säulen empor; ganz oben waren viele Schwalbennester, und in einem davon wohnte die Schwalbe, die Däumelinchen trug.
„Hier ist mein Haus“, sagte die Schwalbe. „Aber es schickt sich nicht, daß du mit darin wohnst; ich bin nicht so eingerichtet, wie es dir gefällt. Such dir lieber eine von den prächtigen Blumen aus, die dort unten wachsen; dann will ich dich hineinsetzen, und du sollst es so gut haben, wie du es nur wünschst.“
„Das ist herrlich!“ rief Däumelinchen und klatschte in die kleine Hände.
Da lag eine große, weiße Marmorsäule, die zu Boden gefallen und in drei Stücke gesprungen war; aber

zwischen diesen wuchsen die schönsten weißen Blumen. Die Schwalbe flog mit Däumelinchen hinunter und setzte sie auf eins der breiten Blätter. Aber wie erstaunte sie! Da saß ein kleiner Mann mitten in der Blume, so weiß und durchsichtig, als wäre er von Glas. Die zierlichste Goldkrone trug er auf dem Kopfe und herrliche Flügel an den Schultern, er war selbst nicht größer als Däumelinchen. Er war der Elf dieser Blume. In jeder Blume wohnte so ein kleiner Mann oder eine Frau; aber er war der König über alle.

„Gott, wie ist er schön!" flüsterte Däumelinchen der Schwalbe zu. Der kleine Prinz erschrak sehr über die Schwalbe; denn sie war ja gegen ihn, der so klein und fein war, ein richtiger Riesenvogel. Aber als er Däumelinchen erblickte, wurde er sehr froh; sie war das schönste Mädchen, das er je gesehen hatte. Deshalb nahm er seine goldenen Krone vom Kopf und setzte sie ihr auf. Er fragte, wie sie heiße und ob sie seine Frau werden wolle; dann solle sie Königin über alle Blumen sein. Ja, das war freilich ein anderer Mann als der Sohn der Kröte und der Maulwurf mit dem schwarzen Samtpelz. Sie sagte deshalb „ja" zu dem schönen Prinzen. Und von jeder Blume kam eine Dame oder ein Herr, so zierlich, daß es eine Lust war. Jeder brachte Däumelinchen ein Geschenk, aber das beste von allen waren ein Paar schöne Flügel von einer großen weißen Fliege. Die wurden Däumelinchen am Rücken festgebunden, und nun konnte sie auch von Blume zu Blume fliegen. Das war eine Freude, und die kleine Schwalbe saß oben in ihrem Nest und sollte das Hochzeitslied singen. Sie sang, so gut sie konnte, aber im Herzen war sie doch ein wenig traurig; denn sie hatte Däumelinchen sehr lieb und wollte, sie hätte sich nie von ihr getrennt.

„Du sollst nicht Däumelinchen heißen", sagte der

Blumenelf zu ihr. „Das ist ein häßlicher Name, und du bist so schön. Wir wollen dich Maja nennen."
„Leb wohl, leb wohl", sagte die kleine Schwalbe mit schwerem Herzen und flog wieder fort aus den warmen Ländern, weit weg, nach Dänemark zurück. Dort hatte sie ein kleines Nest über dem Fenster, wo der Mann wohnt, der Märchen erzählen kann. Ihm sang sie ihr „Kwiwitt, kwiwitt" vor. Daher wissen wir die ganze Geschichte.

Der Kobold und der Krämer

Es war einmal ein richtiger Student, der wohnte in einer Dachkammer, und ihm gehörte gar nichts — es war aber auch einmal ein richtiger Krämer, der wohnte zu ebener Erde, und ihm gehörte das ganze Haus. Zu ihm hielt sich der Kobold; denn hier bekam er jeden Weihnachtsabend eine Schüssel voll Mus mit einem großen Klumpen Butter drin! Das konnte der Krämer geben, darum blieb der Kobold im Kramladen, und das war sehr lehrreich.
Eines Abends trat der Student durch die Hintertür ein, um selbst Licht und Käse zu kaufen. Er hatte niemand zum Schicken, deshalb ging er in eigner Person. Er bekam, was er wünschte, er bezahlte es, und der Krämer und auch die Madame nickten ihm „Guten Abend" zu, und sie war eine Frau, die mehr als nur nicken konnte — sie hatte ordentliche Rednergabe! —, und der Student nickte gleichfalls, blieb aber plötzlich stehen und begann das Papier zu lesen, in das der Käse eingewickelt war. Es war ein herausgerissenes Blatt, ein Blatt aus einem alten Buche, das nicht hätte zerrissen werden sollen, ein Buch, das voller Poesie war.
„Dort liegt noch mehr von der Sorte", sagte der

Krämer, „ich gab einer alten Frau ein paar Kaffeebohnen dafür; wenn Sie mir zwei Groschen geben, sollen Sie den Rest haben."
„Ja", sagte der Student, „geben Sie mir das Buch anstatt des Käses! Ich kann mein Butterbrot auch ohne Käse essen. Es wäre ja Sünde, wenn das Buch ganz und gar zerrissen werden sollte. Sie sind ein prächtiger Mann, ein praktischer Mann, aber von Poesie verstehen Sie so wenig wie das Faß dort."
Und das war unartig gesprochen, besonders gegen das Faß, aber der Krämer lachte, und der Student lachte. Es war ja nur aus Spaß gesagt. Doch der Kobold ärgerte sich, daß man einem Krämer, der Hauswirt war und die beste Butter verkaufte, so etwas zu sagen wagte.
Als es Nacht wurde, der Laden geschlossen war und alle außer dem Studenten zu Bett waren, trat der Kobold hervor, ging in die Schlafstube und nahm der Madame das Mundwerk ab; das brauchte sie nicht, wenn sie schlief. Und wo er es irgendeinem Gegenstande in der Stube aufsetzte, bekam dieser Rede und Stimme und konnte Gedanken und Gefühle ebenso gut aussprechen wie die Madame. Aber immer nur ein Gegenstand konnte es benutzen, und das war eine Wohltat, sie hätten sonst alle durcheinandergesprochen. Und der Kobold legte das Mundwerk auf das Faß, in dem die alten Zeitungen lagen.
„Ist es wirklich wahr", fragte er, „daß Sie nicht wissen, was Poesie ist?"
„Freilich weiß ich es!" antwortete das Faß. „Poesie ist so etwas, was in den Zeitungen unter dem Strich steht und manchmal herausgeschnitten wird. Ich möchte behaupten, daß ich mehr davon in mir habe als der Student, und ich bin doch nur ein geringes Faß gegen den Krämer!"
Und der Kobold setzte der Kaffeemühle das Mund-

werk auf — nein, wie das ging! Und er setzte es dem Butterfasse und dem Geldkasten auf — alle waren sie derselben Ansicht wie das Zeitungsfaß, und das, worüber die Mehrzahl einig ist, muß man ja anerkennen.
„Jetzt werde ich's dem Studenten sagen!" Und mit diesen Worten stieg der Kobold ganz leise die Hintertreppe zur Dachkammer hinauf, wo der Student wohnte. Er hatte noch Licht, und der Kobold guckte durchs Schlüsselloch und sah, daß er in dem zerrissenen Buche las, das er unten im Laden geholt hatte. Aber wie war es hell bei ihm! Aus dem Buche heraus schoß ein lichter Strahl, der wuchs zu einem ganzen Stamm, zu einem mächtigen Baum empor, der sich hoch erhob und seine Zweige weit über den Studenten ausbreitete. Jedes Blatt war frisch, und jede Blüte war ein schöner Mädchenkopf, einige mit dunklen Augen, andere mit wunderbar blauen, klaren. Jede Frucht war ein glänzender Stern, und es sang und klang gar wunderherrlich.
Nein, an eine solche Herrlichkeit hatte der kleine Kobold noch nie gedacht, geschweige denn sie gesehen und vernommen. Er blieb auf den Fußspitzen stehen, guckte und guckte — bis das Licht in der Dachkammer erlosch. Der Student blies wohl die Lampe aus und ging zu Bett, aber der kleine Kobold blieb trotzdem stehen; denn der Gesang ertönte noch immer so weich und herrlich, ein schönes Wiegenlied für den Studenten, der sich zur Ruhe gelegt hatte.
„Hier ist es doch unvergleichlich!" sagte der Kobold. „Das hätte ich nicht erwartet! Ich möchte bei dem Studenten bleiben!" Das Männchen sann darüber nach, und es war ein vernünftiges Männchen, dann aber seufzte es: „Der Student hat kein Mus!" — und darauf ging es wieder zum Krämer hinab.
Es war sehr gut, daß es endlich wieder zurückkehrte;

denn das Zeitungsfaß hatte das Mundwerk der Madame fast ganz verbraucht. Es hatte nämlich von der einen Seite schon alles, was darin war, ausgesprochen und war gerade dabei, sich umzukehren, um dasselbe von der anderen Seite zum besten zu geben, als der Kobold eintrat und Madame das Mundwerk wieder anlegte. Aber der ganze Laden, vom Geldkasten bis zum Kienholz, hatte von der Zeit an die Ansichten des Fasses, und alle achteten es in hohem Maße und trauten ihm so viel zu, daß sie glaubten, es käme aus dem Fasse, wenn später der Krämer abends die Kunst- und Theaterkritiken aus seiner Zeitung vorlas.

Allein der Kobold saß nicht länger ruhig und lauschte nur all der Weisheit dort unten, nein, sobald das Licht abends von der Dachkammer herabschimmerte, wurde ihm zumute, als seien die Strahlen starke Ankertaue, die ihn hinaufzögen, und er mußte fort und durchs Schlüsselloch gucken. Dort umbrauste ihn ein Gefühl der Größe, wie wir es am rollenden Meer empfinden, wenn der Sturm darüber hinfährt. Und er brach in Tränen aus, er wußte selbst nicht, warum, er weinte, aber es tat ihm wohl. Wie wunderbar müßte es doch sein, mit dem Studenten zusammen unter jenem Baume zu sitzen. Aber das konnte nicht geschehen, er mußte sich mit dem Schlüsselloch begnügen und war schon darüber froh.

Dort stand er auf dem kalten Flur, der Herbstwind blies durch die Bodenluke, es war kalt, sehr kalt, aber das empfand der Kleine erst, wenn das Licht in der Dachkammer erlosch und die Töne im Winde dahinstarben. Hu! dann fror ihn, und er kroch wieder hinab in seinen warmen Winkel; dort war es gemütlich und behaglich! Und als Weihnachten herankam und damit das Mus mit dem großen Klumpen Butter, ja, da war der Krämer obenan!

Aber mitten in der Nacht erwachte der Kobold durch ein entsetzliches Lärmen an den Fensterläden. Leute pochten von außen heftig dagegen, der Nachtwächter tutete, eine große Feuersbrunst war ausgebrochen: Die ganze Straße stand in hellen Flammen. War es hier im Hause selbst oder bei den Nachbarn? Wo war es? Entsetzen packte sie! Die Krämermadame war so verstört, daß sie ihre goldenen Ohrringe aus den Ohren löste und sie in die Tasche steckte, um doch etwas zu retten.

Der Krämer lief nach seinen Staatspapieren und die Dienstmagd nach ihrem schwarzen Seidenumhang; denn den konnte sie sich leisten! Jeder wollte das Beste retten, das wollte auch der Kobold, und in wenigen Sprüngen war er die Treppe hinauf und in der Kammer des Studenten, der ganz ruhig am offenen Fenster stand und das Feuer betrachtete, das im Nachbarhause wütete. Der Kobold nahm das wunderbare Buch vom Tisch, steckte es in seine rote Mütze und umklammerte sie mit beiden Händen; der beste Schatz des Hauses war gerettet! Und nun fuhr er auf und davon, auf das Dach hinaus, auf den Schornstein. Dort saß er, beleuchtet von den Flammen aus dem brennenden Haus gegenüber, beide Hände fest um seine rote Mütze gepreßt, in der der Schatz lag. Jetzt kannte er die wahre Neigung seines Herzens, wußte, wem es eigentlich gehörte. Aber als das Feuer gelöscht und der Kobold wieder zur Besinnung gekommen war — ja! ... „Ich will mich zwischen beide teilen", sagte er, „ich kann den Krämer nicht ganz aufgeben, des Muses wegen!"

Und das war ganz menschlich gesprochen! Wir andern gehen auch zum Krämer — des Muses wegen!

Die Schnelläufer

Es war ein Preis angesetzt, ja, zweie waren ausgesetzt, ein kleiner und ein großer, für die größte Schnelligkeit, nicht bei einem Lauf, sondern fürs Laufen das ganze Jahr hindurch. „Ich bekam den ersten Preis!" sagte der Hase. „Gerechtigkeit muß doch sein, wenn die eigenen Verwandten und gute Freunde im Rate sitzen; aber daß die Schnecke den zweiten Preis bekommen hat, finde ich beinahe beleidigend für mich!" – „Nein", versicherte der Zaunpfahl, der bei der Preisverteilung Zeuge gewesen war, „Fleiß und guter Wille müssen auch berücksichtigt werden, das sagten mehrere achtbare Leute, und das habe ich auch verstanden. Die Schnecke hat freilich ein halbes Jahr gebraucht, um über die Türschwelle zu kommen, aber sie hat sich den Schenkel gebrochen bei der Eile, die das doch für sie bedeutet. Sie hat einzig und allein für ihren Lauf gelebt, und sie lief mit dem Haus! All dies ist lobenswert! Und darum bekam sie den zweiten Preis!"

„Ich hätte doch auch in Betracht gezogen werden können!" sagte die Schwalbe. „Schneller als ich in Flug und Schwung hat sich, glaube ich, keiner gezeigt, und wo bin ich nicht überall gewesen: weit, weit, weit!" „Ja, das ist eben Ihr Unglück!" sagte der Zaunpfahl; „Sie treiben sich zuviel herum! Sie müssen immer auf und davon, aus dem Land hinaus, wenn es hier zu frieren beginnt; Sie haben keine Vaterlandsliebe! Sie können nicht in Betracht kommen!"

„Wenn ich nun aber den ganzen Winter im Moor läge", sagte die Schwalbe, „die ganze Zeit verschliefe, käme ich dann in Betracht?"

„Bringen Sie ein Attest von der Moorfrau, daß Sie die Hälfte der Zeit im Vaterland verschlafen haben,

dann kommen Sie in Betracht!"
„Ich hätte wohl den ersten Preis verdient und nicht den zweiten!" sagte die Schnecke. „Das weiß ich doch, daß der Hase nur aus Feigheit gelaufen ist, weil er immer glaubte, ihm drohe Gefahr; ich dagegen habe mir das Laufen zur Lebensaufgabe gemacht und bin im Dienst zum Krüppel geworden! Wenn jemand den ersten Preis verdient haben sollte, wäre ich es wohl! Aber ich mache kein Aufhebens davon, das verachte ich!"
Und dann spuckte sie aus.
„Ich kann mit Wort und Tat dafür einstehen, daß jeder Preis, mindestens was meine Stimme dabei betrifft, mit gerechter Überlegung verliehen worden ist!" sagte das alte Vermessungszeichen im Wald, das Mitglied der beschließenden Preisrichter war. „Ich gehe immer mit Ordnung, Überlegung und Berechnung vor. Siebenmal habe ich schon die Ehre gehabt, bei der Preisverleihung dabeizusein; aber erst heute habe ich meinen Willen durchsetzen können. Ich bin bei jeder Verteilung von etwas Bestimmtem ausgegangen. Beim ersten Preis habe ich immer die Buchstaben vorn im Alphabet genommen und beim zweiten Preis die von hinten. Und wollen Sie nun beachten, wenn man von vorn anfängt: Der achte Buchstabe nach A ist H, da haben wir den Hasen, und so stimmte ich also beim ersten Preis für den Hasen, und der achte Buchstabe von hinten ist das S; darum stimmte ich beim zweiten Preis für die Schnecke. Das nächste Mal wird es das I für den ersten und das R für den zweiten sein! Jedes Ding muß seine Ordnung haben! Man muß doch etwas haben, woran man sich halten kann!"
„Ich hätte für mich selbst gestimmt, wenn ich nicht unter den Richtern gewesen wäre", sagte der Maulesel, der auch mit zu den Preisrichtern gehörte. „Man

muß nicht nur in Betracht ziehen, wie schnell man vorwärts kommt, sondern auch, was noch für andere Eigenschaften vorhanden sein könnten, zum Beispiel, wieviel man zieht; doch das wollte ich diesmal nicht hervorheben, auch nicht die Klugheit des Hasen bei seiner Flucht, seine Schläue, plötzlich eine Sprung seitwärts zu machen, um die Leute in die Irre zu führen und von der Stelle weg, wo er sich versteckt hat; nein, es gibt noch etwas, was viele beobachten und was man nicht außer acht lassen darf, es ist das, was man das Schöne nennt; darauf habe ich hier gesehen, ich sah auf die schönen, wohlgeformten Ohren des Hasen, es ist ein Vergnügen zu sehen, wie lang die sind! Mir war, als sähe ich mich selbst, als ich noch klein war, und so gab ich ihm meine Stimme!"

„Pst!" sagte die Fliege, „ja, ich will keine Rede halten, ich will nur etwas sagen! Das weiß ich, ich habe mehr als einen Hasen überholt. Neulich brach ich einem der jüngsten die Hinterläufe; ich saß auf der Lokomotive vor dem Eisenbahnzug, das tue ich oft, so beobachtet man am besten seine eigene Schnelligkeit. Ein junger Hase lief lange voraus, er ahnte nicht, daß ich da war; zuletzt mußte er abbiegen, aber da wurden ihm die Hinterläufe von der Lokomotive überfahren, denn ich saß darauf. Der Hase blieb liegen, ich fuhr weiter. Das heißt doch wohl, ihn besiegt zu haben. Aber ich brauche den Preis nicht!"

Ich finde eigentlich, dachte die wilde Rose, aber sie sagte es nicht, denn es ist nicht ihre Art, sich auszusprechen, obwohl es ganz gut gewesen wäre, wenn sie es getan hätte, ich finde eigentlich, der Sonnenstrahl hätte den ersten Ehrenpreis haben müssen und den zweiten dazu! Der fliegt in einem Nu den unermeßlichen Weg von der Sonne zu uns herab und kommt mit einer Kraft, daß die ganze Natur davon erwacht; er hat eine Schönheit, daß wir Rosen alle davon erröten und duften! Die hohe, richterliche Obrigkeit scheint ihn gar nicht bemerkt zu haben! Wäre ich der Sonnenstrahl, ich gäbe jedem von ihnen einen Sonnenstich — aber der würde sie nur toll machen, und das können sie auch ohnehin werden! Ich sage nichts! dachte die wilde Rose. Frieden im Walde! Herrlich ist es, zu blühen, zu duften und zu erquicken, in Sage und Gesang zu leben! Der Sonnenstrahl überdauert uns doch alle miteinander!

„Was ist der erste Preis?“ fragte der Regenwurm, der die Zeit verschlafen hatte und jetzt erst herbeikam.

„Freier Zutritt zu einem Kohlgarten!“ sagte der Maulesel. „Ich habe den Preis vorgeschlagen! Der Hase mußte und sollte ihn haben, und so nahm ich, als denkendes und tätiges Mitglied, vernünftige Rücksicht auf den Nutzen des Preises für den, der ihn haben sollte; nun ist der Hase versorgt. Die Schnecke erhält die Erlaubnis, auf der Mauer zu sitzen und Moos und Sonnenschein zu lecken, und ist außerdem als einer der ersten Preisrichter beim Schnellaufen angestellt. Es ist sehr gut, wenn man in einem Komitee, wie die Menschen es nennen, einen vom Fache dabei hat! Ich muß sagen, ich erwarte viel von der Zukunft, wir haben schon einen recht guten Anfang gemacht!“

Der Sandmann

Es gibt niemand in der ganzen Welt, der so viele Geschichten weiß wie der Sandmann! Der kann erzählen!

So gegen Abend, wenn die Kinder noch am Tische oder auf ihrem Stühlchen sitzen, kommt der Sandmann. Er kommt sachte die Treppe herauf; denn er geht auf Socken. Er macht ganz leise die Türen auf, und husch! da streut er den Kindern Sand in die Augen hinein, und das so fein, so fein, aber doch immer genug, daß sie die Augen nicht offenhalten und ihn deshalb auch nicht sehen können. Er schleicht sich gerade hinter sie, bläst ihnen sachte in den Nacken, und davon wird ihnen der Kopf schwer. Aber es tut nicht weh; denn der Sandmann meint es gut mit den Kindern. Er will nur, daß sie ruhig sein sollen, und das sind sie am besten, wenn man sie zu Bette gebracht hat; sie sollen still sein, damit er ihnen Geschichten erzählen kann.

Wenn die Kinder schlafen, setzt sich der Sandmann auf ihr Bett. Er ist gut gekleidet, sein Rock ist von Seide, aber es ist unmöglich zu sagen, welche Farbe er hat; denn er glänzt grün, rot und blau, je nachdem er sich wendet. Unter jedem Arm hält er einen Regenschirm. Den einen, mit Bildern darauf, spannt er über die guten Kinder aus, und dann träumen sie die ganze Nacht die herrlichsten Geschichten; aber auf dem andern Schirm ist gar nichts, den stellt er über die unartigen Kinder. Dann schlafen sie wie dumm und haben am Morgen, wenn sie erwachen, nicht das allergeringste geträumt.

Nun werden wir hören, wie der Sandmann eine Woche lang jeden Abend zu einem kleinen Knaben kam, der Hjalmar hieß, und was er ihm erzählte. Es sind sieben Geschichten, denn es sind sieben Tage in der Woche.

Montag

„Höre einmal“, sagte der Sandmann am Abend, als er Hjalmar zu Bett gebracht hatte, „nun werde ich aufputzen!“ Da wurden alle Blumen in den Blumentöpfen zu großen Bäumen, die ihre langen Zweige unter der Zimmerdecke und die Wände entlang ausstreckten, so daß die ganze Stube wie ein prächtiges Lusthaus aussah. Alle Zweige waren voller Blüten, und jede Blüte war noch schöner als eine Rose, duftete lieblich, und wollte man sie essen, so war sie noch süßer als Eingemachtes! Die Früchte glänzten wie Gold, und Kuchen war da, die vor lauter Rosinen platzten. Es war unvergleichlich schön! Aber zu gleicher Zeit ertönte ein schreckliches Jammern aus dem Tischkasten, wo Hjalmars Schulbücher lagen.

„Was ist das nur?“ fragte der Sandmann, ging hin zum Tisch und zog den Kasten auf. Es war die Tafel, in der es riß und wühlte; denn es war eine falsche Zahl in die Rechenaufgabe gekommen, so daß sie nahe daran war, auseinanderzufallen. Der Griffel hüpfte und sprang an seinem Bande, gerade als ob er ein kleiner Hund wäre, der der Rechenaufgabe helfen möchte; aber er konnte es nicht. Und dann jammerte es auch in Hjalmars Schreibebuch; oh, es war häßlich mit anzuhören! Auf jedem Blatte standen der Länge nach herunter die großen Buchstaben, ein jeder mit einem kleinen zur Seite, das war vorgeschrieben; und neben diesen standen wieder einige Buchstaben, die ebenso auszusehen glaubten, und die hatte Hjalmar geschrieben. Sie lagen fast so, als ob sie über die Linien gefallen wären, auf denen sie stehen sollten.

„Seht, so sollt ihr euch halten“, sagten die vorgeschriebenen Buchstaben. „Seht, so zur Seite geneigt, mit einem kräftigen Schwung!“

„Oh, wir möchten gern“, sagten Hjalmars Buchstaben, „aber wir können nicht, wir sind so schwächlich!“

„Dann müßt ihr Lebertran einnehmen!“ sagte der Sandmann. „O nein!“ riefen sie, und da standen sie so aufrecht, daß es eine Lust war.

„Ja, nun können wir keine Geschichte erzählen!“

sagte der Sandmann. „Nun muß ich sie exerzieren. Eins, zwei! Eins, zwei!“ Und so exerzierte er die Buchstaben, und sie standen so aufrecht und schön, wie nur eine Vorschrift stehen kann. Aber als der Sandmann ging und Hjalmar sie am Morgen besah, da waren sie ebenso schwächlich und elend wie früher.

Dienstag
Sobald Hjalmar zu Bette war, berührte der Sandmann mit seinem kleinen Zauberstab alle Möbel in der Stube, und sogleich fingen sie an zu plaudern. Allesamt sprachen sie von sich selbst, mit Ausnahme des Spucknapfes, der stumm dastand und sich darüber ärgerte, daß sie so eitel sein konnten, nur von sich selbst zu sprechen, nur an sich zu denken und durchaus keine Rücksicht auf den zu nehmen, der doch so bescheiden in der Ecke stand und sich bespucken ließ.
Über der Kommode hing ein großes Gemälde in einem vergoldeten Rahmen, das war eine Landschaft. Man sah darauf große, alte Bäume, Blumen im Grase und einen Fluß, der um den Wald herumfloß, an vielen Schlössern vorbei, und weit hinaus in das wilde Meer.
Der Sandmann berührte mit seinem Zauberstab das Gemälde, und sogleich begannen die Vögel darauf zu singen, die Zweige der Bäume bewegten sich, und die Wolken zogen weiter, man konnte ihren Schatten über die Landschaft hingleiten sehen. Nun hob der Sandmann den kleinen Hjalmar zu dem Rahmen empor und stellte seine Füße in das Gemälde, gerade in das hohe Gras, und da stand er nun, die Sonne schien durch die Zweige der Bäume auf ihn nieder. Er lief hin zum Wasser und setzte sich in ein kleines Boot, das dort lag. Es war rot und weiß angestrichen,

die Segel glänzten wie Silber, und sechs Schwäne, alle mit Goldkronen um den Hals und einem strahlenden blauen Stern auf dem Kopfe, zogen das Boot an dem grünen Walde vorbei, wo die Bäume von Räubern und Hexen und die Blumen von niedlichen kleinen Elfen und von dem, was die Schmetterlinge ihnen gesagt hatten, erzählten. Die herrlichsten Fische mit Schuppen wie Silber und Gold schwammen dem Boote nach. Mitunter machten sie einen Sprung, daß es im Wasser plätscherte, und Vögel, rot und blau, klein und groß, flogen in zwei langen Reihen hinterher; die Mücken tanzten, und die Maikäfer sagten: ,,Bum, bum!" Sie wollten Hjalmar alle folgen, und jeder hatte eine Geschichte zu erzählen.

Das war eine Lustfahrt! Bald waren die Wälder ganz dicht und dunkel, bald waren sie wie der herrlichste Garten mit Sonnenschein und Blumen. Und da lagen große Schlösser aus Glas und aus Marmor. Auf den Balkonen standen Prinzessinnen, und alle waren es kleine Mädchen, die Hjalmar gut kannte; er hatte früher mit ihnen gespielt. Sie streckten jede die Hand aus und hielten das niedlichste Zuckerherz hin, das je eine Kuchenfrau verkaufen konnte, und Hjalmar faßte die eine Seite des Zuckerherzens an, während er vorbeifuhr, und die Prinzessin hielt recht fest, und so bekam jeder sein Stück, sie das kleine, Hjalmar das größere. Bei jedem Schlosse standen kleine Prinzen Schildwache, sie schulterten die Goldsäbel und ließen Rosinen und Zinnsoldaten regnen; man sah ihnen an, daß es echte Prinzen waren!

Bald segelte Hjalmar durch die Wälder, bald durch große Säle oder mitten durch eine Stadt; er kam auch durch die, in der sein Kindermädchen wohnte, das ihn getragen hatte, als er noch ein ganz kleiner Knabe war, und ihn immer so liebgehabt hatte. Sie nickte und winkte und sang den niedlichen kleinen Vers, den sie selbst gedichtet und Hjalmar gesandt hatte:

„Ich denke deiner so manches Mal,
Mein teurer Hjalmar, du Lieber!
Ich geb dir Küsse ja ohne Zahl
Auf Stirne, Mund und Lider.
Ich hörte dich lallen das erste Wort,
Doch mußte Lebewohl ich dir sagen.
Es segne der Herr dich an jedem Ort,
Du Engel, den ich getragen!"

Und alle Vögel sangen mit, die Blumen tanzten auf den Stielen, und die alten Bäume nickten, gerade als ob der Sandmann ihnen auch Geschichten erzählte.

Mittwoch

Nein, wie strömte draußen der Regen hernieder! Hjalmar konnte es im Schlaf hören, und als der Sandmann ein Fenster öffnete, stand das Wasser gerade herauf bis an das Fensterbrett, es war ein ganzer See da draußen, aber das prächtigste Schiff lag dicht am Hause.

„Willst du mitsegeln, kleiner Hjalmar", sagte der Sandmann, „so kannst du diese Nacht in fremde Länder gelangen und morgen wieder hier sein!"

Und da stand Hjalmar plötzlich in seinen Sonntagskleidern mitten auf dem prächtigen Schiffe. Sogleich wurde das Wetter schön, und sie segelten durch die Straßen, kreuzten um die Kirche, und nun war alles eine große, wilde See. Sie segelten so lange, bis kein Land mehr zu erblicken war, und sie sahen einen Flug Störche, die kamen auch von der Heimat und wollten nach den warmen Ländern; ein Storch flog immer hinter dem andern, und sie waren schon weit, sehr weit geflogen! Einer von ihnen war so ermüdet, daß seine Flügel ihn kaum noch zu tragen vermochten; er war der allerletzte in der Reihe, und bald blieb er ein großes Stück zurück. Zuletzt sank er mit ausgebreiteten Flügeln tiefer und tiefer, er machte noch ein paar Schläge mit den Schwingen, aber es half nichts. Nun berührte er mit seinen Füßen das Tauwerk des Schiffes, glitt vom Segel herab, und plumps! da stand er auf dem Deck.

Da nahm ihn der Schiffsjunge und setzte ihn in das Hühnerhaus zu den Hühnern, Enten und Truthähnen: Der arme Storch stand ganz befangen mitten unter ihnen.

,,Seht den Kerl an!" sagten alle Hühner.

Und der Truthahn plusterte sich so dick auf, wie er konnte, und fragte ihn, wer er sei; und die Enten gingen rückwärts und stießen einander: ,,Rapple dich, rapple dich!"

Der Storch erzählte vom warmen Afrika, von den Pyramiden und vom Strauße, der wie ein wildes Pferd die Wüste durchlaufe; aber die Enten verstanden nicht, was er sagte, und dann stießen sie einander: ,,Wir sind doch wohl einer Meinung darüber, daß er dumm ist?" ,,Ja, gewiß ist er dumm!" sagte der Truthahn, und dann kollerte er. Da schwieg der Storch ganz still und dachte an sein Afrika.

,,Das sind ja herrliche dünne Beine, die Ihr habt!" sagte der Truthahn. ,,Was kostet die Elle davon?"

,,Skrat, skrat, skrat!" grinsten alle Enten, aber der Storch tat, als ob er es gar nicht hörte.

,,Ihr könnt ruhig mitlachen", sagte der Truthahn zu ihm, ,,denn es war sehr witzig gesagt! Oder war es Euch vielleicht zu hoch? Ach, der ist nicht vielseitig, wir wollen für uns selbst bleiben!" Und dann gluckte er, und die Enten schnatterten: ,,Gikgak! Gikgak!" Es war schrecklich, wie sie sich selbst darüber belustigten.

Aber Hjalmar ging zum Hühnerhause, öffnete die Tür, rief den Storch, und der hüpfte zu ihm hinaus auf das Deck. Nun hatte er ja ausgeruht, und es war,

als ob er Hjalmar zunickte, um ihm zu danken. Darauf entfaltete er seine Schwingen und flog nach den warmen Ländern; aber die Hühner gluckten, die Enten schnatterten, und der Truthahn wurde ganz feuerrot am Kopfe.
,,Morgen werden wir Suppe von euch kochen!" sagte Hjalmar, und dann erwachte er und lag in seinem kleinen Bett. Es war doch eine sonderbare Reise, die der Sandmann ihn diese Nacht hatte machen lassen.

Donnerstag
,,Weißt du was?" sagte der Sandmann. ,,Sei nur nicht ängstlich, hier wirst du eine kleine Maus sehen!" Und dann hielt er ihm seine Hand mit dem leichten, niedlichen Tier entgegen. ,,Sie ist gekommen, um dich zur Hochzeit einzuladen. Hier sind diese Nacht zwei kleine Mäuse, die in den Stand der Ehe treten wollen. Sie wohnen unter deiner Mutter Speisekammerfußboden; das soll eine schöne Wohnung sein!"
,,Aber wie kann ich durch das kleine Mauseloch im Fußboden kommen?" fragte Hjalmar.
,,Dafür laß mich nur sorgen!" sagte der Sandmann. ,,Ich werde dich schon klein machen!" Und er berührte Hjalmar mit seinem Zauberstab, worauf dieser sogleich kleiner und kleiner wurde, zuletzt war er keinen Finger lang.
,,Nun kannst du dir die Kleider des Zinnsoldaten leihen; ich denke, sie werden dir passen, und es sieht gut aus, Uniform zu tragen, wenn man in Gesellschaft ist!"
,,Ja, freilich!" sagte Hjalmar, und da war er im Augenblick wie der niedlichste Zinnsoldat gekleidet.
,,Wollen Sie nicht so gut sein und sich in Ihrer Mutter Fingerhut setzen?" fragte die kleine Maus. ,,Dann werde ich die Ehre haben, Sie zu ziehen!"

„Gott, wollen das Fräulein selbst sich bemühen!" sagte Hjalmar, und so fuhren sie zur Mäusehochzeit. Zuerst kamen sie unter dem Fußboden in einen langen Gang, der nicht höher war, als daß sie gerade mit dem Fingerhut dort fahren konnten; und der ganze Gang war mit faulem Holze erleuchtet. „Riecht es hier nicht herrlich?" sagte die Maus, die ihn zog. „Der ganze Gang ist mit Speckschwarten geschmiert worden! Es kann nichts Schöneres geben!"

Nun kamen sie in den Brautsaal. Hier standen zur Rechten alle kleinen Mäusedamen, die wisperten und pisperten, als ob sie einander zum besten hätten. Zur Linken standen alle Mäuseherren und strichen sich mit der Pfote den Schnauzbart. Aber mitten im Saal sah man das Brautpaar. Sie standen in einer ausgehöhlten Käserinde und küßten sich gar schrecklich viel vor aller Augen; denn sie waren ja Verlobte und sollten nun gleich Hochzeit halten.

Es kamen immer mehr und mehr Fremde; die eine Maus war nahe daran, die andere totzutreten, und das Brautpaar hatte sich mitten in die Tür gestellt, so daß man weder hinaus- noch hereingelangen konnte. Die Stube war ebenso wie der Gang mit Speckschwarten eingeschmiert, das war die Bewirtung; aber zum Nachtisch wurde eine Erbse vorgezeigt, in die eine Maus aus der Familie den Namen des Brautpaares eingebissen hatte, das heißt die ersten Buchstaben. Das war etwas ganz Außerordentliches.

Alle Mäuse sagten, daß es eine schöne Hochzeit und daß die Unterhaltung sehr angenehm gewesen sei.

Dann fuhr Hjalmar wieder nach Hause; er war wahrlich in vornehmer Gesellschaft gewesen, aber er hatte auch ordentlich zusammenkriechen, sich klein machen und Zinnsoldatenuniform anziehen müssen.

Freitag

„Es ist unglaublich, wieviel ältere Leute es gibt, die mich gar zu gern haben möchten!“ sagte der Sandmann. „Es sind besonders die, die etwas Böses verübt haben. ‚Guter kleiner Sandmann‘, sagen sie zu mir, ‚wir können die Augen nicht schließen, und so liegen wir die ganze Nacht und sehen alle unsere bösen Taten, die wie häßliche kleine Kobolde auf der Bettstelle sitzen und uns mit heißem Wasser bespritzen; möchtest du doch kommen und sie fortjagen, damit wir einen guten Schlaf bekämen.‘ Und dann seufzen sie tief: ‚Wir wollen es auch gern bezahlen. Gute Nacht, Sandmann! Das Geld liegt im Fenster.‘ Aber ich tue es nicht für Geld“, sagte der Sandmann.

„Was wollen wir nun diese Nacht vornehmen?“ fragte Hjalmar.

„Ja, ich weiß nicht, ob du diese Nacht wieder Lust hast, zur Hochzeit zu gehen; es ist eine von anderer Art, als die gestrige war. Deiner Schwester große Puppe, die wie ein Mann aussieht und Hermann genannt wird, will sich mit der Puppe Berta verheiraten. Es ist außerdem der Geburtstag der Puppe, und deshalb werden sehr viele Geschenke kommen!“

„Ja, das kenne ich schon“, sagte Hjalmar. „Immer wenn die Puppen neue Kleider brauchen, läßt meine Schwester sie ihren Geburtstag feiern oder Hochzeit halten; das ist sicher schon hundertmal geschehen!“

„Ja, aber in dieser Nacht ist es die hundertunderste Hochzeit, und wenn hundertundeins aus ist, dann ist alles vorbei! Deswegen wird auch diese so beispiellos schön. Sieh nur einmal!“

Und Hjalmar sah nach dem Tische. Da stand das kleine Papphaus mit Licht in den Fenstern, und draußen davor präsentierten alle Zinnsoldaten das Gewehr. Das Brautpaar saß ganz gedankenvoll, wozu es wohl Ursache hatte, auf dem Fußboden und lehnte sich gegen das Tischbein. Aber der Sandmann, in den schwarzen Rock der Großmutter gekleidet, traute sie. Als die Trauung vorbei war, stimmten alle Möbel in der Stube folgenden schönen Gesang an, der vom Bleistift geschrieben war; er ging nach der Melodie des Zapfenstreichs.

„Das Lied ertöne wie der Wind:
Dem Brautpaar Hoch!, das sich verbind't;
Sie prangen beide steif und blind,
Da sie von Handschuhleder sind,
Hurra! Hurra! ob taub und blind,
Wir singen es in Wetter und Wind!"

Und nun bekamen sie Geschenke; aber sie hatten sich alles Eßbare verbeten; denn sie hatten an ihrer Liebe genung. „Wollen wir nun eine Sommerwohnung beziehen oder auf Reisen gehen?" fragte der Bräutigam. Die Schwalbe, die viel gereist war, und die Hofhenne, die fünfmal Küchlein ausgebrütet hatte, wurden zu Rate gezogen. Und die Schwalbe erzählte von den herrlichen warmen Ländern, wo die Weintrauben so groß und schwer hängen, wo die Luft so mild ist und die Berge Farben haben, wie man sie hier gar nicht an ihnen kennt!. „Sie haben doch nicht unsern Grünkohl!" sagte die Henne. „Ich war einen Sommer lang mit allen meinen Küchlein auf dem Lande; da war eine Sandgrube, in der wir umhergehen und kratzen konnten, und dann hatten wir Zutritt zu einem Garten mit Grünkohl! Oh, wie war der grün! Ich kann mir nichts Schöneres denken!"

„Aber ein Kohlstrunk sieht geradeso aus wie der andere", sagte die Schwalbe, „und dann ist hier oft schlechtes Wetter!" — „Ja, daran ist man gewöhnt!"

„Aber hier ist es kalt, und es friert!"

„Das ist gut für den Kohl!" sagte die Henne. „Übrigens können wir es auch warm haben. Hatten wir nicht vor Jahren einen Sommer, der fünf Wochen lang währte? Es war so heiß, daß man kaum atmen konnte! Und dann haben wir nicht alle die giftigen Tiere, die sie dort haben, und wir sind von Räubern frei! Der ist ein Bösewicht, der nicht findet, daß unser Land das schönste ist; er verdient wahrlich nicht, hierzusein!" Und dann weinte die Henne und fuhr fort: „Ich bin auch gereist! Ich bin in einem Holztrog über zwölf Meilen gefahren! Es ist durchaus kein Vergnügen beim Reisen!"

„Ja, die Henne ist eine vernüftige Frau!" sagte die Puppe Berta. „Ich halte auch nichts davon, Berge zu bereisen; denn das geht nur hinauf und dann wieder herunter! Nein, wir wollen zur Sandgrube hinausziehen und im Kohlgarten spazieren!" Und dabei blieb es.

Sonnabend

„Bekomme ich nun Geschichten zu hören?" fragte der kleine Hjalmar, sobald der Sandmann ihn ins Bett gebracht hatte. „Diesen Abend haben wir keine Zeit dazu", sagte der Sandmann und spannte seinen schönsten Regenschirm über ihn auf. „Betrachte nur diese Chinesen!" Und der ganze Schirm sah aus wie eine große chinesische Schale mit blauen Bäumen und spitzen Brücken und mit kleinen Chinesen darauf, die dastanden und mit dem Kopfe nickten. „Wir müssen die ganze Welt zu morgen schön aufgeputzt haben", sagte der Sandmann; „es ist ja morgen Sonntag. Ich will die Kirchtürme besuchen, um zu sehen, ob die kleinen Kirchenkobolde die Glocken putzen, damit sie hübsch klingen; ich will hinaus auf das Feld und sehen, ob die Winde den Staub von Gras und Blättern blasen, und was die größte Arbeit ist, ich will alle

Sterne herunterholen, um sie zu polieren. Ich nehme sie in meine Schürze; aber erst muß jeder numeriert werden, und die Löcher, worin sie da oben sitzen, müssen auch numeriert werden, damit sie wieder auf den rechten Fleck kommen können, sonst würden sie nicht festsitzen, und wir bekämen zu viele Sternschnuppen, weil einer nach dem andern herunterpurzeln würde!"

,,Hören Sie, wissen Sie was, Herr Sandmann?" sagte ein altes Bild, das an der Wand hing, wo Hjalmar schlief. ,,Ich bin Hjalmars Urgroßvater; ich danke Ihnen, daß Sie dem Knaben Geschichten erzählen, aber Sie müssen seine Begriffe nicht verwirren. Die Sterne können nicht heruntergenommen und poliert werden! Die Sterne sind Himmelskörper, ebenso wie unsere Erde, und das ist gerade das Gute an ihnen!"

,,Ich danke dir, du alter Urgroßvater", sagte der Sandmann, ,,ich danke dir! Du bist ja das Haupt der Familie, du bist das Urhaupt, aber ich bin doch älter als du! Ich bin ein alter Heide; die Römer und Griechen nannten mich den Traumgott! Ich bin in die vornehmsten Häuser gekommen und komme noch dahin; ich weiß sowohl mit Geringen wie mit Großen umzugehen! Nun kannst du erzählen!" Und da ging der Sandmann und nahm seinen Regenschirm mit.

,,Nun, nun! Man darf wohl gar seine Meinung nicht mehr sagen!" brummte das alte Bild.

Und da erwachte Hjalmar.

Sonntag

,,Guten Abend!" sagte der Sandmann. Hjalmar nickte und sprang dann hin un kehrte das Bild des Urgroßvaters gegen die Wand um, damit es nicht, wie gestern, hineinreden sollte. ,,Nun mußt du mir Ge-

schichten erzählen: von den fünf grünen Erbsen, die in einer Schote wohnten, und von dem Hahnenfuß, der dem Hühnerfuße den Hof machte, und von der Stopfnadel, die so vornehm tat, daß sie sich einbildete, eine Nähnadel zu sein!"

,,Man kann auch des Guten zuviel bekommen!" sagte der Sandmann. ,,Du weißt doch wohl, daß ich dir am liebsten etwas zeige! Ich will dir meinen Bruder zeigen. Er heißt auch Sandmann, aber er kommt zu niemand öfter als einmal, und zu wem er kommt, den nimmt er mit auf sein Pferd und erzählt ihm Geschichten. Er kennt nur zwei; die eine ist so außerordentlich schön, daß niemand in der Welt sie sich denken kann, und die andere ist so häßlich und greulich — daß sie gar nicht zu beschreiben ist!" Und dann hob der Sandmann den kleinen Hjalmar zum Fenster hinauf und sagte: ,,Da wirst du meinen Bruder sehen, den anderen Sandmann! Sie nennen ihn auch den Tod! Siehst du, er sieht gar nicht so schlimm aus wie in den Bilderbüchern, wo er nur ein Knochengerippe ist! Nein, es ist Silberstickerei, die er auf dem Kleide hat, das ist die schönste Husarenuniform. Ein Mantel von schwarzem Samt fliegt hinten über das Pferd. Sieh, wie er im Galopp reitet!" Und Hjalmar sah, wie dieser Sandmann davonritt und sowohl junge wie alte Leute auf sein Pferd nahm. Einige setzte er vorn, andere hinten auf, aber immer fragte er erst: ,,Wie steht es mit dem Zensurbuch?"

,,Gut!" sagten sie allesamt.

,,Ja, laßt mich selbst sehen!" sagte er, und dann mußten sie ihm das Buch zeigen; und alle, die ,,Sehr gut" und ,,Ausgezeichnet" hatten, kamen vorn auf das Pferd und bekamen die herrliche Geschichte zu hören. Die aber, die ,,Ziemlich gut" und ,,Mittelmäßig" hatten, mußten hinten auf und bekamen die

greuliche Geschichte zu hören. Sie zitterten und weinten, sie wollten vom Pferde springen, konnten es aber nicht; denn sie waren sogleich daran festgewachsen.
„Aber der Tod ist ja der prächtigste Sandmann!" sagte Hjalmar. „Vor ihm ist mir nicht bange!"
„Das soll es dir nicht sein!" sagte der Sandmann. „Sieh nur zu, daß du ein gutes Zensurbuch hast!"
„Ja, das ist lehrreich!" murmelte des Urgroßvaters Bild. „Es hilft doch, wenn man seine Meinung sagt!" Und nun gab es sich zufrieden.
Sieh, das ist die Geschichte vom Sandmann! Nun mag er dir selbst heute abend mehr erzählen!

Fliedermütterchen

Es war einmal ein kleiner Knabe, der hatte sich erkältet. Er war ausgegangen und hatte nasse Füße bekommen, niemand konnte begreifen, woher; denn es war ganz trockenes Wetter. Nun zog ihn seine Mutter aus, brachte ihn zu Bette und ließ die Teemaschine hereinbringen, um ihm eine gute Tasse Fliedertee zu bereiten; denn das wärmt! Zur gleichen Zeit kam auch der alte, freundliche Mann zur Tür herein, der ganz oben im Hause wohnte und so allein lebte. Er hatte weder Frau noch Kinder, liebte aber die Kinder und wußte so viel Märchen und Geschichten zu erzählen, daß es eine Lust war.
„Nun trinkst du deinen Tee!" sagte die Mutter. „Vielleicht bekommst du dann auch ein Märchen zu hören."
„Ja, wenn ich nur ein neues wüßte!" sagte der alte Mann und nickte freundlich. „Wo hat aber der Kleine die nassen Füße bekommen?" fragte er.

„Ja, wie das geschehen ist", sagte die Mutter, „das kann niemand begreifen."

„Erzählen Sie ein Märchen?" fragte der Knabe.

„Ja, kannst du mir genau sagen, denn das muß ich zuerst wissen, wie tief der Rinnstein in der kleinen Straße ist, wo du zur Schule gehst?"

„Genau bis mitten an die Stiefelschäfte", sagte der Knabe. „Aber dann muß ich in das tiefe Loch gehen!"

„So, nun wissen wir, woher du die nassen Füße hast!" sagte der Alte. „Nun sollte ich freilich ein Märchen erzählen, aber ich weiß keines mehr!"

„Sie können ein neues machen!" sagte der kleine Knabe. „Die Mutter sagt, daß Sie aus allem, was Sie betrachten, ein Märchen machen können, und von allem, was Sie berühren, können Sie eine Geschichte erzählen!"

„Ja, aber die Märchen und Geschichten taugen nichts! Nein, die ordentlichen kommen von selbst, die klopfen mir an die Stirn und sagen: Hier bin ich!"

„Klopft es nicht bald?" fragte der kleine Knabe. Die Mutter lachte, tat Fliedertee in die Kanne und goß kochendes Wasser darüber.

„Erzählen Sie etwas!"

„Ja, wenn ein Märchen von selbst käme, aber so eins ist vornehm, es kommt nur, wenn es Lust hat! — Warte!" sagte er auf einmal. „Da haben wir's! Gib acht, nun ist eins in der Teekanne!"

Der kleine Knabe sah nach der Teekanne hin, der Deckel hob sich mehr und mehr, und die Fliederblüten kamen frisch und weiß daraus hervor, sie trieben große lange Zweige nach allen Seiten und wurden größer und größer. Es war der herrlichste Fliederbusch, ein ganzer Baum, er ragte in das Bett hinein und schob die Vorhänge zur Seite. Wie das blühte und duftete! Mitten im Baume saß eine alte, freundliche Frau mit einem sonderbaren Kleide, es war ganz grün, gleich den Blättern des Fliederbaumes, und mit großen, weißen Fliederblüten besetzt. Man konnte nicht sogleich erkennen, ob es Stoff oder lebendiges Grün und Blüten waren.

„Wie heißt die Frau?“ fragte der kleine Knabe.

„Ja, die Römer und Griechen“, sagte der alte Mann, „die nannten sie eine Dryade, aber das verstehen wir nicht. Draußen in der Vorstadt haben wir einen besseren Namen für sie, da wird sie ‚Fliedermütterchen‘ genannt, und sie ist es, auf die du nun achtgeben mußt. Horch nur und betrachte den herrlichen Fliederbaum. Geradeso ein großer, blühender Baum steht da draußen; er wuchs im Winkel eines kleinen, ärmlichen Hofes. Unter diesem Baum saßen eines Nachmittags im schönsten Sonnenschein zwei alte Leute. Es waren ein alter, alter Seemann und seine alte, alte Frau; sie waren Urgroßeltern und sollten bald ihre goldene Hochzeit halten, aber sie konnten sich auf das Datum nicht mehr besinnen. Die Fliedermutter saß im Baum und sah ebenso vergnügt aus wie hier. ‚Ich weiß wohl, wann eure goldene Hochzeit ist!‘ sagte sie, aber die beiden Alten hörten es nicht, sie sprachen von vergangenen Zeiten.

„Ja, entsinnst du dich?‘ sagte der alte Seemann. ‚Damals, als wir nach ganz klein waren und herumliefen und spielten, es war derselbe Hof, in dem wir nun sitzen, und wir pflanzten kleine Zweige in den Hof und machten einen Garten.‘

‚Ja‘, sagte die alte Frau, ‚daran erinnere ich mich recht gut, und wir begossen die Zweige, und einer von ihnen war ein Fliederzweig, der schlug Wurzeln, trieb grüne Zweige und ist ein großer Baum geworden, unter dem wir alten Leute nun sitzen.‘

‚Ja, richtig‘, sagte er. ‚Und dort in der Ecke stand ein Wasserkübel, da schwamm mein Fahrzeug, ich hatte es selbst geschnitzt. Wie das segeln konnte! Aber ich mußte freilich bald anderswohin segeln.'

„‚Ja, aber zuerst gingen wir in die Schule und lernten etwas', sagte sie, ‚und dann wurden wir eingesegnet. Und nachmittags gingen wir Hand in Hand auf den runden Turm und sahen in die Welt hinaus, über das Wasser, und dann spazierten wir im Park, wo prächtige Boote auf den Kanälen herumfuhren.' — ‚Aber ich mußte bald anderswo herumfahren, und viele Jahre lang, weit weg, auf den langen Reisen!'

‚Ja, ich weinte oft deinetwegen!' sagte sie. ‚Ich glaubte, du seiest tot und lägest dort unten im Wasser. Manche Nacht stand ich auf und sah, ob die Wetterfahne sich drehte, ja, sie drehte sich wohl, aber du kamst nicht! Ich erinnere mich deutlich, wie es eines Tages in Strömen vom Himmel goß, der Kehrichtwagen hielt vor der Tür, wo ich diente, ich ging mit dem Kehrichteimer hinunter und blieb in der Tür stehen — was war das für ein abscheuliches Wetter! Und als ich so dastand, war der Briefträger neben mir und gab mir einen Brief, der war von dir! Ja, wie der herumgereist war! Ich riß ihn auf und las, ich lachte und weinte, ich war so froh! Da stand, daß du in den warmen Ländern wärst, wo die Kaffeebohnen wachsen. Was muß das für ein herrliches Land sein! Du erzähltest soviel in deinem Brief, und ich sah das alles, während der Regen niederströmte und ich mit dem Kehrichteimer dastand. Plötzlich kam einer und faßte mich um den Leib — —.'

‚Ja, aber du gabst ihm einen tüchtigen Schlag auf die Backe, daß es klatschte.'

‚Ich wußte ja nicht, daß du es warst. Du warst ebenso geschwind wie dein Brief gekommen, und du warst so schön — das bist du noch. Du hattest ein langes gelbes, seidenes Tuch in der Tasche und einen neuen Hut auf, du warst so fein. Gott, was das doch für ein

Wetter war, und wie die Straße aussah!'
,Dann heirateten wir uns', sagte er, ,entsinnst du dich? Und dann, als wir den ersten kleinen Knaben bekamen und dann Marie und Niels und Peter und Hans und Christian!'
,Ja, und wie die alle herangewachsen und ordentliche Menschen geworden sind, die ein jeder leiden mag!'
,Und ihre Kinder haben wieder Kleine bekommen', sagte der alte Matrose, ,ja, das sind Kindeskinder, da ist Kern darin! — War es nicht gerade um diese Zeit des Jahres, daß wir Hochzeit hielten?'
,Ja, eben heute ist der goldene Hochzeitstag!' sagte die Fliedermutter und steckte den Kopf gerade zwischen die beiden Alten, und die glaubten, es sei die Nachbarin, die da nickte. Sie sahen einander an und hielten sich an den Händen. Bald darauf kamen die Kinder und Kindeskinder; denn sie wußten wohl, daß heute der goldene Hochzeitstag sei, sie hatten schon des Morgens gratuliert, aber die Alten hatten es wieder vergessen, während sie sich so gut an alles erinnerten, was vor vielen Jahren geschehen war. Der Fliederbaum duftete stark, und die Sonne, die eben untergehen wollte, schien den beiden Alten gerade ins Gesicht, sie sahen beide rotwangig aus. Das kleinste der Kindeskinder tanzte um sie herum und rief ganz glücklich, daß es diesen Abend ein großes Fest geben werde, sie würden warme Kartoffeln bekommen. Und die Fliedermutter nickte im Baum und rief mit all den andern: ,Hurra!' "
„Aber das war ja kein Märchen!" sagte der kleine Knabe, der es erzählen hörte.
„Ja, das mußt du verstehen", sagte der Alte, der erzählte; „aber laß uns Fliedermütterchen danach fragen!"
„Das war kein Märchen", sagte die Fliedermutter, „aber nun kommt es! Aus der Wirklichkeit wächst

gerade das sonderbarste Märchen heraus, sonst könnte ja mein schöner Fliederbusch nicht aus der Teekanne hervorgesproßt sein!" Und dann nahm sie den kleinen Knaben aus dem Bette, legte ihn an ihre Brust, und die Fliederzweige voller Blüten schlugen um sie zusammen, sie saßen wie in der dichtesten Laube, und die flog mit ihnen durch die Luft, es war unaussprechlich schön!
Fliedermütterchen war auf einmal ein niedliches junges Mädchen geworden, aber das Kleid war noch vom gleichen grünen, weißgeblümten Stoff, wie es Fliedermütterchen getragen hatte. An der Brust hatte sie eine wirklich Fliederblume, und um ihr blondes, gelocktes Haar einen ganzen Kranz von Fliederblüten. Ihre Augen waren so groß, so blau, oh, sie war herrlich anzuschauen! Sie und der Knabe küßten sich, und dann waren sie im gleichen Alter und von der gleichen Freude erfüllt.
Sie gingen Hand in Hand aus der Laube und standen nun im schönen Blumengarten des Elternhauses; bei dem frischen Rasenplatz war des Vaters Stock an einen Pflock angebunden. Für die Kleinen war Leben im Stock. Sobald sie sich quer über ihn setzten, verwandelte sich der blanke Knopf zu einen prächtigen wiehernden Pferdekopf, die lange, schwarze Mähne flatterte, vier schlanke, starke Beine schossen hervor; das Tier war stark und mutig. Im Galopp fuhren sie um den Rasenplatz herum, hussa!
„Nun reiten wir viele Meilen weit fort", sagte der Knabe. „Wir reiten nach dem Gut, wo wir im vorigen Jahre waren!" Und sie ritten und ritten um den Rasenplatz herum, und immer rief das kleine Mädchen, das, wie wir wissen, niemand anders als das Fliedermütterchen war: „Nun sind wir auf dem Lande! Siehst du das Bauernhaus mit dem Backofen, der wie ein riesengroßes Ei aus der Mauer nach dem

Weg heraussteht? Der Fliederbaum breitet seine Zweige darüber hin, und der Hahn geht und kratzt für die Hühner. Sieh, wie er sich brüstet! — Nun sind wir bei der Kirche, die liegt hoch auf dem Hügel unter den großen Eichbäumen, von denen einer halb abgestorben ist! — Nun kommen wir zu der Schmiede, wo das Feuer brennt und die halbnackten Männer mit den Hämmern schlagen, daß die Funken weit umhersprühen. Fort, fort nach dem prächtigen Gut!"
Und alles, was das kleine Mädchen, das hinten auf dem Stock saß, sagte, das flog auch vorbei; der Knabe sah es, und doch kamen sie nur um den Rasenplatz herum.
Dann spielten sie im Seitengange und ritzten einen kleinen Garten in die Erde. Und sie nahm Fliederblüten aus ihrem Haar, pflanzte sie, und sie wuchsen, so wie bei den Alten damals, als sie noch klein waren, wie früher erzählt worden ist. Sie gingen Hand in Hand, gerade wie die alten Leute es als Kinder gemacht hatten, aber nicht auf den Turm hinauf oder in den Park — nein, das kleine Mädchen faßte den Knaben um den Leib, und dann flogen sie weit herum im ganzen Land. Und es war Frühjahr, und es wurde Sommer und es war Herbst, und es wurde Winter, und Tausende von Bildern spiegelten sich in des Knaben Augen und Herzen ab, und immer sang das kleine Mädchen ihm vor: „Das wirst du nie vergessen!" Und auf dem ganzen Fluge duftete der Fliederbaum süß und herrlich. Der Knabe bemerkte wohl die Rosen und die frischen Buchen, aber der Fliederbaum duftete noch stärker; denn seine Blüten hingen am Herzen des kleinen Mädchens, und daran lehnte er oft im Fluge sein Haupt.
„Hier ist es schön im Frühling!" sagte das junge Mädchen, und sie standen im frisch begrünten Buchenwald, wo der Waldmeister zu ihren Füßen duf-

tete, und in dem Grünen sahen die blaßroten Anemonen so lieblich aus. „Oh, wäre es immer Frühling in dem duftenden Buchenwald!"

„Hier ist es herrlich im Sommer!" sagte sie, und sie fuhren an alten Schlössern aus der Ritterzeit vorbei, wo sich die hohen Mauern und gezackten Giebel in den Kanälen spiegelten, wo die Schwäne schwammen und in die alten kühlen Alleen hinaufsahen. Auf dem Felde wogte das Korn wie ein See, in den Gräben standen rote und gelbe Blumen und auf den Gehegen wilder Hopfen und blühende Winden. Am Abend stieg der Mond rund und groß empor, die Heuhaufen auf den Wiesen dufteten süß. „Das vergißt sich nie!"

„Hier ist es herrlich im Herbst!" sagte das kleine Mädchen, und der Himmel wurde doppelt so hoch und blau, der Wald bekam die schönsten Farben, rot, gelb und grün. Jagdhunde rannten davon, ganze Scharen Vogelwild flogen schreiend über die Hünengräber hin, auf denen Brombeerranken sich um die alten Steine schlangen. Das Meer war schwarzblau, mit weißen Seglern bedeckt, und in der Tenne saßen alte Frauen, Mädchen und Kinder und pflückten Hopfen in ein großes Gefäß. Die Jungen sangen Lieder, aber die Alten erzählten Märchen von Kobolden und Zauberern. Besser konnte es nirgends sein.

„Hier ist es schön im Winter!" sagte das kleine Mädchen, und alle Bäume waren mit Reif bedeckt, so daß sie wie weiße Korallen aussahen. Der Schnee knarrte unter den Füßen, als hätte man neue Stiefel an, und vom Himmel fiel eine Sternschnuppe nach der andern. Im Zimmer wurde der Weihnachtsbaum angezündet, da gab es Geschenke und gute Laune. Auf dem Lande in der Bauernstube erklang die Fiedel, es wurde um Apfelschnitzel gespielt; selbst

das ärmste Kind sagte: ,,Es ist doch schön im Winter!"
Ja, es war schön! Und das kleine Mädchen zeigte dem Knaben alles, und immer duftete der Fliederbaum, und immer wehte die bunte Flagge, unter der der alte Seemann gesegelt war. Der Knabe wurde zum Jüngling und sollte in die weite Welt hinaus, weit fort nach den warmen Ländern, wo der Kaffee wächst.
Aber beim Abschied nahm das kleine Mädchen eine Fliederblüte von ihrer Brust und gab sie ihm zum Aufbewahren. Sie wurde in das Gesangbuch gelegt, und im fremden Lande, wenn er das Buch öffnete, geschah es immer an der Stelle, wo die Erinnerungsblume lag, und je mehr er sie betrachtete, desto frischer wurde sie, so daß er gleichsam einen Duft von den heimatlichen Wäldern einatmete. Und deutlich erblickte er das kleine Mädchen, wie sie mit ihren klaren blauen Augen zwischen den Blumenblättern hervorsah und ihm zuflüsterte: ,,Hier ist es schön im Frühling, im Sommer, im Herbst und im Winter!" Und Hunderte von Bildern glitten durch seine Gedanken.
So verstrichen viele Jahre, und er war nun ein alter Mann und saß mit seiner alten Frau unter einem blühenden Fliederbaume. Sie hielten einander bei den Händen, wie der Urgroßvater und die Urgroßmutter es draußen getan hatten, und sie sprachen ebenso wie diese von den alten Zeiten und von der goldenen Hochzeit. Das kleine Mädchen mit den blauen Augen und mit den Fliederblüten im Haar saß oben im Baum, nickte beiden zu und sagte: ,,Heute ist der goldene Hochzeitstag!"
Dann nahm sie zwei Blüten aus ihrem Kranze, küßte sie, und sie glänzten zuerst wie Silber, dann wie Gold, und als sie die auf den Scheitel der Alten legte, wurde jede Blüte zu einer Goldkrone.

So saßen die beiden wie ein König und eine Königin unter dem duftenden Baume, und er erzählte seiner alten Frau die Geschichte von dem Fliedermütterchen, wie sie ihm erzählt worden war, als er noch ein kleiner Knabe gewesen, und sie meinten beide, daß die Geschichte vieles enthalte, war ihrer eigenen gleiche, und das, was ähnlich war, gefiel ihnen am besten.

„Ja, so ist es!" sagte das kleine Mädchen im Baum. „Einige nennen mich Fliedermütterchen, andere Dryade, aber eigentlich heiße ich Erinnerung. Ich sitze im Baume, während er wächst und wächst; ich kann zurückdenken, ich kann erzählen! Laß sehen, ob du deine Blüte noch hast."

Und der alte Mann öffnete sein Gesangbuch, da lag die Fliederblüte, so frich, als wäre sie vor kurzem erst hineingelegt worden, und die Erinnerung nickte, und die beiden Alten mit den Goldkronen auf dem Haupt saßen in der roten Abendsonne.

Sie schlossen die Augen, und — und — ja, da war das Märchen aus!

Der kleine Knabe lag in seinem Bette, er wußte nicht, ob er geträumt oder ob er es erzählen gehört hatte. Die Teekanne stand auf dem Tisch, aber es wuchs kein Fliederbaum daraus hervor, und der alte Mann, der erzählt hatte, wollte eben zur Tür hinausgehen, und das tat er auch.

„Wie schön war das!" sagte der kleine Knabe. „Mutter, ich bin in den warmen Ländern gewesen!"

„Ja, das glaube ich wohl", sagte die Mutter, „wenn man zwei volle Tassen Fliedertee zu sich nimmt, dann kommt man wohl nach den warmen Ländern!" — Und sie deckte ihn gut zu, damit er sich nicht wieder erkälte. „Du hast wohl geschlafen, während ich mich mit dem alten Manne darüber stritt, ob es eine Ge-

schichte oder ein Märchen sei!"
,,Und wo ist das Fliedermütterchen?" fragte der Knabe.
,,Es ist in der Teekanne", sagte die Mutter, ,,und dort kann es bleiben!"

Das kleine Mädchen mit den Schwefelhölzchen

Es war entsetzlich kalt, Schnee fiel, und die Dunkelheit brach herein; es war der letzte Abend des Jahres. In dieser Kälte und Finsterins ging auf der Straße ein kleines armes Mädchen, mit bloßem Kopf und nackten Füßen. Als es das Haus verließ, hatte es freilich Pantoffeln angehabt, aber was half das? Es waren sehr große Pantoffeln gewesen, die seine Mutter bisher getragen hatte, so groß waren sie. Die Kleine aber verlor sie, als sie über die Straße huschen mußte, weil zwei Wagen so schnell angerollt kamen. Der eine Pantoffel war nicht wiederzufinden, den anderen hatte ein Junge erwischt und lief damit fort. Er meinte, er könne ihn recht gut als Wiege gebrauchen, wenn er selbst einmal Kinder hätte.
Da ging nun das kleine Mädchen mit seinen nackten Füßchen, die ganz rot und blau vor Kälte waren. In einer alten Schürze trug es eine Menge Schwefelhölzer und ein Bund davon in der Hand. Niemand hatte den ganzen langen Tag ihm etwas abgekauft, niemand ihm einen Pfennig geschenkt. Zitternd vor Kälte und Hunger schlich sie einher, ein Bild des Jammers, die arme Kleine!
Die Schneeflocken bedeckten ihr langes, blondes Haar, das in schönen Locken um den Hals fiel, aber daran dachte sie nun freilich nicht. Aus allen Fenstern glänzten die Lichter, und es roch ganz herrlich nach

Gänsebraten: Es war ja Silvesterabend. Ja, daran dachte sie!
In einem Winkel zwischen zwei Häusern, von denen das eine etwas weiter in die Straße vorsprang als das andere, setzte sie sich hin und kauerte sich zusammen. Die kleinen Füße hatte sie an sich gezogen, aber es fror sie noch mehr, und nach Hause zu gehen wagte sie nicht. Sie hatte ja keine Schwefelhölzchen verkauft und nicht einen einzigen Pfennig erhalten. Von ihrem Vater würde sie gewiß Schläge bekommen, und zu Hause war es auch kalt. Über sich hatten sie nur das Dach, durch das der Wind pfiff, wenn auch die größten Spalten mit Stroh und Lumpen zugestopft waren. Ihre kleinen Hände waren vor Kälte fast erstarrt. Ach, ein Schwefelhölzchen konnte ihnen guttun, wenn sie nur ein einziges aus dem Bund herausziehen, es an der Wand anstreichen und sich die Finger erwärmen dürfte. Sie zog eins heraus. Rrscht! Wie es sprühte und brannte! Es war eine warme, helle Flamme, wie ein kleines Licht, als sie die Hände darüberhielt; es war ein wunderbares Licht! Es schien dem kleinen Mädchen wirklich, als säße es vor einem großen eisernen Ofen mit blanken Messingfüßen und einem Aufsatz aus Messing. Das Feuer brannte so schön und wärmte so gut. Die Kleine steckte schon die Füße aus, um auch diese zu wärmen — da erlosch das Flämmchen, der Ofen verschwand, sie hatte nur die Überreste des abgebrannten Schwefelhölzchens in der Hand. Ein zweites wurde angestrichen; es leuchtete, und wo der Schein auf die Mauer fiel, wurde sie durchsichtig. Auf dem Tisch war ein schneeweißes Tischtuch ausgebreitet, darauf stand glänzendes Porzellangeschirr, und herrlich dampfte die gebratene Gans, mit Äpfeln und getrockneten Pflaumen gefüllt. Und was noch prächtiger anzusehen war: Die Gans hüpfte von der

Schüssel herunter und watschelte auf dem Fußboden, Messer und Gabel in der Brust, gerade auf das arme Mädchen zu. Da erlosch das Schwefelhölzchen, und es blieb nur die dicke, feuchtkalte Mauer zurück.

Die Kleine zündete noch ein Hölzchen an. Da saß sie nun unter dem herrlichen Weihnachtsbaum; er war noch größer und schöner geschmückt als der, den sie durch die Glastür bei dem reichen Kaufmann gesehen hatte. Tausende von Lichtchen brannten auf den grünen Zweigen, und bunte Bilder, wie sie in Schaufenstern zu sehen waren, blickten auf sie herab. Die Kleine streckte ihre Hände danach aus; da erlosch auch dieses Schwefelhölzchen. Die Weihnachtslichter stiegen höher und höher und standen jetzt als Sterne am Himmel; einer von ihnen fiel herunter und bildete einen langen Feuerstreifen. Jetzt stirbt jemand, dacht die Kleine; denn ihre alte Großmutter, die einzige, die zu ihr gut gewesen und die nun längst gestorben war, hatte ihr erzählt, wenn ein Stern herunterfällt, dann steigt eine Seele zu Gott empor.

Sie strich wieder ein Hölzchen an der Mauer an, es wurde wieder hell, und in dem Glanze stand die alte Großmutter so klar und schimmernd, so mild und liebevoll.

„Großmutter!" rief die Kleine. „Oh, nimm mich mit! Ich weiß, du bist fort, wenn das Schwefelhölzchen erlischt, du verschwindest wie der warme Ofen, wie der herrliche Gänsebraten und der große prächtige Weihnachtsbaum!" Und sie strich schnell das ganze Bund Schwefelhölzchen an; denn sie wollte die Großmutter recht festhalten. Und die Schwefelhölzchen leuchteten mit einem solchen Glanze, daß es heller wurde als mitten am Tage. Die Großmutter war früher nie so schön, nie so groß gewesen. Sie nahm das kleine Mädchen auf ihre Arme, und beide flogen in

Glanz und Freude so hoch, so hoch; und dort oben war weder Kälte noch Hunger noch Angst — sie waren bei Gott.
Aber im Winkel, an die Mauer gelehnt, saß in kalter Morgenstunde das arme Mädchen mit roten Wangen und lächelndem Munde — tot, erfroren an des alten Jahres letztem Abend. Die Neujahrssonne ging auf über der kleinen Leiche. Starr saß das Kind dort mit den Schwefelhölzern, von denen ein Bund abgebrannt war.
„Sie hat sich erwärmen wollen", sagte man. Niemand ahnte, was sie Schönes gesehen hatte, in welchem Glanze sie mit der Großmutter zur Neujahrsfreude eingegangen war.

Die Nachtigall

In China, weißt du wohl, ist der Kaiser ein Chinese, und alle, die er um sich hat, sind auch Chinesen. Es ist nun viele Jahre her, aber gerade deshalb ist es wert, die Geschichte zu hören, ehe sie vergessen wird. Des Kaisers Schloß war das prächtigste in der Welt: ganz und gar von feinem Porzellan, sehr kostbar, aber so spröde, so gefährlich, daran zu rühren, daß man sich ordentlich in acht nehmen mußte. Im Garten sah man die wunderbarsten Blumen, und an die allerprächtigsten waren Silberglocken gebunden, die erklangen, damit man nicht vorbeigehen möchte, ohne die Blumen zu bemerken. Ja, alles war in des Kaisers Garten fein ausgeklügelt. Und er erstreckte sich so weit, daß der Gärtner selbst das Ende nicht kannte.
Ging man immer weiter, so kam man in den herrlichsten Wald mit hohen Bäumen und tiefen Seen. Der Wald ging gerade hinunter bis zum Meer, das blau

und tief war. Große Schiffe konnten bis unter die Zweige hin segeln, und in diesen wohnte eine Nachtigall, die so herrlich sang, daß selbst der arme Fischer, der doch viel anderes zu tun hatte, still hielt und horchte, wenn er nachts ausgefahren war, um das Fischnetz aufzuziehen, und dann die Nachtigall hörte. „Ach Gott, wie ist das schön!" sagte er; aber dann mußte er auf seine Sachen achtgeben und vergaß den Vogel. Doch wenn dieser in der nächsten Nacht wieder sang und der Fischer dorthin kam, sagte er dasselbe: „Ach Gott, wie ist das schön!"
Aus allen Ländern der Welt kamen Reisende nach der Stadt des Kaisers und bewunderten sie, das Schloß und den Garten. Doch wenn sie die Nachtigall zu hören bekamen, sagten alle: „Das ist doch das Beste!"
Die Reisenden erzählten davon, wenn sie nach Hause kamen, und die Gelehrten schrieben viele Bücher über die Stadt, das Schloß und den Garten. Aber auch die Nachtigall vergaßen sie nicht: Die wurde am höchsten gestellt, und diejenigen, welche dichten konnten, schrieben die herrlichsten Gedichte über die Nachtigall im Walde bei dem tiefen See. Die Bücher durchliefen die Welt, und einige kamen dann auch einmal dem Kaiser zu Gesicht. Er saß in seinem goldenen Stuhle und las und las. Jeden Augenblick nickte er mit dem Kopfe; denn es freute ihn, die prächtigen Beschreibungen der Stadt, des Schlosses und des Gartens zu lesen. „Aber die Nachtigall ist doch das Allerbeste!" stand da geschrieben.
„Was ist das?" sagte der Kaiser. „Die Nachtigall kenne ich ja gar nicht! Ist ein solcher Vogel hier in meinem Kaiserreiche und sogar in meinem Garten? Das habe ich nie gehört! So etwas muß man erst aus Büchern erfahren!" Und dann rief er seinen Kavalier. Der war so vornehm, daß, wenn ein Geringerer mit

ihm zu sprechen oder ihn nach etwas zu fragen wagte, er weiter nichts erwiderte als: „P!“ — und das hat nichts zu bedeuten.

„Hier soll ja ein höchst merkwürdiger Vogel sein, der Nachtigall genannt wird“, sagte der Kaiser. „Man sagt, dies sei das Allerbeste in meinem großen Reiche. Weshalb hat man mir nie etwas davon gesagt?“

„Ich habe ihn früher nie nennen hören“, sagte der Kavalier. „Er ist nie bei Hofe vorgestellt worden.“

„Ich will, daß er heut abend herkommen und vor mir singen soll“, sagte der Kaiser. „Die ganze Welt weiß, was ich habe, und ich weiß es nicht.“

„Ich habe ihn früher nie nennen hören“, sagte der Kavalier. „Ich werde ihn finden!“

Aber wo war er zu finden? Der Kavalier lief alle Treppen auf und nieder, durch Säle und Gänge, aber keiner von all denen, die er traf, hatte von der Nachtigall gehört. Und der Kavalier lief wieder zum Kaiser und sagte, daß es sicher von denen erfunden sein müßte, die da Bücher schreiben.

„Dero Kaiserliche Majestät können gar nicht glauben, was alles geschrieben wird! Das sind Erdichtungen und etwas, was man die Schwarze Kunst nennt.“

„Aber das Buch, in dem ich es gelesen habe“, sagte der Kaiser, „wurde mir von dem großmächtigen Kaiser von Japan gesandt, und es kann also keine Unwahrheit sein. Ich will die Nachtigall hören! Sie muß heute abend hier sein. Sie hat meine höchste Gnade. Und kommt sie nicht, so soll dem ganzen Hof auf den Leib getrampelt werden, wenn er Abendbrot gegessen hat.“

„Tsing-pe“, sagte der Kavalier und lief wieder alle Treppen auf und nieder, durch alle Säle und Gänge, und der halbe Hof lief mit; denn sie wollten nicht gern auf den Leib getrampelt werden. Da gab es ein Fragen

nach der merkwürdigen Nachtigall, welche die ganze Welt kannte, nur niemand bei Hofe.
Endlich trafen sie ein kleines, armes Mädchen in der Küche. Die sagte: ,,O Gott, die Nachtigall, die kenne ich gut; ja, die kann singen! Jeden Abend darf ich meiner armen kranken Mutter Überreste vom Tische mit nach Hause bringen; sie wohnt unten am Strande, und wenn ich zurückgehe, müde bin und im Walde ausruhe, dann höre ich die Nachtigall singen. Es kommen mir dabei Tränen in die Augen, und es ist gerade, als ob meine Mutter mich küßte."
,,Kleine Köchin", sagte der Kavalier, ,,ich werde dir eine Anstellung in der Küche und die Erlaubnis, den Kaiser speisen zu sehen, verschaffen, wenn du uns zur Nachtigall führen kannst; denn sie ist für heute abend angesagt."
Und so zogen sie alle hinaus in den Wald, wo die Nachtigall zu singen pflegte; der halbe Hof war mit. Als sie im besten Zuge waren, fing eine Kuh zu brüllen an.
,,Oh", sagte ein Hofjunker, ,,nun haben wir sie! Das ist doch eine merkwürdige Kraft in einem so kleinen Tier. Die habe ich sicher schon früher gehört."
,,Nein, das sind Kühe, die brüllen", sagte das kleine Küchenmädchen. ,,Wir sind noch weit von dem Ort entfernt."
Nun quakten die Frösche im Sumpfe.
,,Herrlich!" sagte der chinesische Hofprediger. ,,Jetzt höre ich sie; es klingt gerade wie kleine Kirchenglocken."
,,Nein, das sind Frösche", sagte das kleine Küchenmädchen. ,,Aber nun, denke ich, werden wir sie bald hören."
Da begann die Nachtigall zu singen.
,,Das ist sie", sagte das kleine Mädchen. ,,Hört! Hört! Und da sitzt sie." Sie zeigte nach einem klei-

nen, grauen Vogel oben in den Zweigen.
„Ist es möglich!" sagte der Kavalier. „So hätte ich sie mir niemals vorgestellt. Wie simpel sie aussieht! Sie hat sicher ihre Farbe verloren, weil sie so viele vornehme Personen um sich erblickt."
„Kleine Nachtigall", rief das Küchenmädchen ganz laut, „unser gnädigster Kaiser wünscht, daß Sie vor ihm singen möchten."
„Mit dem größten Vergnügen", sagte die Nachtigall und sang dann, daß es eine Lust war.
„Es klingt gerade wie Glasglocken", sagte der Kavalier. „Und seht die kleine Kehle, wie sie sich anstrengt! Es ist merkwürdig, daß wir sie früher nie gehört haben. Sie wird großen Erfolg bei Hofe haben."
„Soll ich noch einmal vor dem Kaiser singen?" fragte die Nachtigall, welche glaubte, der Kaiser sei auch dabei.
„Meine vortreffliche kleine Nachtigall", sagte der Kavalier, „ich habe die große Freude, Sie zu einem Hoffeste heute abend einzuladen, wo Sie Dero hohe Kaiserliche Gnaden mit Ihrem charmanten Sange bezaubern werden."
„Der klingt im Grünen am besten", sagte die Nachtigall; aber sie kam doch gern mit, als sie hörte, daß es der Kaiser wünschte.
Das Schloß war ordentlich aufgeputzt. Die Wände und der Fußboden, die aus Porzellan waren, glänzten im Strahle vieler tausend Goldlampen. Die prächtigsten Blumen, die recht klingeln konnten, waren in den Gängen aufgestellt. Das war ein Laufen und ein Wehen, und alle Glocken klingelten, daß man sein eigenes Wort nicht hören konnte.
Mitten in dem großen Saal, wo der Kaiser saß, war ein goldener Stecken hingestellt, auf dem sollte die Nachtigall sitzen. Der ganze Hof war da, und das

kleine Küchenmädchen hatte die Erlaubnis erhalten, hinter der Tür zu stehen, weil sie nun den Titel einer Wirklichen Hofköchin bekommen hatte. Alle waren in ihrem schönsten Putz, und alle sahen nach dem kleinen Vogel, dem der Kaiser zunickte.
Die Nachtigall sang so herrlich, daß dem Kaiser die Tränen in die Augen traten und ihm über die Wangen hinabliefen. Da sang die Nachtigall noch schöner, daß es recht zu Herzen ging. Der Kaiser war so froh, und er sagte, die Nachtigall solle seinen goldenen Pantoffel um den Hals gehängt bekommen. Aber die Nachtigall dankte, sie habe schon Belohnung genug erhalten: „Ich habe Tränen in des Kaisers Augen gesehen, das ist mir der reichste Schatz. Eines Kaisers Tränen haben eine besondere Kraft. Gott weiß es, ich bin genug belohnt." Und darauf sang sie wieder mit ihrer süßen, herrlichen Stimme. „Das ist die liebenswürdigste Koketterie, die ich kenne", sagten die Damen ringsherum, und dann nahmen sie Wasser in den Mund, um zu glucksen, wenn jemand mit ihnen spräche. Sie glaubte, nun auch Nachtigall zu sein. Ja, die Lakaien und Kammermädchen ließen melden, daß auch sie zufrieden seien; und das will viel sagen, denn sie sind am schwersten zu befriedigen. Kurz, die Nachtigall machte wirklich ihr Glück.
Sie sollte nun bei Hofe bleiben, ihr eigenes Vogelbauer haben und die Erlaubnis, zweimal am Tage und einmal nachts herauszuspazieren. Sie bekam dann zwölf Diener mit, die ihr alle ein Seidenband ums Bein geschlungen hatten und sie daran festhielten. Es war durchaus kein Vergnügen bei einem solchen Ausflug.
Die ganze Stadt sprach von dem merkwürdigen Vogel. Wenn sich zwei begegneten, so sagte der eine nur „Nacht!" — und der andere „gall!" Und dann seufzten sie und verstanden sich. Ja, elf Marktfrauen

nannten ihre Kinder nach ihr; aber nicht eines von ihnen hatte einen Ton in der Kehle.
Eines Tages bekam der Kaiser ein großes Paket, auf dem geschrieben stand: ,,Die Nachtigall.“
,,Da haben wir wieder ein neues Buch über unsern berühmten Vogel“, sagte der Kaiser. Aber es war kein Buch, sondern ein kleines Kunstwerk, welches in einer Schachtel lag: eine künstliche Nachtigall, die der lebenden gleichen sollte, aber überall mit Diamanten, Rubinen und Saphiren besetzt war. Sobald man den Kunstvogel aufzog, konnte eins der Stücke, die der wirkliche sang, nachsingen. Dabei bewegte sich der Schweif auf und nieder und glänzte von Silber und Gold. Um den Hals hing ein kleines Band, darauf stand geschrieben: ,,Die Nachtigall des Kaisers von Japan ist arm gegen die des Kaisers von China.“
,,Das ist herrlich“, sagten alle; und der, welcher den künstlichen Vogel gebracht hatte, erhielt sogleich den Titel: Kaiserlicher Ober-Nachtigall-Bringer.
,,Nun müssen sie zusammen singen. Was wird das für ein Duett werden!“
Und so mußten sie zusammen singen; aber es wollte nicht recht gehen; denn die wirkliche Nachtigall sang auf ihre eigene Weise, und der Kunstvogel ging auf Walzen.
,,Der hat keine Schuld“, sagte der Spielmeister; ,,der ist besonders taktfest und ganz nach meiner Schule.“
Nun sollte der Kunstvogel allein singen. Er machte ebenso sein Glück wie der wirkliche, und dann war er ja soviel niedlicher anzusehen: Er glänzte wie Armbänder und Brustnadeln. Dreiunddreißigmal sang er ein und dasselbe Stück und wurde doch nicht müde. Die Leute hätten ihn gern immer wieder aufs neue gehört, aber der Kaiser meinte, daß nun auch die lebendige Nachtigall etwas singen solle. — — Aber

wo war die? Niemand hatte bemerkt, daß sie aus dem offenen Fenster zu ihren grünen Wäldern fortgeflogen war.
,,Was ist das?" sagte der Kaiser. Und alle Hofleute schalten und meinten, daß die Nachtigall ein höchst undankbares Tier sei. ,,Den besten Vogel haben wir doch", sagten sie, und so mußte denn der Kunstvogel wieder singen. Das war das vierunddreißigste Mal, daß sie dasselbe Stück zu hören bekamen. Aber sie konnten es doch noch nicht ganz auswendig; denn es war schwer. Der Spielmeister lobte den Vogel ganz außerordentlich, ja, er versicherte, daß er besser als eine wirkliche Nachtigall sei, nicht nur äußerlich wegen der Kleider und vielen Diamanten, sondern auch innerlich.
,,Denn sehen Sie, meine Herrschaften — der Kaiser vor allem —, bei der wirklichen Nachtigall kann man nie berechnen, was kommen wird; aber bei dem Kunstvogel ist alles genau bestimmt. Man kann es erklären, man kann ihn aufmachen und zeigen, wie die Walzen liegen, wie sie gehen und wie das eine aus dem anderen folgt."
,,Das sind ganz unsere Gedanken", sagten alle, und der Spielmeister erhielt die Erlaubnis, am nächsten Sonntag den Vogel dem Volke zu zeigen. Es sollte ihn auch singen hören, befahl der Kaiser. Und das Volk hörte ihn und wurde so vergnügt, als ob es sich an Tee berauscht hätte; denn das ist so ganz chinesisch. Alle sagten ,,Oh!" und hielten den Zeigefinger in die Höhe und nickten dazu. Aber die armen Fischer, die die wirkliche Nachtigall gehört hatten, sagten: ,,Das klingt ja ganz hübsch, die Melodien gleichen sich auch — aber es fehlt etwas, man weiß nicht, was!"
Die wirkliche Nachtigall wurde aus dem Land und dem Reiche verwiesen.
Der Kunstvogel hatte seinen Platz auf einem Sei-

denkissen dicht bei des Kaisers Bett. Alle Geschenke, die er bekommen hatte, Gold und Edelsteine, lagen rings um ihn her, und im Titel war er zu einem „Hochkaiserlichen Nachttisch-Sänger" gestiegen, im Range bis Numero Eins zur linken Seite. Denn der Kaiser hielt die Seite, auf der das Herz sitzt, für die vornehmste, und das Herz sitzt auch bei einem Kaiser links. Der Spielmeister schrieb ein Werk von fünfundzwanzig Bänden über den Kunstvogel. Das war so gelehrt und so lang, voll von den schwierigsten chinesischen Wörtern, daß alle Leute sagten, sie hätten es gelesen und verstanden; denn sonst wären sie ja für dumm gehalten und auf den Leib getrampelt worden.

So ging es ein ganzes Jahr. Der Kaiser, der Hof und alle die anderen Chinesen konnten jeden kleinen Gluckser im Gesang des Kunstvogels auswendig. Aber gerade deshalb gefiel er ihnen jetzt am allerbesten. Sie konnten selbst mitsingen, und das taten sie auch. Die Straßenbuben sangen: „Zizizi! Gluckgluckgluck!", und der Kaiser sang es ebenfalls. Ja, das war prächtig! Eines Abends aber, als der Kunstvogel gerade am besten sang und der Kaiser im Bett lag und zuhörte, sagte es inwendig im Vogel „Schwupp!" Da sprang etwas. „Schnurr!" Alle Räder liefen herum, und dann stand die Musik still. Der Kaiser sprang gleich aus dem Bette und ließ seinen Leibarzt rufen; aber was konnte der helfen! Dann ließen sie den Uhrmacher holen, und nach vielem Reden und Nachsehen brachte der den Vogel etwas in Ordnung. Aber er sagte, daß die Nachtigall sehr geschont werden müsse, denn die Zapfen seien abgenutzt, und es wäre unmöglich, neue so einzusetzen, daß die Musik richtig ginge. Das war eine große Trauer. Nur einmal im Jahr durfte man den Kunstvogel singen lassen, und das war fast schon zuviel. Aber dann hielt der Spielmeister eine kleine Rede mit gewichtigen Worten und sagte, daß es eigentlich ebenso gut sei wie früher — und dann war es ebenso gut.

Nach fünf Jahren aber kam eine wirkliche große Trauer über das Land. Die Chinesen hielten im Grunde große Stücke auf ihren Kaiser, und jetzt war er krank und konnte nicht mehr lange leben, sagte man. Schon war ein neuer Kaiser gewählt, und das Volk stand draußen auf der Straße, und fragte den Kavalier, wie es dem Kaiser ginge. „P!“ sagte er und schüttelte den Kopf. Kalt und bleich lag der Kaiser in seinem großen prächtigen Bette. Der ganze Hof glaubte, er sei tot, und jeder von ihnen lief hin, den neuen Kaiser zu begrüßen. Die Kammerdiener liefen hinaus, um darüber zu schwatzen, und die Kammermädchen hatten große Kaffeegesellschaft. Alle Säle und Gänge ringsumher waren mit Tuch belegt, damit man keinen Schritt hören sollte, deshalb war es überall so still, so still. Aber der Kaiser war noch nicht tot; steif und bleich lag er in dem prächtigen Bett mit den langen Samtgardinen und den schweren Goldquasten, hoch oben stand ein Fenster offen, und der Mond schien herein auf den Kaiser und den Kunstvogel.

Der arme Kaiser konnte kaum atmen, es war, als ob etwas auf seiner Brust säße. Er schlug die Augen auf, und da sah er, daß es der Tod war, der auf seiner Brust hockte, sich seine goldene Krone aufgesetzt hatte und in der einen Hand des Kaisers goldenen Säbel, in der anderen seine prächtige Fahne hielt. Und ringsumher aus den Falten der langen, samtenen Bettgardinen sahen wunderliche Köpfe hervor, einige ganz häßlich, andere lieblich und mild. Das waren des Kaisers böse und gute Taten, die ihn anblickten, jetzt, da der Tod ihm auf dem Herzen saß.

„Entsinnst du dich?" flüsterte einer nach dem andern. „Erinnerst du dich daran?" Und dann erzählten sie ihm so viel, daß ihm der Schweiß von der Stirne rann.
„Das habe ich nicht gewußt", sagte der Kaiser. „Musik her, Musik! Die große chinesische Trommel!" rief er, „damit ich nicht alles hören muß, was sie sagen."
Und sie sprachen weiter, und der Tod nickte wie ein Chinese zu allem, was gesagt wurde.
„Musik, Musik!" schrie der Kaiser. „Du kleiner wunderbarer Goldvogel! Singe doch, singe! Ich habe dir Gold und Kostbarkeiten gegeben, ich habe dir selbst meinen goldenen Pantoffel um den Hals gehängt. Singe doch, singe!"
Doch der Vogel stand still; niemand war da, ihn aufzuziehen, und sonst sang er nicht. Aber der Tod fuhr fort, den Kaiser mit seinen großen leeren Augenhöhlen anzustarren, und es war so still, so schrecklich still.
Da klang auf einmal vom Fenster her der herrlichste Gesang: Es war die kleine lebendige Nachtigall, die draußen auf einem Zweige saß. Sie hatte von der Not des Kaisers gehört und war deshalb gekommen, ihm Trost und Hoffnung zu singen. Und wie sie sang, wurden die Gespenster bleicher und bleicher, das Blut strömte wieder rascher und rascher durch des Kaisers schwache Glieder, und selbst der Tod horchte auf und sagte: „Sing weiter, kleine Nachtigall! Sing weiter!"
„Ja, willst du mir den prächtigen goldenen Säbel geben? Willst du mir die reiche Fahne geben! Willst du mir des Kaisers Krone geben?" Und der Tod gab jedes Kleinod für einen Gesang, und die Nachtigall fuhr fort zu singen. Sie sang von dem stillen Gottesacker, wo die weißen Rosen wachsen, wo der

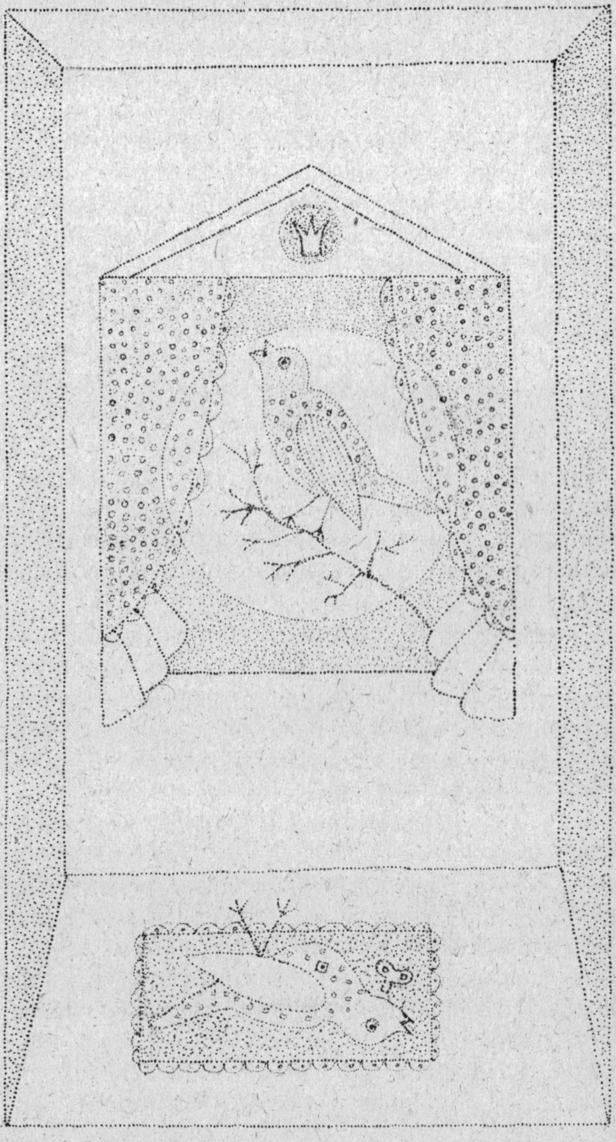

Flieder duftet und wo das frische Gras von den Tränen der Überlebenden befeuchtet wird. Da bekam der Tod Sehnsucht nach seinem Garten und schwebte wie ein kalter weißer Nebel aus dem Fenster.

„Dank, Dank", sagte der Kaiser, „du himmlischer kleiner Vogel. Ich kenne dich wohl. Dich habe ich aus meinem Lande und Reiche gejagt. Und doch hast du die bösen Gesichter von meinem Bette weggesungen, den Tod von meinem Herzen vertrieben. Wie kann ich dich belohnen?"

„Du hast mich belohnt", sagte die Nachtigall. „Ich habe deinen Augen Tränen entlockt, als ich das erste Mal sang; das vergesse ich nie. Das sind Juwelen, die ein Sängerherz erfreuen. Aber schlafe nun und werde frisch und stark. Ich werde dir vorsingen."

Und sie sang — und der Kaiser fiel in süßen Schlummer. Ach, wie mild und wohltuend war der Schlaf!

Die Sonne schien durch die Fenster zu ihm herein, als er gestärkt und gesund erwachte. Keiner von seinen Dienern war noch zurückgekehrt, denn sie glaubten, er sei tot; aber die Nachtigall saß noch da und sang.

„Immer mußt du bei mir bleiben", sagte der Kaiser. „Du sollst nur singen, wenn du selbst willst, und den Kunstvogel schlage ich in tausend Stücke."

„Tue das nicht", sagte die Nachtigall. „Der hat ja das Gute getan, solange er konnte. Behalte ihn wie bisher! Ich kann im Schlosse nicht mein Nest bauen und darin wohnen. Aber laß mich kommen, wenn ich selbst Lust habe, da will ich des Abends auf dem Zweig dort beim Fenster sitzen und dir vorsingen, damit du froh wirst und gedankenvoll zugleich. Ich werde vom Bösen und vom Guten singen, was rings um dich her verborgen bleibt. Der kleine Singvogel fliegt weit herum zum armen Fischer, zum Dach des Bauern, zu jedem, der weit von dir und deinem Hofe entfernt ist.

Ich komme, ich singe dir vor. Aber eins mußt du mir versprechen."
„Alles!" sagte der Kaiser und stand da in seiner kaiserlichen Tracht, die er selbst angelegt hatte, und drückte den Säbel, der schwer von Gold war, an sein Herz.
„Um eins bitte ich dich! Erzähle niemand, daß du einen kleinen Vogel hast, der dir alles sagt, dann wird es noch besser gehen."
Und dann flog die Nachtigall fort.
Die Diener kamen herein, um nach ihrem toten Kaiser zu sehen; — — ja, da standen sie, und der Kaiser sagte: „Guten Morgen!"

Das häßliche junge Entlein

Draußen auf dem Lande war es herrlich! Es war Sommer, das Korn stand gelb, der Hafer grün, das Heu war unten auf den Wiesen zu großen Haufen geschichtet, und der Storch ging auf seinen langen roten Beinen und plapperte ägyptisch; denn diese Sprache hatte er von seiner Mutter gelernt. Rings um die Äcker und Wiesen waren große Wälder und mitten in den Wäldern tiefe Seen. Ja, es war wirklich herrlich da draußen auf dem Lande!
Im Sonnenschein lag dort ein alter Gutshof, von tiefen Kanälen umgeben; und von der Mauer bis zum Wasser herunter wuchsen große Klettenblätter, die so hoch waren, daß kleine Kinder unter den höchsten aufrecht stehen konnten; es war darin ebenso wild wie im tiefsten Walde. Hier saß eine Ente auf ihrem Neste und brütete; aber es wurde ihr fast zu langweilig, ehe die Jungen kamen. Außerdem bekam sie selten Besuch; die andern Enten schwammen lieber in den Kanälen umher, als daß sie hinaufliefen und

sich unter ein Klettenblatt setzten, um mit ihr zu schnattern.
Endlich platzte ein Ei nach dem andern. ,,Piep, piep", sagte es, alle Eidotter waren lebendig geworden und steckten den Kopf heraus.
,,Rapp, rapp", sagte sie; und so rappelten sich alle, was sie konnten, und blickten unter den grünen Blättern nach allen Seiten; und die Mutter ließ sie umherschauen, soviel sie wollten, denn das Grüne ist gut für die Augen.
,,Wie groß ist doch die Welt!" sagten alle Jungen; denn nun hatten sie freilich viel mehr Platz als drinnen im Ei.
,,Glaubt ihr, das wäre die ganze Welt?" fragte die Mutter. ,,Die geht noch weit über die andere Seite des Gartens bis in des Pfarrers Feld hinein, aber da bin ich noch nie gewesen. Seid ihr jetzt alle beisammen?" fuhr sie fort und stand auf. ,,Nein, ich habe nicht alle, das größte Ei liegt noch da! Wie lange soll denn das dauern? Jetzt habe ich es wirklich bald satt!" Und dann setzte sie sich wieder.
,,Nun, wie geht es?" fragte eine alte Ente, die zu Besuch gekommen war.
,,Es dauert so lange mit dem einen Ei", sagte die Ente, die da saß; ,,es will nicht platzen. Doch sieh nur die andern an; sind es nicht die niedlichsten Entlein, die man je gesehen hat? Sie sind allesamt ihrem Vater ähnlich; der Bösewicht kommt auch nicht einmal, mich zu besuchen."
,,Laß mich das Ei sehen, das nicht platzen will", sagte die Alte. ,,Glaub mir, es ist ein Putenei! Ich bin auch einmal so angeführt worden und hatte meine Not und Sorge mit den Jungen, denn die fürchten sich vor dem Wasser. Ich konnte sie nicht hineinbringen; ich rappte und schnappte, aber es half nichts. – Laß mich das Ei sehen! Ja, das ist ein Putenei! Laß es liegen

und lehre lieber die anderen Kinder schwimmen."
„Ich will doch noch ein bißchen darauf sitzen", sagte die Ente; „habe ich nun so lange gesessen, kann ich auch noch ein paar Tage sitzen."
„Ganz wie du willst!" sagte die alte Ente und ging fort. Endlich platzte das große Ei. „Piep, piep", sagte das Junge und kroch heraus. Es war sehr groß und sehr häßlich. Die Ente betrachtete es: „Das ist ja ein gewaltig großes Entlein", sagte sie. „Keins von den andern sieht so aus; sollte es doch ein Putenküken sein? Nun, dahinter wollen wir bald kommen! Ins Wasser muß es, und wenn ich es selbst hineinstoßen soll."
Am nächsten Tage war schönes, herrliches Wetter, die Sonne schien auf alle grünen Kletten. Die Entenmutter ging mit ihrer ganzen Familie zum Kanal hinunter. Platsch, da sprang sie ins Wasser. „Rapp, rapp", sagte sie, und ein Entlein nach dem andern plumpste hinein. Das Wasser schlug über ihren Köpfen zusammen, aber sie tauchten gleich wieder auf und schwammen ganz prächtig; die Beine gingen wie von selbst, und alle waren sie im Wasser, selbst das häßlich graue Junge schwamm mit.
„Nein, es ist kein Puter", sagte sie; „sieh an, wie tüchtig es die Beine gebraucht, wie gerade es sich hält; es ist mein eigenes Kind! Im Grunde ist es doch ganz hübsch, wenn man es nur richtig betrachtet. Rapp! Rapp! – Kommt alle mit mir, ich werde euch in die große Welt führen und im Entenhof vorstellen; aber haltet euch immer dicht in meiner Nähe, damit euch niemand tritt, und nehmt euch vor der Katze in acht!"
So kamen sie in den Entenhof hinein. Drinnen war ein schrecklicher Lärm; denn da bissen sich zwei Familien um einen Aalkopf, und am Ende bekam ihn doch die Katze.

„Seht, so geht es in der Welt zu!“ sagte die Entenmutter und wetzte ihren Schnabel; denn sie wollte den Aalkopf auch haben. „Gebraucht nun die Beine“, sagte sie; „seht, daß ihr euch rappeln könnt, und neigt euern Hals vor der alten Ente dort! Sie ist die vornehmste von allen hier; sie ist aus spanischem Geblüt, darum ist sie so dick, und seht nur: Sie hat einen roten Lappen um das Bein; das ist etwas außerordentlich Schönes und die größte Auszeichnung, die eine Ente bekommen kann. Das bedeutet soviel, daß man sie nicht verlieren will und daß sie von Tier und Menschen erkannt werden soll. — Rappelt euch! Setzt die Füße nicht einwärts; ein wohlerzogenes Entlein setzt die Füße weit auswärts, gerade wie Vater und Mutter — seht: So! Nun neigt euern Hals und sagt: ‚Rapp‘.“
Und das taten sie; aber die andern Enten ringsum betrachteten sie und sagten ganz laut: „Sieh da! Nun sollen wir auch noch *den* Anhang haben, als ob wir nicht so schon genug wären. Pfui, wie das eine Entlein aussieht, das wollen wir nicht dulden!“ Und gleich flog eine Ente hin und biß es in den Nacken.
„Laß es in Ruhe!“ sagte die Mutter. „Es tut ja niemandem etwas.“
„Ja, aber es ist groß und ungewöhnlich“, sagte die beißende Ente, „darum muß es gepufft werden.“
„Es sind hübsche Kinder, die die Mutter da hat“, sagte die alte Ente mit dem Lappen am Bein; „alle schön bis auf das eine, das ist nicht geglückt. Ich wünschte, sie könnte es umarbeiten.“
„Das geht nicht, Ihro Gnaden“, sagte die Entenmutter, „es ist nicht hübsch, aber es hat einen guten Charakter und schwimmt so ordentlich wie die andern, ja, ich darf sagen, sogar noch etwas besser. Ich denke, es wird hübsch heranwachsen und mit der Zeit etwas kleiner werden; es hat zu lange im Ei gelegen

und deshalb nicht die richtige Gestalt bekommen." Und so zupfte sie es im Nacken und glättete ihm das Gefieder. „Außerdem ist es ein Enterich", sagte sie, „darum macht es nicht soviel aus. Ich denke, er wird gute Kräfte bekommen und sich schon durchschlagen."
„Die andern Entlein sind niedlich", sagte die Alte. „Tut nun ganz, als ob ihr zu Hause wärt, und wenn ihr einen Aalkopf findet, könnt ihr ihn mir bringen."
Und nun waren sie zu Hause.
Aber das arme Entlein, das zuletzt aus dem Ei gekrochen war und so häßlich aussah, wurde von allen gebissen, gestoßen und gehackt, von den Enten und auch von den Hühnern. „Es ist zu groß", sagten alle. Der Truthahn, der mit Sporen zur Welt gekommen war und darum glaubte, daß er Kaiser sei, plusterte sich auf wie ein Schiff mit vollen Segeln und ging gerade auf das Entlein los, und dann kollerte er und wurde ganz rot am Kopfe. Das arme Entlein wußte nicht, wo es stehen oder gehen sollte. Es war so betrübt, weil es häßlich aussah und vom ganzen Entenhof verspottet wurde.
So ging es den ersten Tag, und später wurde es nur noch schlimmer. Das Entlein wurde von allen gejagt, selbst seine Schwestern waren ganz böse zu ihm und sagten immer: „Wenn dich die Katze nur fangen möchte, du häßliches Geschöpf!" Und die Mutter sagte: „Wenn du nur weit fort wärst." Die Enten bissen es, die Hühner schlugen es, und das Mädchen, das die Tiere füttern sollte, stieß mit den Füßen nach ihm.
Da lief es und flog über den Zaun; die kleinen Vögel in den Büschen flatterten erschrocken auf. Das geschieht nur, weil ich so häßlich bin, dachte das Entlein und schloß die Augen, lief aber trotzdem weiter.

So kam es hinaus in das große Moor, wo die Wildenten wohnten. Hier lag es die ganze Nacht; es war so müde und kummervoll. Am Morgen flogen die Wildenten auf und betrachteten den neuen Kameraden. „Was bist du für einer?“ fragten sie, und das Entlein drehte sich nach allen Seiten und grüßte, so gut es konnte.
„Du bist außerordentlich häßlich!“ sagten die Wildenten. „Aber das kann uns gleich sein, wenn du nur nicht in unsere Familie hineinheiratest.“ — Das arme Ding! Es dachte jetzt wirklich nicht daran, sich zu verheiraten, und wollte nichts weiter als die Erlaubnis, im Schilf zu liegen und etwas Moorwasser zu trinken.
So lag es zwei ganze Tage, da kamen zwei Wildgänse oder, richtiger, Wildgänseriche dorthin. Es war noch nicht lange her, daß sie aus dem Ei gekrochen waren, deshalb waren sie auch so keck.
„Hör zu, Kamerad!“ sagten sie, „du bist so häßlich, daß wir dich gut leiden können. Willst du mitziehen und Zugvogel werden? Hier nahebei in einem anderen Moor gibt es ein paar süße, liebliche Wildgänse, sämtlich noch Fräulein, die alle ‚Rapp‘ sagen können. Du bist imstande, dort dein Glück zu machen, so häßlich du auch aussiehst.“
„Piff, paff!“ ertönte es da, und beide Wildgänseriche fielen tot ins Schilf nieder; das Wasser färbte sich blutrot. — „Piff, paff!“ klang es wieder, und ganze Scharen Wildgänse flogen aus dem Schilfe auf. Und dann knallte es von neuem. Es war große Jagd; die Jäger lagen rings um das Moor herum, ja, einige saßen oben in den Baumzweigen, die weiter über das Schilfrohr ragten. Der blaue Dampf zog wie Gewölk in die dunklen Bäume hinein und weit über das Wasser hin. Jagdhunde kamen in den Sumpf, platsch, platsch, Schilf und Rohr neigten sich nach allen

Seiten. Das war ein Schreck für das arme Entlein! Es wandte den Kopf, um ihn unter den Flügel zu stekken, aber im selben Augenblick stand ein furchtbar großer Hund dicht bei ihm. Die Zunge hing ihm lang aus dem Halse heraus, und die Augen leuchteten gräßlich; er streckte seinen Rachen gerade auf das Entlein zu, bleckte die scharfen Zähne, und — — platsch, platsch, lief er davon, ohne es zu packen.

„Gott sein Dank!" seufzte das Entlein; „ich bin so häßlich, daß mich nicht einmal der Hund beißen mag."

Und so lag es ganz still, während die Schrotkörner durch das Schilf sausten und Schuß auf Schuß knallte.

Erst spät am Tage wurde es ruhig; aber das arme Junge wagte noch nicht, sich zu erheben. Es wartete noch mehrere Stunden, bevor es sich umsah, und dann eilte es fort aus dem Moor, so schnell es konnte. Es lief über Felder und Wiesen; da tobte ein solcher Sturm, daß es kaum von der Stelle kommen konnte!

Gegen Abend erreichte es eine kleine, armselige Bauernhütte; die war so baufällig, daß sie selbst nicht wußte, nach welcher Seite sie fallen sollte, und darum blieb sie stehen. Der Sturm umbrauste das Entlein, daß es sich niedersetzen mußte, um sich dagegenzustemmen, und es wurde schlimmer und schlimmer. Da bemerkte es, daß die Tür aus der einen Angel gegangen war und so schief hing, daß es durch den Spalt in die Stube hineinschlüpfen konnte, und das tat es.

Hier wohnte eine Frau mit ihrem Kater und ihrer Henne. Der Kater, den sie Söhnchen nannte, konnte einen Buckel machen und schnurren; er sprühte sogar Funken, aber dann mußte man ihn gegen die Haare streicheln. Die Henne hatte ganz kleine, kurze Beine, deshalb wurde sie Küchelchen-Kurzbein genannt; sie

legte viele Eier, und die Frau liebte sie wie ihr eigenes Kind.
Am Morgen entdeckte man sogleich das fremde Entlein; der Kater begann zu schnurren und die Henne zu gackern.
,,Was ist los?" fragte die Frau und blickte sich rings um; aber sie sah nicht gut, und darum glaubte sie, daß das Entlein eine fette Ente sei, die sich verirrt habe.
,,Das ist ja ein seltener Fang", sagte sie. ,,Nun kann ich Enteneier bekommen. Wenn es nur kein Enterich ist! Das müssen wir ausprobieren." Und so wurde das Entlein für drei Wochen auf Probe angenommen, aber es legte keine Eier. Der Kater war Herr im Hause, und die Henne war die Dame, und immer sagten sie: ,,Wir und die Welt." Denn sie glaubten, daß sie die Hälfte seien, und zwar der allerbeste Teil. Das Entlein glaubte, daß man auch eine andere Meinung haben könnte; aber das litt die Henne nicht.
,,Kannst du Eier legen?" fragte sie.
,,Nein."
,,Nun, dann sei so gut und halte den Mund!"
Und der Kater fragte: ,,Kannst du einen krummen Buckel machen, schnurren und Funken sprühen?"
,,Nein."
,,Dann darfst du auch keine Meinung haben, wenn vernünftige Leute sprechen."
Und das Entlein saß im Winkel und hatte schlechte Laune. Da spürte es die frische Luft hereinwehen und die Sonne scheinen; es bekam solche Lust, auf dem Wasser zu schwimmen, daß es nicht anders konnte, als es der Henne zu sagen. ,,Was fällt dir ein?" fragte die. ,,Du hast nichts zu tun, deshalb fängst du Grillen. Lege Eier oder schnurre, dann vergehen dir solche Wünsche."
,,Aber es ist so schön, auf dem Wasser zu schwimmen", sagte das Entlein; ,,so herrlich, es über dem

Kopf zusammenschlagen zu lassen und auf den Grund zu tauchen."

„Ja, das muß ein großes Vergnügen sein", sagte die Henne. „Du bist wohl verrückt geworden! Frage doch den Kater danach — er ist das klügste Geschöpf, das ich kenne —, ob er es liebt, auf dem Wasser zu schwimmen oder unterzutauchen. Von mir will ich gar nicht erst sprechen. Frage selbst unsere Herrschaft, die alte Frau; klüger als sie ist niemand auf der Welt. Glaubst du etwa, die hat Lust, zu schwimmen und das Wasser über dem Kopfe zusammenschlagen zu lassen?"

„Ihr versteht mich nicht", sagte das Entlein.

„Wir verstehen dich nicht? Wer soll dich denn verstehen können! Du wirst doch wohl nicht klüger sein wollen als der Kater und die Frau — von mir will ich nicht reden. Bilde dir bloß nichts ein, Kind, und danke deinem Schöpfer für all das Gute, das man dir angetan hat. Bist du nicht in eine warme Stube gekommen und hast hier eine Gesellschaft, von der du nur lernen kannst? Aber du bist ein Schwätzer, und es macht keinen Spaß, sich mit dir abzugeben! Mir kannst du glauben. Ich meine es gut mit dir. Ich sage dir auch Unangenehmes, daran kann man seine wahren Freunde erkennen. Sieh nur zu, daß du Eier legst oder schnurren und Funken sprühen lernst."

„Ich glaube, ich gehe hinaus in die weite Welt", sagte das Entlein.

„Ja, tue das", sagte die Henne.

Und das Entlein ging. Es schwamm auf dem Wasser, es tauchte unter, aber von allen Tieren wurde es wegen seiner Häßlichkeit verachtet.

Nun kam der Herbst. Die Blätter im Walde wurden gelb und braun; der Wind faßte sie, daß sie umhertanzten. Oben in der Luft war es sehr kalt, die Wolken hingen schwer von Hagel und Schneeflocken,

und auf dem Zaun saß der Rabe und schrie: „Au! Au!“ vor lauter Kälte; ja, es fror einen schon, wenn man nur daran dachte. Das arme Entlein hatte es wirklich nicht gut.
Eines Abends — die Sonne ging so schön unter — kam ein ganzer Schwarm herrlicher großer Vögel aus dem Walde. Das Entlein hatte niemals so schöne gesehen, sie waren blendendweiß, mit langen, geschmeidigen Hälsen; es waren Schwäne. Sie stießen einen ganz eigentümlichen Ton aus, breiteten ihre prächtigen Flügel aus und flogen aus der kalten Gegend fort nach wärmeren Ländern, nach offenen Seen. Sie stiegen so hoch, so hoch, und dem häßlichen Entlein wurde ganz seltsam zumute. Es drehte sich im Wasser wie ein Rad rundherum, reckte den Hals hoch in die Luft nach ihnen und stieß einen so lauten und sonderbaren Schrei aus, daß es sich selbst davor fürchtete. Oh, es konnte die schönen glücklichen Vögel nicht vergessen; sobald es sie nicht mehr erblickte tauchte es unter bis auf den Grund, und als es wieder heraufkam, war es wie außer sich. Es wußte nicht, wie die Vögel hießen, auch nicht, wohin sie flogen; aber doch war es ihnen gut wie noch nie jemandem sonst. Es war nicht etwa neidisch auf sie; denn wie konnte es ihm einfallen, sich selbst solche Schönheit zu wünschen! Es wäre schon froh gewesen, wenn die Enten es nur bei sich geduldet hätten — das arme häßliche Tier.
Und der Winter wurde so kalt, so kalt. Das Entlein mußte im Wasser herumschwimmen, um zu verhindern, daß es ganz zufror, aber in jeder Nacht wurde das Loch, worin es schwamm, kleiner und kleiner. Es fror so, daß es in der Eisdecke knackte; das Entlein mußte fortwährend die Beine bewegen, damit das Loch sich nicht schloß. Zuletzt wurde es matt, lag ganz still und fror endlich im Eise fest.

Früh am Morgen kam ein Bauer. Als er das Entlein sah, ging er hin, schlug mit seinem Holzschuh das Eis in Stücke und trug das Entlein heim zu seiner Frau. Da kam es wieder zu sich.
Die Kinder wollten mit ihm spielen, aber das Entlein glaubte, sie wollten ihm etwas zuleide tun, und fuhr in seiner Angst gerade in den Milchnapf hinein, daß die Milch in die Stube spritzte. Die Frau schlug die Hände zusammen, das arme Entlein aber flatterte in das Butterfaß, dann hinunter in die Mehltonne und wieder heraus. Wie sah es da aus! Die Frau schrie und schlug mit der Feuerzange nach ihm, die Kinder rannten einander über den Haufen, um das Entlein zu fangen, sie lachten und schrien. — Gut war nur, daß die Tür aufstand und es zwischen das Gebüsch in den frisch gefallenen Schnee schlüpfen konnte — dort lag es ganz ermattet.
Aber es wäre gar zu traurig, all die Not und das Elend zu erzählen, die das arme Entlein in dem harten Winter erdulden mußte. — Es lag im Moor zwischen dem Schilf, als die Sonne wieder warm zu scheinen begann. Die Lerchen sangen, es war herrlicher Frühling.
Da konnte auf einmal das Entlein seine Flügel schwingen, sie brausten stärker als früher und trugen es kräftig davon; und ehe es sich recht besann, befand es sich in einem großen Garten, wo die Apfelbäume blühten und der Flieder duftete und seine langen grünen Zweige bis zu den Wassergräben hinunter neigte. Oh, hier war es so schön, so frühlingsfrisch! Und vorn aus dem Dickicht kamen drei herrliche weiße Schwäne; sie rauschten mit dem Gefieder und schwammen so leicht auf dem Wasser. Das Entlein kannte die prächtigen Tiere und wurde von einer seltsamen Traurigkeit ergriffen. ,,Ich will zu ihnen hinfliegen, zu den königlichen Vögeln. Sie werden

mich totschlagen, weil ich, so häßlich wie ich bin, mich ihnen zu nähern wage. Aber das ist einerlei. Besser, von ihnen getötet, als von den Enten gezwackt, von den Hühnern geschlagen, von dem Mädchen, das den Hühnerhof hütet, gestoßen zu werden und im Winter Not zu leiden!" Und es flog hinaus in das Wasser und schwamm den prächtigen Schwänen entgegen. Diese erblickten es und schossen mit emporgesträubtem Gefieder heran.

„Tötet mich nur", sagte das arme Tier, neigte seinen Kopf der Wasserfläche zu und erwartete den Tod. — Aber was erblickte es in dem klaren Wasser? Es sah sein eigenes Bild unter sich: Das war kein plumper, schwarzgrauer Vogel mehr, häßlich und garstig, sondern selbst ein Schwan!

Es schadet nichts, in einem Entenhof geboren zu sein, wenn man nur in einem Schwanenei gelegen hat.

Es war ordentlich froh über all die Not und Bedrängnis, die es hatte erdulden müssen. Nun erkannte es erst recht sein Glück an all der Herrlichkeit, die ihm zuteil wurde. Und die großen Schwäne umschwammen es und streichelten es mit dem Schnabel.

In den Garten kamen ein paar kleine Kinder, die warfen Brot und Korn in das Wasser, und das kleinste rief: „Da ist ein neuer!" und die andern Kinder jubelten mit: „Ja, es ist ein neuer angekommen!" Und sie klatschten in die Hände, tanzten umher, holten Vater und Mutter, und es wurde Brot und Kuchen in das Wasser geworfen, und alle sagten: „Der neue ist der schönste! So jung und so prächtig!" Und die alten Schwäne neigten sich vor ihm.

Da fühlte er sich beschämt und steckte den Kopf unter die Flügel, er wußte selbst nicht, was er beginnen sollte; er war allzu glücklich, aber durchaus nicht stolz, denn ein gutes Herz wird niemals stolz.

Er dachte daran, wie er verfolgt und verhöhnt worden war, und hörte nun alle sagen, daß er der schönste aller schönen Vögel sei. Selbst der Flieder bog sich mit den Zweigen gerade zu ihm in das Wasser hinunter, und die Sonne schien so warm und mild. Da rauschten seine Federn, der schlanke Hals hob sich, und aus vollem Herzen jubelte er: „Soviel Glück habe ich mir nicht träumen lassen, als ich noch das häßliche junge Entlein war!"

Die Störche

Auf dem letzten Haus in einem kleinen Dorfe stand ein Storchennest. Die Storchenmutter saß im Nest bei ihren vier Jungen, die den Kopf mit dem kleinen, schwarzen Schnabel, denn der war noch nicht rot geworden, hervorstreckten. Ein kleines Stück davon entfernt stand auf dem Dachfirst ganz stramm und steif der Storchenvater. Er hatte das eine Bein hochgezogen, um doch nicht ganz untätig zu sein, während er Schildwache stand. Man konnte glauben, er sei aus Holz geschnitzt, so still stand er. Es sieht gewiß recht vornehm aus, daß meine Frau eine Schildwache beim Nest hat! dachte er. Sie können ja nicht wissen, daß ich ihr Mann bin; sie glauben sicher, daß mir befohlen wurde, hier zu stehen. Das sieht recht vornehm aus! Und er fuhr fort, auf einem Beine zu stehen. Unten auf der Straße spielte eine Schar Kinder, und da sie die Störche gewahr wurden, sang einer der mutigsten Knaben und später alle zusammen den alten Vers von den Störchen:

„Storch, Storch, fliege heim,
Stehe nicht auf einem Bein,
Deine Frau im Neste liegt,
Wo sie ihre Jungen wiegt.

Das eine wird gehängt,
Das andre wird versengt,
Das dritte man erschießt,
Das vierte wird gespießt!"

„Höre nur, was die Knaben singen!" sagten die kleinen Storchenkinder. „Sie singen, wir sollen gehängt und versengt werden!"

„Darum sollt ihr euch nicht kümmern!" sagte die Storchenmutter. „Hört nur nicht darauf, so schadet es gar nichts!"

Aber die Knaben fuhren fort zu singen, und sie zeigten zum Spott mit den Fingern auf die Störche; nur ein Knabe, der Peter hieß, sagte, daß es unrecht sei, die Tiere zum besten zu haben, und wollte auch gar nicht mittun.

Die Storchenmutter tröstete ihre Jungen. „Kümmert euch nicht darum", sagte sie. „Seht nur, wie ruhig euer Vater da steht, und zwar auf einem Beine!"

„Wir fürchten uns sehr!" sagten die Jungen und zogen die Köpfe tief in das Nest zurück.

Am nächsten Tage, als die Kinder wieder zum Spielen zusammenkamen und die Störche erblickten, sangen sie ihr Lied:

„Das eine wird gehängt,
Das andre wird versengt —"

„Werden wir wohl gehängt und versengt werden?" fragten die jungen Störche.

„Nein, gewiß nicht!" sagte die Mutter. „Ihr sollt fliegen lernen, ich werde euch schon einüben! Dann fliegen wir hinaus auf die Wiese und statten den Fröschen einen Besuch ab; die verneigen sich vor uns im Wasser und singen ‚Koax, koax' — und dann essen wir sie auf. Das wird ein rechtes Vergnügen geben!"

„Und was dann?" fragten die Storchenjungen.

„Dann versammeln sich alle Störche, die hier im

ganzen Lande sind, und die Herbstübung beginnt. Da muß man gut fliegen, das ist von großer Wichtigkeit; denn wer dann nicht ordentlich fliegen kann, wird vom General mit dem Schnabel totgestochen. Deshalb gebt wohl acht, etwas zu lernen, wenn das Üben anfängt!"

„So werden wir ja doch gespießt, wie die Knaben sagten, und höre nur, jetzt singen sie es wieder!"

„Hört auf mich und nicht auf sie", sagte die Storchenmutter. „Nach der großen Herbstübung fliegen wir in die warmen Länder, weit, weit von hier, über Berge und Wälder. Nach Ägypten fliegen wir, wo es dreieckige Steinhäuser gibt, die mit ihrer Spitze bis über die Wolken ragen, sie werden Pyramiden genannt und sind älter, als ein Storch sich denken kann. Da ist auch ein Fluß, der über seine Ufer tritt, dann wird das ganze Land zu Schlamm. Man geht im Schlamm und ißt Frösche!"

„Oh!" sagten alle Jungen.

„Ja, dort ist es herrlich! Man tut den ganzen Tag nichts anderes als essen, und während wir es dort so gut haben, ist in diesem Lande hier nicht ein grünes Blatt auf den Bäumen. Hier ist es so kalt, daß die Wolken in Stücke frieren und in kleinen weißen Lappen herunterfallen!" Es war der Schnee, den sie meinte, aber sie konnte es ja nicht deutlicher erklären. „Frieren denn auch die unartigen Knaben in Stücke?" fragten die jungen Störche.

„Nein, in Stücke frieren sie nicht, aber sie sind nahe daran und müssen in der dunklen Stube sitzen und herumhocken. Ihr dagegen könnt in fremden Ländern umherfliegen, wo es Blumen und warmen Sonnenschein gibt!"

Nun war schon einige Zeit verstrichen, und die Jungen waren so groß geworden, daß sie im Nest aufrecht stehen und weit umhersehen konnten, und der Storchenvater kam jeden Tag mit schönen Fröschen, kleinen Schlangen und all den Storchenleckereien, die er finden konnte, angeflogen. Oh, das sah lustig aus, wie er ihnen Kunststücke vormachte! Den Kopf legte er zurück bis auf den Schwanz, mit dem Schnabel klapperte er, als wäre es eine kleine Klapper, und dann erzählte er ihnen Geschichten vom Sumpfe.

„Hört, nun müßt ihr fliegen lernen!" sagte eines Tages die Storchenmutter, und dann mußten alle vier Jungen hinaus auf den Dachfirst. Oh, wie sie schwankten, wie sie mit den Flügeln balancierten und doch nahe daran waren, hinunterzufallen!

„Seht nur auf mich!" sagte die Mutter. „So müßt ihr den Kopf halten! So müßt ihr die Füße stellen! Eins, zwei! Eins, zwei! Das ist es, was euch in der Welt forthelfen wird!" Dann flog sie ein kleines Stück, und die Jungen machten einen kleinen, unbeholfenen Sprung. Plumps! da lagen sie; denn ihre Körper waren zu schwerfällig.

„Ich will nicht fliegen!" sagte das eine Junge und kroch wieder in das Nest hinauf. „Mir liegt nichts daran, nach den warmen Ländern zu kommen!"

„Willst du denn hier erfrieren, wenn es Winter wird? Sollen die Knaben kommen, dich zu hängen, zu sengen und zu braten! Nun, ich werde sie rufen!"

„O nein!" sagte der junge Storch und hüpfte wieder auf das Dach wie die andern. Am dritten Tag konnten sie schon ordentlich ein bißchen fliegen, und da glaubten sie, daß sie auch schweben und auf der Luft ruhen könnten. Das wollten sie, aber — plumps! — da purzelten sie und mußten schnell die Flügel wieder rühren. Nun kamen die Knaben unten auf der Straße und sangen ihr Lied:

„Storch, Storch, fliege heim!"

„Wollen wir nicht hinunterfliegen und ihnen die

Augen ausstechen?" fragten die Jungen.

„Nein, laßt das!" sagte die Mutter. „Hört nur auf mich, das ist viel wichtiger! Eins, zwei, drei! Nun fliegen wir rechts herum. Eins, zwei, drei! Nun links um den Schornstein! Seht, das war sehr gut! Der letzte Schlag mit den Flügeln war so fein und richtig, daß ihr die Erlaubnis bekommen sollt, morgen mit mir in den Sumpf zu fliegen. Dorthin kommen mehrere nette Storchenfamilien mit ihren Kindern; zeigt nun, daß die meinen die klügsten sind, und daß ihr recht einherstolziert; das sieht gut aus und verschafft Ansehen?"

„Aber sollen wir denn an den unartigen Buben nicht Rache nehmen?" fragten die jungen Störche.

„Laßt sie schreien, soviel sie wollen! Ihr fliegt doch zu den Wolken auf und kommt nach dem Lande der Pyramiden, wenn sie frieren müssen und kein grünes Blatt und keinen süßen Apfel haben!"

„Ja, wir wollen sie aber strafen!" zischelten sie einander zu, und dann wurde wieder geübt.

Von allen Knaben auf der Straße war keiner ärger dabei, das Spottlied zu singen, als gerade der, welcher damit angefangen hatte, und das war ein ganz kleiner, er war wohl nicht mehr als sechs Jahre alt. Die jungen Störche glaubten freilich, daß er hundert Jahre zähle, denn er war ja soviel größer als ihre Mutter und ihr Vater, und was wußten sie davon, wie alt Kinder und große Menschen sein können! Ihre ganze Rache sollte diesen Knaben treffen, er hatte ja angefangen und hörte auch gar nicht wieder auf. Die jungen Störche waren sehr aufgebracht, und als sie größer wurden, wollten sie es noch weniger dulden. Die Mutter mußte ihnen zuletzt versprechen, daß er schon bestraft werden sollte, aber erst am letzten Tage, den sie hier im Lande seien.

„Wir müssen ja erst sehen, wie ihr euch bei der

großen Übung anstellt! Macht ihr eure Sache schlecht, so daß der General euch den Schnabel durch die Brust rennt, dann haben die Knaben ja recht, wenigstens in einer Hinsicht. Wir wollen sehen!"
„Ja, das sollst du!" sagten die Jungen, und so gaben sie sich recht viel Mühe. Sie übten jeden Tag und flogen so niedlich und leicht, daß es eine Lust war.
Nun kam der Herbst. Alle Störche begannen sich zu sammeln, um fort nach den warmen Ländern zu ziehen, während wir Winter haben. Das war eine gewaltige Übung! Über Wälder und Dörfer mußten sie, nur um zu zeigen, wie gut sie fliegen könnten; denn es war ja eine große Reise, die ihnen bevorstand. Die jungen Störche machten ihre Sache so brav, daß sie „Ausgezeichnet gut mit Frosch und Schlange" erhielten. Das war das allerbeste Zeugnis, und den Frosch und die Schlange konnten sie essen, und das taten sie auch.
„Nun wollen wir uns rächen!" sagten sie.
„Ja, gewiß", sagte die Storchenmutter. „Was ich mir ausgedacht, ist gerade das Richtige! Ich weiß, wo der Teich ist, in dem all die kleinen Menschenkinder liegen, bis der Storch kommt und sie den Eltern bringt. Die niedlichen kleinen Kinder schlafen und träumen so lieblich, wie sie später nie mehr träumen. Alle Eltern wollen gern solch ein kleines Kind haben, und alle Kinder wollen eine Schwester oder einen Bruder haben. Nun wollen wir nach dem Teiche hinfliegen und eins für jedes der Kinder holen, die nicht das böse Lied gesungen und die Störche zum besten gehalten haben!"
„Aber der zu singen angefangen, der schlimme, häßlich Knabe", schrien die jungen Störche, „was machen wir mit dem?"
„Da liegt im Teich ein kleines totes Kind, das sich totgeträumt hat, das wollen wir für ihn nehmen; da

wird er weinen, weil wir ihm einen kleinen toten Bruder gebracht haben. Aber dem guten Knaben — ihn habt ihr doch nicht vergessen, der da sagte, es sei unrecht, die Tiere zum besten zu haben? —, ihm wollen wir einen Bruder und eine Schwester bringen. Und weil der Knabe Peter heißt, so sollt ihr auch allesamt Peter heißen!"

Und es geschah, wie sie sagte, und es hießen alle Störche Peter, und so werden sie noch heute genannt.

Die Kröte

Der Brunnen war tief, darum war das Seil lang; die Winde drehte sich schwer, wenn man den Eimer, mit Wasser gefüllt, über den Brunnenrand heraufheben mußte. So klar das Wasser auch war, die Sonne drang doch niemals so weit in den Brunnen hinab, daß sie sich im Wasser spiegeln konnte, aber so weit ihr Schein reichte, wuchs Grün zwischen den Steinen der Brunnenwände hervor.

Da unten wohnte eine Familie vom Krötengeschlecht; sie war eingewandert und eigentlich durch die alte Krötenmutter, die noch lebte, kopfüber hinuntergeraten. Die grünen Frösche, die schon viel früher hier zu Hause waren und im Wasser umherschwammen, erkannten die Verwandtschaft an und nannten sie die „Brunnengäste". Die aber hatten wohl im Sinne, für immer dazubleiben; denn sie lebten hier sehr behaglich auf dem Trockenen, wie sie die nassen Steine nannten.

Die Froschmutter war einmal gereist, sie war im Wassereimer gewesen, als dieser in die Höhe ging, aber es wurde ihr zu hell, sie bekam Augenschmerzen, und glücklicherweise gelangte sie wieder aus dem Eimer heraus; sie fiel mit einem entsetzlichen Plumps ins Wasser und lag danach drei Tage krank an Rückenschmerzen. Von der Welt dort oben konnte sie also nicht viel erzählen, aber soviel wußte sie, und soviel wußten sie alle, daß der Brunnen nicht die ganze Welt war. Die Krötenmutter hätte zwar dieses und jenes erzählen können, aber sie antwortete niemals, wenn man sie fragte, und deshalb fragte man nicht.

„Dick, fett und häßlich ist sie", sagten die jungen grünen Frösche. „Ihre Jungen werden einmal ebenso häßlich werden!" — „Das mag sein!" sagte die Krötenmutter. „Aber eins von ihnen hat in seinem Kopf einen Edelstein, oder ich habe ihn selbst!"

Die grünen Frösche horchten und glotzten, und weil ihnen etwas daran nicht gefiel, so schnitten sie Grimassen und tauchten in die Tiefe. Aber die Krötenjungen streckten vor lauter Stolz die Hinterbeine aus; denn jedes glaubte den Edelstein zu haben, und deshalb hielten sie den Kopf ganz still. Aber endlich fragten sie, was das bedeute, worauf sie so stolz seien, und was für ein Ding so ein Edelstein eigentlich wäre.

„Das ist etwas so Herrliches und Kostbares, daß ich es gar nicht beschreiben kann!" sagte die Krötenmutter. „Es ist etwas, womit man zu seinem eigenen Vergnügen umhergeht und worüber die andern sich ärgern. Aber fragt nicht, ich antworte nicht!"

„Ach, ich habe den Edelstein nicht!" sagte die kleinste Kröte; sie war so häßlich, wie nur eine sein kann. „Warum sollte gerade ich eine solche Kostbarkeit besitzen? Und wenn sie andere ärgert, so kann ich mich ja nicht darüber freuen! Nein, ich wünschte nur, daß ich einmal bis an den Brunnenrand hinaufkommen und hinausschauen könnte; das muß herrlich sein!"

,,Bleibe lieber, wo du bist!" sagte die Alte. ,,Hier kennst du alles und weißt, was du hast! Nimm dich vor dem Eimer in acht, der zerdrückt dich; und kommst du auch wohlbehalten hinein, dann kannst du herausfallen. Nicht alle fallen so glücklich wie ich und kommen mit heilen Gliedmaßen davon!"

,,Quak!" sagte die Kleine, geradeso, wie wenn wir Menschen ,,Ach!" sagen.

Sie hatte ein zu großes Verlangen, bis zum Brunnenrand hinaufzukommen und da auszuschauen; sie fühlte eine zu große Sehnsucht nach dem Grünen da oben! Und als am nächsten Morgen zufällig der mit Wasser gefüllte Eimer aufgewunden wurde und einen Augenblick unterwegs gerade vor dem Steine anhielt, auf dem die Kröte saß, durchzuckte es sie so seltsam, und sie sprang in den gefüllten Eimer, der nun vollends hinaufgewunden und ausgegossen wurde.

,,Pfui Teufel!" sagte der Knecht, der den Eimer ausgoß und die Kröte sah. ,,So etwas Häßliches habe ich lange nicht gesehen!" Und dabei trat er mit seinem Holzschuh nach der Kröte, die beinahe zerquetscht worden wäre, wenn sie sich nicht in die hohen Brennesseln gerettet hätte, die am Brunnen standen. Hier sah sie Stiel an Stiel stehen, sie schaute aber auch nach oben; die Sonne schien auf die Blätter, die ganz durchsichtig waren. Ihr war zumute wie uns Menschen, wenn wir plötzlich in einen großen Wald treten, wo die Sonne durch die Zweige und Blätter scheint.

,,Hier ist es viel schöner als unten im Brunnen! Hier möchte man sein Leben lang bleiben!" sagte die kleine Kröte. Sie lag dort eine Stunde, sie lag zwei Stunden.

,,Was mag wohl da draußen sein? Bin ich so weit gekommen, muß ich auch versuchen, noch weiter zu kommen!" Sie kroch, so schnell sie kriechen konnte,

und gelangte auf die Landstraße hinaus, wo die Sonne sie beschien und der Staub sie puderte, als sie quer über die Straße marschierte.
,,Hier ist man richtig auf dem Trockenen!" sagte die Kröte. ,,Es ist beinahe zuviel des Guten, es kribbelt mich schon!"
Nun erreichte sie den Graben. Da wuchsen Vergißmeinnicht und Labkraut, ganz in der Nähe war eine Hecke von Weißdorn, und auch Holunder wuchs da und Winden mit weißen Blüten; das war eine Farbenpracht. Auch ein Schmetterling flog umher, die Kröte meinte, es wäre eine Blume, die sich losgerissen hatte, damit sie sich besser in der Welt umschauen konnte; das wäre ja ganz natürlich.
,,Könnte man doch auch so schnell vorankommen wie die!" sagte die Kröte. ,,Quak! Ach! Was für ein Vergnügen!"
Sie blieb acht Tage und Nächte am Graben und hatte keinen Mangel an Nahrung. Am neunten Tage dachte sie: Vorwärts, weiter! – Aber was könnte sie Herrlicheres und Schöneres finden? Vielleicht eine kleine Kröte oder ein paar grüne Frösche. Es hatte die letzte Nacht gerade so im Winde geklungen, als wären ,,Vettern" in der Nähe.
,,Es ist herrlich, zu leben, herrlich, aus dem Brunnen herauszukommen, in Brennesseln zu liegen, auf dem staubigen Wege zu kriechen! Aber weiter, vorwärts, um Frösche oder eine kleine Kröte zu finden, das ist nicht gut zu entbehren, die Natur ist einem nicht genug!" Damit ging sie wieder auf die Wanderung.
Sie gelangte auf das Feld und an einen großen Teich, der mit Schilf umwachsen war; sie platschte hinein.
,,Hier wird es Ihnen wohl zu naß sein!" sagten die Frösche. ,,Aber Sie sind sehr willkommen! Sind Sie ein Er oder eine Sie? Doch das tut nichts zur Sache, Sie sind gleich willkommen!"

Und dann wurde sie abends zum Konzert, zum Familienkonzert eingeladen: große Begeisterung und dünne Stimmen; das kennen wir. Bewirtung fand nicht statt, nur freie Getränke gab es, den ganzen Teich, wenn man wollte.

„Jetzt reise ich weiter!“ sagte die kleine Kröte; sie fühlte immer den Drang zu etwas Besserem.

Sie sah die Sterne blitzen, so groß, so hell, sah die Mondsichel leuchten, sah die Sonne aufgehen, höher und höher steigen. „Ich bin wohl noch immer im Brunnen, in einem größeren Brunnen, ich muß höher hinauf! Ich habe eine große Unruhe und Sehnsucht in mir!“ Und als der Mond voll und rund wurde, dachte das arme Tier: Ob das wohl der Eimer ist, der herabgelassen wird und in den ich hineinspringen muß, um höher hinaufzugelangen? Oder ist die Sonne der große Eimer? Wie groß er ist, wie strahlend, er kann uns alle hinaufnehmen! Ich muß nur die Gelegenheit abpassen! Oh, wie hell es ist in meinem Kopfe! Ich glaube, der Edelstein kann nicht heller leuchten! Aber den habe ich nicht, und darum gräme ich mich auch nicht, nein, ich will höher hinauf in Glanz und Freude! Ich habe Zuversicht und doch Furcht — es ist ein schwerer Schritt, aber ich muß ihn tun! Vorwärts! Gerade auf die Landstraße hinaus!

Sie machte einige Schritte, so gut, wie ein Kriechtier eben schreiten kann, und dann befand sie sich auf einer Landstraße, an der Menschen wohnten; hier waren Blumengärten und auch Kohlgärten. Sie ruhte an einem Kohlgarten aus.

„Wie viele verschiedene Geschöpfe gibt es doch, die ich nie gekannt habe! Und wie ist die Welt so groß und schön! Aber man muß sich auch in ihr umsehen und nicht auf einem Fleck sitzen bleiben.“ Und dann hüpfte sie in den Kohlgarten hinein.

„Wie grün es hier ist, wie schön!“

„Das weiß ich wohl!" sagte die Kohlraupe auf dem Blatte. „Mein Blatt ist das größte hier! Es verdeckt die halbe Welt, aber die kann ich entbehren!"
„Gluck! Gluck!" sagte es, und Hühner kamen heran; sie trippelten im Kohlgarten herum. Das Huhn, das voranging, war weitsichtig, es erblickte die Raupe auf dem krausen Blatte und hackte nach ihr, so daß sie auf die Erde fiel, wo sie sich wand und krümmte. Das Huhn betrachtete sie erst mit dem einen Auge, dann mit dem andern; denn es wußte nicht, was bei dem Krümmen herauskommen würde.
Sie tut es nicht gutwillig! dachte das Huhn und hob den Kopf, um nach ihr zu hacken. Die Kröte entsetzte sich so darüber, daß sie gerade auf das Huhn zukroch.
„So, die hat Hilfstruppen!" sagte das Huhn. „Seht nur das Gekrieche an!" Und damit drehte es sich um. „Ich mache mir nichts aus dem kleinen grünen Bissen, er kitzelt nur im Hals!" Die andern Hühner waren derselben Ansicht, und deshalb gingen sie davon.
„Ich wand mich von ihm los!" sagte die Raupe. „Es ist gut, wenn man Geistesgegenwart besitzt. Aber das schwerste bleibt noch übrig: wieder auf mein Kohlblatt zu kommen. Wo ist es?"
Und die kleine Kröte kam heran und äußerte ihre Teilnahme. Sie freute sich, daß sie durch ihre Häßlichkeit die Hühner erschreckt hatte.
„Was meinen Sie damit?" fragte die Raupe. „Ich wand mich ja selbst von dem Huhne los. Sie sind sehr unangenehm anzusehen! Darf ich mich wohl auf mein Eigentum zurückziehen? Jetzt rieche ich Kohl! Ich bin bei meinem Blatte! Es gibt nichts Schöneres als das Eigentum. Aber ich muß höher hinauf!"
„Ja, höher hinauf!" sagte die kleine Kröte. „Höher hinauf! Sie fühlt gerade wie ich! Aber sie ist heute

nicht bei Laune, das kommt von dem Schrecken. Alle wollen wir höher hinauf!" Und sie sah so hoch hinauf, wie sie konnte.

Der Storch saß in seinem Nest auf dem Dache des Bauernhauses; er klapperte, und die Storchenmutter klapperte auch.

Wie hoch sie wohnen! dachte die Kröte. Wer da hinauf könnte!

In dem Bauernhause wohnten zwei junge Studenten; der eine war ein Dichter, der andere Naturforscher. Der eine sang und schrieb vor Freude von allem, wie es sich in seinem Herzen spiegelte; er sang es heraus, kurz, klar und reich, in klangvollen Versen. Der andere griff das Ding selbst an, ja schnitt es auf, wenn es sein mußte. Er betrachtete die Natur als ein Rechenexempel, subtrahierte, multiplizierte, wollte es in- und auswendig kennen, mit Verstand darüber reden, und das war echter Verstand, und er sprach mit Freude und Klugheit davon. Es waren gute, fröhliche Menschen, die beiden.

„Da sitzt ja ein treffliches Exemplar von einer Kröte!" sagte der Naturforscher. „Die muß ich in Spiritus haben!"

„Du hast ja schon zwei andere!" sagte der Dichter. „Laß sie in Ruhe sitzen und sich des Lebens freuen!"

„Aber sie ist so wunderbar häßlich!" sagte der andere.

„Ja, wenn wir den Edelstein in ihrem Kopfe finden könnten", meinte der Dichter, „dann würde ich selbst mit dabeisein, sie aufzuschneiden."

„Edelstein!" sagte der andere. „Du scheinst dich gut auf die Naturgeschichte zu verstehen!"

„Aber liegt nicht gerade etwas Schönes in dem Volksglauben, daß die Kröte, das häßlichste Tier, oft den köstlichsten Edelstein in ihrem Kopfe trägt?!

Geht es nicht geradeso mit dem Menschen? Welch einen Edelstein hatte nicht Äsop, und vollends Sokrates? —"

Mehr hörte die Kröte nicht, und sie begriff nicht die Hälfte. Die beiden Freunde schritten weiter, und sie entging dem Schicksal, in Spiritus zu kommen.

„Die beiden sprachen auch von dem Edelstein!" sagte die Kröte. „Wie gut; daß ich ihn nicht habe! Ich hätte sonst Unannehmlichkeiten haben können."

Da klapperte es auf dem Dach des Bauernhauses. Storchenvater hielt der Familie einen Vortrag, und diese schielte auf die zwei jungen Menschen im Kohlgarten hinab.

„Der Mensch ist die eingebildetste Kreatur!" sagte der Storch. „Hört nur, wie ihnen das Mundwerk geht, und dabei können sie doch nicht ordentlich klappern. Sie sind stolz auf ihre Rednergabe und ihre Sprache! Das ist mir eine schöne Sprache: Sobald sie nur eine Tagesreise machen, können sie sich nicht mehr verständigen; der eine versteht den andern nicht. Unsere Sprache können wir überall auf der ganzen Erde sprechen, in Dänemark und in Ägypten. Fliegen können die Menschen auch nicht! Sie eilen dahin mit einer Erfindung, die sie ‚Eisenbahn' nennen, aber sie brechen sich auch oft den Hals dabei. Es läuft mir kalt über den Schnabel, wenn ich daran denke! Die Welt kann ohne Menschen bestehen. Wir können sie entbehren! Wenn wir nur Frösche und Regenwürmer behalten!"

Das war doch eine gewaltige Rede! dachte die kleine Kröte. „Was ist das für ein großer Mann, und wie sitzt er hoch, so hoch, wie ich noch niemand habe sitzen sehen! Und wie er schwimmen kann!" rief sie, als der Storch mit ausgebreiteten Flügeln durch die Luft dahinflog.

Und Storchenmutter erzählte im Neste, erzählte von

Ägypten, von den Gewässern des Nils und von dem unvergleichlichen Schlamme, den es im fremden Lande gab; es klang der kleinen Kröte ganz neu und wunderschön.

„Ich muß nach Ägypten!“ sagte sie. „Wenn nur der Storch oder eins seiner Jungen mich mitnehmen wollte. Ich würde ihm an seinem Hochzeitstage wieder gefällig sein. Ja, ich werde nach Ägypten kommen; denn das Glück ist mir hold! All die Sehnsucht und all die Lust, die ich empfinde, ist wirklich besser als ein Edelstein im Kopf!“

Und doch besaß gerade sie den Edelstein: die ewige Sehnsucht und Lust, aufwärts, immer aufwärts! Er leuchtete in ihr, leuchtete in Freude, strahlte in Lust. Da kam plötzlich der Storch heran; er hatte die Kröte im Grase gesehen, fuhr nieder und faßte das kleine Tier nicht eben sanft an. Der Schnabel drückte, der Wind sauste, es war nicht angenehm, aber aufwärts ging es, aufwärts nach Ägypten, das wußte sie; und darum blitzten die Augen, es war, als sprühe ein Funke aus ihnen hervor. „Quak: Ach!“

Der Körper war tot, die Kröte war gestorben. Aber der Funke aus ihren Augen, wo blieb der?

Der Sonnenstrahl nahm ihn mit, der Sonnenstrahl trug den Edelstein vom Kopf der Kröte. Wohin?

Frage nicht den Naturforscher, frage lieber den Dichter; er erzählt es dir als ein Märchen; und die Kohlraupe ist mit dabei und die Storchenfamilie auch. Denke nur! Die Storchenfamilie fliegt über Berge und Meere nach dem fernen Afrika und findet doch den kürzesten Weg zurück nach Hause, nach demselben Lande, demselben Dache! Ja, das ist wirklich fast gar zu märchenhaft, und doch ist es wahr. Du kannst sogar den Naturforscher fragen, er muß es zugestehn, und du selbst weißt es auch; denn du hast es gesehen.

— Aber der Edelstein im Kopfe der Kröte?
Suche ihn in der Sonne! Blicke ihn an, wenn du kannst.

Die glückliche Familie

Das größte grüne Blatt hierzulande ist doch jedenfalls das Klettenblatt. Hält man eins vor seinen Leib, da ist es gerade wie eine Schürze, und legt man es sich auf den Kopf, so ist es bei Regenwetter beinahe so gut wie ein Regenschirm; denn es ist ganz gewaltig groß. Niemals wächst eine Klette allein; wo eine wächst, wachsen auch mehrere, es ist eine wahre Pracht! Und alle diese Pracht ist Schneckenspeise. Die großen weißen Schnecken, aus denen vornehme Leute in alten Tagen Frikassee bereiten ließen, von dem sie dann, wenn sie es gegessen hatten, sagten: „Hm! Wie das schmeckt!" — denn sie glaubten nun einmal, daß es vorzüglich schmecke — diese Schnecken lebten von Klettenblättern. Und darum wurden Kletten gesät.
Nun gab es ein altes Rittergut, wo man keine Schnecken mehr aß. Die waren ganz ausgestorben, aber die Kletten waren nicht ausgestorben. Sie wuchsen und wuchsen in allen Gängen und auf allen Beeten; man konnte ihnen nicht mehr Einhalt tun, es war ein ganzer Klettenwald. Hier und da stand ein Apfel- oder Pflaumenbaum, sonst hätte niemand mehr gedacht, daß dies ein Garten sei. Alles waren Kletten, und darin wohnten die beiden letzten, uralten Schnecken.
Sie wußten selbst nicht, wie alt sie waren. Aber sie konnten sich gut erinnern, daß sie viel mehr gewesen, daß sie von einer Familie aus fremden Ländern abstammten und daß für sie und die Ihrigen der ganze

Wald gepflanzt worden war. Sie waren niemals draußen gewesen, aber sie wußten, daß es noch etwas in der Welt gab, das Herrenhof hieß. Und da oben wurde man gekocht, dann wurde man schwarz und wurde auf eine silberne Schüssel gelegt — was aber nachher noch weiter geschah, das wußten sie nicht. Wie das übrigens war, wenn man gekocht wurde und auf eine silberne Schüssel zu liegen kam: Das konnten sie sich nicht denken. Aber schön sollte es sein und vor allem sehr vornehm! Weder der Maikäfer noch die Kröte, noch der Regenwurm, die sie darum befragten, konnten ihnen Bescheid geben; denn keiner von ihnen war jemals gekocht oder auf eine silberne Schüssel gelegt worden. Die alten weißen Schnecken waren die vornehmsten in der Welt, das wußten sie. Der Wald war ihretwegen da und der Herrenhof auch, damit sie gekocht und auf eine silberne Schale gelegt werden konnten.

Sie lebten nun sehr einsam und glücklich, und da sie selbst kinderlos waren, so hatten sie eine kleine gewöhnliche Schnecke zu sich genommen, die sie wie ihr eigenes Kind erzogen. Allein der Kleine wollte nicht wachsen, denn er war nur eine gewöhnliche Schnecke. Aber die Alten, besonders die Schneckenmutter, meinten, man könne doch merken, wie er zunehme. Und sie bat den Vater, wenn er es nicht sehen könne, doch nur das kleine Schneckenhaus zu befühlen; und dann betastete er es und fand, daß die Mutter recht hatte.

Eines Tages regnete es sehr stark.

„Höre, wie es auf den Klettenblättern trommelt, rundumdum, rundumdum!" sagte der Schneckenvater.

„Da kommen auch Tropfen!" sagte die Schneckenmutter. „Es läuft ja gerade am Stengel nieder! Du sollst sehen, es wird hier naß werden. Ich freue mich nur, daß wir unsere guten Häuser haben und daß der Kleine auch seins hat! Es ist doch wirklich mehr für uns geschehen als für alle anderen Geschöpfe; da kann man sehen, daß wir die Herrschaften in der Welt sind! Wir haben Häuser von Geburt an, und der Klettenwald ist unseretwegen gesät. Ich möchte wissen, wie weit sich der erstreckt und was draußen wohl liegt!"

„Da ist nichts", sagte der Schneckenvater, „was besser wäre als bei uns; ich habe gar nichts zu wünschen."

„Ja", sagte die Mutter, „ich möchte zu gern nach dem Herrenhof kommen und gekocht und auf eine silberne Schüssel gelegt werden. Das ist mit allen unseren Vorfahren geschehen, und du kannst es glauben: Das ist etwas ganz Besonderes!" „Der Herrenhof ist vielleicht eingestürzt", sagte der Schneckenvater, „oder der Klettenwald ist darübergewachsen, so daß die Menschen nicht herauskommen können. Das hat auch gar keine Eile. Aber du eilst immer so schrecklich, und der Kleine fängt das nun auch schon an. Kriecht er nicht bereits seit drei Tagen an dem Stengel hinauf? Ich bekomme wirklich Kopfweh, wenn ich zu ihm hochblicke."

„Du mußt nicht auf den Kleinen schelten!" sagte die Schneckenmutter. „Er kriecht so besonnen, wir werden gewiß viel Freude an ihm erleben; und wir Alten haben ja nichts anderes, wofür wir leben. Aber hast du denn auch schon darüber nachgedacht, woher wir eine Frau für ihn bekommen? Glaubst du nicht, daß dort weiter hinein in dem Klettenwald noch ein paar von unserer Art sein könnten?"

„Schwarze Schnecken werden wohl dasein, denke ich", sagte der Alte, „schwarze Schnecken ohne Haus; aber das ist zu gewöhnlich, und doch bilden sie sich etwas ein. Wir könnten den Ameisen den Auftrag geben; die laufen hin und her, als ob sie Geschäfte hätten; die wissen bestimmt eine Frau für unseren Kleinen!" — „Ich wüßte freilich die allerschönste", sagte eine der Ameisen, „aber ich fürchte, daß es nicht geht; denn sie ist Königin!" — „Das schadet nichts!" sagten die Alten. „Hat sie ein Haus?" — „Sie hat ein Schloß", antwortete die Ameise, „das schönste Ameisenschloß mit siebenhundert Gängen!"

„Vielen Dank!" sagte die Schneckenmutter. „Unser Sohn soll nicht in einen Ameisenhügel. Wißt ihr nichts Besseres, so geben wir den Mücken den Auftrag; die fliegen weit umher in Regen und Sonnenschein, die kennen den Klettenwald von innen und von außen." — „Wir haben eine Frau für ihn", sagten die Mücken. „Hundert Menschenschritte von hier sitzt auf einem Stachelbeerbusch eine kleine Schnecke mit Haus; sie ist ganz allein und alt genug, sich zu verheiraten. Es sind nur hundert Menschenschritte von hier!"

„Ja, laß sie zu ihm kommen!" sagten die Alten. „Er hat einen ganzen Klettenwald, sie hat bloß einen Busch."

Und nun holten sie das kleine Schneckenfräulein. Es dauerte acht Tage, bis es kam; aber das war ja eben das Besondere dabei; denn daran sah man, daß es von der rechten Art war. Und dann hielten sie Hochzeit. Sechs Johanniswürmchen leuchteten, so gut sie konnten; sonst ging es ganz still zu, denn die alten Schneckenleute konnten Schwärmen und Lustbarkeit nicht vertragen. Aber eine herrliche Rede wurde von der Schneckenmutter gehalten. Der Vater konnte nicht sprechen, er war zu sehr gerührt. Dann gaben sie ihnen als Erbschaft den ganzen Klettenwald und sagten, was sie stets gesagt hatten: daß er das Beste der Welt sei, und wenn sie rechtschaffen und ehrbar lebten und sich vermehrten, würden sie einmal mit ihren Kindern auf den Herrenhof kommen, schwarz-

gekocht und auf eine silberne Schüssel gelegt werden. Und als die Rede gehalten war, krochen die Alten in ihr Haus hinein und kamen nie wieder heraus; sie schliefen.
Das junge Schneckenpaar regierte nun im Walde und bekam eine starke Nachkommenschaft. Da sie aber niemals gekocht wurden und nie auf die silberne Schüssel kamen, schlossen sie daraus, daß der Herrenhof eingestürzt und alle Menschen in der Welt ausgestorben seien. Und da niemand ihnen widersprach, so mußte es ja wahr sein. Und der Regen fiel auf die Kletten nieder, um ihretwegen Trommelmusik zu machen, die Sonne schien, um dem Klettenwald ihretwegen Farbe zu geben; und sie waren sehr glücklich. Die ganze Familie war glücklich, ganz unendlich glücklich!

Der Mistkäfer

Des Kaisers Roß bekam goldene Hufeisen; ein goldenes Hufeisen an jeden Fuß.
Weshalb bekam es goldene Hufeisen?
Es war das schönste Tier, hatte feine Beine, kluge Augen und eine Mähne, die ihm wie ein seidener Schleier über den Hals herabhing. Es hatte seinen Herrn in Pulverdampf und Kugelregen getragen, hatte die Kugeln schwirren und pfeifen hören, es hatte um sich gebissen, um sich geschlagen und mitgekämpft, als die Feinde vordrangen. Es war mit seinem Kaiser in einem Sprung über das Pferd des gestürzten Feindes gesetzt, hatte die Krone aus rotem Golde gerettet, seines Kaisers Leben gerettet, das mehr wert war als das rote Gold und darum bekam des Kaisers Roß goldene Hufeisen, ein goldenes Hufeisen an jeden Fuß.

Und der Mistkäfer kroch hervor. ,,Erst die Großen, dann die Kleinen", sagte er, ,,aber die Größe allein macht es nicht." Und dabei streckte er seine dünnen Beine hin.

,,Was willst du?" fragte der Schmied.

,,Goldene Hufeisen!" antwortete der Mistkäfer.

,,Du bist nicht ganz richtig im Kopf", sagte der Schmied, ,,du willst auch goldene Hufeisen haben?"

,,Goldene Hufeisen!" sagte der Mistkäfer. ,,Bin ich nicht ebenso gut wie das große Tier da, das Bedienung haben muß, gestriegelt und gepflegt wird, Essen und Trinken bekommt? Gehöre ich nicht auch zu des Kaisers Stall?"

,,Aber weshalb bekommt das Pferd goldene Hufeisen?" fragte der Schmied. ,,Begreifst du das nicht?"

,,Begreifen? Ich begreife, daß es eine Geringschätzung meiner Person ist", sagte der Mistkäfer, ,,es ist eine Kränkung — und deshalb gehe ich nun in die weite Welt hinaus."

,,Scher dich fort!" sagte der Schmied.

,,Grober Geselle!" sagte der Mistkäfer, und dann ging er aus dem Stall hinaus, flog ein Stückchen, und da war er in einem niedlichen kleinen Blumengarten, wo es nach Rosen und Lavendel duftete.

,,Ist es hier nicht herrlich?" fragte eins der kleinen Marienkäferchen, die mit schwarzen Tupfen auf den roten, schildstarken Flügeln umherflogen. ,,Wie süß es hier duftet, wie schön es hier ist!"

,,Ich bin Besseres gewohnt", sagte der Mistkäfer, ,,nennt ihr das schön? Hier gibt es ja nicht einmal einen Misthaufen!"

Und dann ging er weiter, in den Schatten einer großen Levkoje; auf der kroch eine Kohlraupe herum.

,,Wie ist die Welt doch schön!" sagte die Kohlraupe.

„Die Sonne ist so warm! Alles ist so fröhlich! Und wenn ich einmal einschlafe und sterbe, wie sie es nennen, dann wache ich auf und bin ein Schmetterling.“

„Was du dir einbildest!“ sagte der Mistkäfer. „Als Schmetterling umherfliegen! Ich komme aus des Kaisers Stall, aber niemand dort, nicht einmal des Kaisers Leibroß, das immerhin meine abgelegten goldenen Hufeisen trägt, bildet sich so etwas ein. Flügel bekommen! Fliegen! Ja, jetzt fliegen wir!“ Und dann flog der Mistkäfer. „Ich will mich nicht ärgern, aber ich ärgere mich doch!“

Dann plumpste er auf einen großen Rasenplatz; hier lag er ein Weilchen, dann schlief er ein.

Himmel, was für ein Platzregen stürzte da herab! Der Mistkäfer erwachte von dem Geplätscher und wollte sich schnell in die Erde verkriechen, konnte es aber nicht. Er wälzte sich, schwamm auf dem Bauch und auf dem Rücken, an Fliegen war nicht zu denken, er kam bestimmt niemals lebendig von dieser Stelle fort; er lag, wo er lag, und blieb liegen.

Als der Regen ein wenig nachließ und der Mistkäfer sich das Wasser aus den Augen weggeblinzelt hatte, sah er etwas Weißes schimmern, es war Leinwand auf der Bleiche. Er gelangte dorthin und kroch in eine Falte des nassen Leinens; das war freilich nicht so, wie wenn er in dem warmen Haufen im Stalle lag; aber hier gab es nun nichts Besseres, und so blieb er einen ganzen Tag und eine ganze Nacht da, und auch das Regenwetter blieb. Gegen Morgen kroch der Mistkäfer hervor, er war sehr ärgerlich über das Klima.

Auf der Leinwand saßen zwei Frösche; ihre hellen Augen glänzten vor lauter Vergnügen. „Das ist ein herrliches Wetter!“ sagte der eine. „Wie das erfrischt! Und das Leinen hält das Wasser so schön fest! Es kribbelt mir in den Hinterbeinen als ob ich schwimmen sollte."

„Ich möchte wirklich wissen", sagte der andere, „ob die Schwalbe, die so weit umherfliegt, auf ihren vielen Reisen ins Ausland ein besseres Klima als das unsere gefunden hat! So ein Regen und so eine Nässe! Es ist gerade, als läge man in einem nassen Graben! Wenn man sich darüber nicht freut, dann liebt man wahrlich sein Vaterland nicht."

„Ihr seid wohl niemals im Stalle des Kaisers gewesen?" fragte der Mistkäfer. „Da ist das Nasse zugleich warm und würzig! Daran bin ich gewöhnt; das ist mein Klima, aber das kann man nicht mit auf Reisen nehmen. Gibt es hier im Garten kein Mistbeet, wo Standespersonen wie ich einkehren und sich wie zu Hause fühlen können?"

Aber die Frösche verstanden ihn nicht oder wollten ihn nicht verstehen.

„Ich frage nie zum zweiten Mal", sagte der Mistkäfer, als er dreimal gefragt hatte, ohne Antwort zu bekommen.

Dann ging er ein Stückchen weiter, da lag eine Topfscherbe; die hätte dort nicht liegen sollen, aber wie sie da lag, gab sie Schutz gegen Wind und Wetter. Hier wohnten mehrere Ohrwurmfamilien; sie verlangten nicht viel Raum, sondern nur Geselligkeit! Die Weibchen sind besonders von Mutterliebe erfüllt, daher hielt auch eine jede ihr Kind für das schönste und klügste.

„Unser Sohn hat sich verlobt", sagte eine Mutter, „die süße Unschuld! Sein höchstes Ziel ist, einmal einem Pfarrer ins Ohr zu kriechen. Er ist so liebenswert kindlich, und die Verlobung bewahrt ihn vor Ausschweifungen; das ist für eine Mutter so erfreulich."

„Unser Sohn", sagte eine andere Mutter, „war kaum

aus dem Ei gekrochen, da kam er schon in Fahrt! Er glüht inwendig, er läuft sich die Hörner ab. Das ist eine ungeheure Freude für eine Mutter! Nicht wahr, Herr Mistkäfer?" Sie erkannten den Gast an seinem Aussehen.

„Sie haben beide recht", sagte der Mistkäfer, und dann wurde er in die Stube gebeten, soweit er unter die Topfscherbe kommen konnte.

„Nun müssen Sie auch mein kleines Ohrwürmchen sehen", sagten eine dritte und vierte Mutter, „die Kinder sind zu süß und drollig! Sie sind niemals unartig, außer wenn sie Leibweh haben, aber das bekommt man ja leicht in ihrem Alter."

Und so sprach jede Mutter von ihren Kindern, und die Kinder redeten mit und benutzten die kleine Schere, die sie am Schwanz hatten, um den Mistkäfer am Schnurrbart zu zupfen.

„Die finden aber auch immer etwas Neues, die kleinen Schelme!" sagten die Mütter und dampften vor Mutterliebe, aber das langweilte den Mistkäfer, und darum fragte er, ob es von hier noch weit bis zum Mistbeet sei.

„Das ist weit draußen in der Welt, jenseits des Grabens", sagte ein Ohrwurm, „so weit wird hoffentlich keins meiner Kinder kommen, denn das wäre mein Tod!"

„Ich werde aber versuchen, so weit zu kommen", sagte der Mistkäfer und ging ohne Abschied davon; das ist am höflichsten.

Am Graben traf er mehrere von seiner Verwandtschaft, alles Mistkäfer.

„Hier wohnen wir!" sagten sie. „Wir haben es ganz gemütlich! Dürfen wir Sie in den fetten Schlamm hinunterbitten? Die Reise hat Sie sicherlich ermüdet!"

„Das stimmt", sagte der Mistkäfer. „Ich habe im

Regen auf Leinwand gelegen, und Reinlichkeit nimmt mich besonders mit. Ich habe auch Gicht in ein Flügelgelenk bekommen, als ich unter einer Topfscherbe im Zug stand. Es ist wirklich eine Erquikkung, wieder einmal zu seinesgleichen zu kommen."

„Sie kommen wahrscheinlich vom Mistbeet?" fragte der Älteste.

„Höher hinauf", sagte der Mistkäfer. „Ich komme aus dem Stall des Kaisers, wo ich mit goldenen Hufeisen geboren wurde. Ich reise in geheimem Auftrag, über den Sie mich nicht ausfragen dürfen, denn ich sage doch nichts."

Und dann stieg der Mistkäfer in den fetten Schlamm hinab; dort saßen drei junge Mistkäferfräulein, die kicherten, denn sie wußten nicht, was sie sagen sollten.

„Sie sind noch nicht verlobt", sagte die Mutter, und dann kicherten sie wieder, aber diesmal aus Verlegenheit.

„Ich habe selbst im Stall des Kaisers keine schöneren gesehen", sagte der reisende Mistkäfer.

„Verderben Sie mir meine Mädchen nicht! Und sprechen Sie nicht mit ihnen, wenn Sie keine ehrlichen Absichten haben! Aber die haben Sie ja, und ich gebe Ihnen meinen Segen."

„Hurra!" riefen all die anderen, und nun war der Mistkäfer verlobt. Erst war Verlobung, dann Hochzeit, man hatte ja keinen Grund zu warten.

Der nächste Tag verging sehr gut, der zweite ließ schon nach, aber am dritten mußte man doch an Nahrung für die Frau und vielleicht auch für die Kinder denken.

„Ich habe mich überraschen lassen!" sagte er. „Dann muß ich sie wohl auch überraschen." Und das tat er. Weg war er; weg den ganzen Tag, weg die ganze

Nacht — und die Frau saß da als Witwe. Die andern Mistkäfer sagten, daß es ein richtiger Landstreicher sei, den sie in die Familie aufgenommen hätten; die Frau falle ihnen zur Last.

„Dann mag sie wieder als Jungfrau gelten“, sagte die Mutter, „und als mein Kind hierbleiben. Pfui, der schlechte Kerl, der sie verlassen hat!“

Der Mistkäfer war unterdessen weitergereist und auf einem Kohlblatt über den Graben gesegelt. Gegen Morgen kamen zwei Menschen, die sahen den Mistkäfer, hoben ihn auf, wandten und drehten ihn, und sie waren beide sehr gelehrt, vor allem der Jüngere. „‚Allah sieht den schwarzen Mistkäfer in dem schwarzen Gestein auf dem schwarzen Berg!‘, steht es nicht so im Koran?“ fragte er und übersetzte den Namen des Mistkäfers ins Lateinische und erklärte dessen Art und Natur. Der ältere Gelehrte war dagegen, daß er mit nach Hause genommen werden sollte, sie hätten dort ebenso gute Exemplare, sagte er, und das war nicht höflich gesprochen, fand der Mistkäfer, deshalb flog er ihm von der Hand, flog ein ganzes Stück, denn seine Flügel waren getrocknet, und so gelangte er zum Treibhaus, wo er mit größter Bequemlichkeit, da das eine Fenster hochgeschoben war, hineinschlüpfen und sich in den frischen Mist eingraben konnte. „Hier ist es köstlich“, sagte er.

Bald darauf schlief er ein und träumte, das Kaisers Roß sei gestürzt und der Herr Mistkäfer habe seine goldenen Hufeisen bekommen und zwei seien ihm noch dazu versprochen worden. Das war sehr angenehm, und als der Mistkäfer dann erwachte, kroch er hervor und sah sich um. Welch eine Pracht war hier im Treibhaus! Große Fächerpalmen breiteten sich in der Höhe aus, die Sonne machte sie durchsichtig, und unter ihnen quoll eine Fülle von Grün hervor, Blumen leuchteten dazwischen auf, rot wie Feuer, gelb wie

Bernstein und weiß wie frisch gefallener Schnee.
„Das ist eine unvergleichliche Pflanzenpracht! Wie wird die schmecken, wenn sie in Fäulnis übergeht!" sagte der Mistkäfer. „Das ist eine gute Speisekammer! Hier wohnen bestimmt Verwandte; ich werde nachforschen, ob ich jemand finde, mit dem ich verkehren kann. Stolz bin ich, das ist mein Stolz!"
Und dann ging er los und dachte an seinen Traum von dem toten Pferd und den goldenen Hufeisen, die er geerbt hatte.
Da ergriff plötzlich eine Hand den Mistkäfer, er wurde gedrückt, gewendet und gedreht.
Der kleine Sohn des Gärtners und einer seiner Freunde waren im Treibhaus, hatten den Mistkäfer gesehen und wollten sich einen Spaß mit ihm machen. In ein Weinblatt gelegt, kam er in eine warme Hosentasche, er kribbelte und krabbelte, dann drückte aber die Hand des Jungen ein bißchen zu. Der Junge lief schnell zu dem großen See am Ende des Gartens. Hier wurde der Mistkäfer in einen alten, zerbrochenen Holzschuh gesetzt, von dem das Leder abgegangen war; ein Stäbchen wurde als Mast festgesteckt, und an den wurde der Mistkäfer mit einem Wollfaden festgebunden. Jetzt war er Schiffer und sollte segeln.
Es war ein sehr großer See, dem Mistkäfer kam er wie ein Weltmeer vor, und er war so erstaunt, daß er auf den Rücken fiel und mit den Beinen zappelte.
Der Holzschuh segelte ab, denn das Wasser hatte Strömung. Wenn aber das Fahrzeug ein wenig zu weit hinausgeriet, dann krempelte der eine Junge schnell seine Hosen hoch und ging hinein, um es zu holen. Als es aber wieder davontrieb, wurden die Jungen gerufen, dringend gerufen, und sie liefen fort und ließen den Holzschuh Holzschuh sein. Dieser trieb immer mehr vom Ufer weg, immer weiter hinaus. Es war

entsetzlich für den Mistkäfer, fliegen konnte er nicht, er war am Mast festgebunden.
Da bekam er Besuch von einer Fliege.
„Herrliches Wetter haben wir!“ sagte die Fliege. „Hier kann ich ausruhen! Hier kann ich mich sonnen. Sie haben es sehr angenehm!“
„Sie reden, wie Sie's verstehen! Sehen Sie nicht, daß ich festgebunden bin?“
„Ich bin nicht festgebunden“, sagte die Fliege, und dann flog sie weg.
„Nun kenne ich die Welt!“ sagte der Mistkäfer. „Es ist eine niederträchtige Welt! Ich bin der einzige Anständige darin! Erst verweigert man mir die goldenen Hufeisen, dann muß ich auf nasser Leinwand liegen, im Zugwind stehn, und schließlich hängen sie mir noch eine Frau an den Hals. Tue ich dann einen raschen Schritt in die Welt hinaus und sehe, wie es anderen geht und wie es mir gehen sollte, so kommt ein Menschenjunges und setzt mich gefesselt dem wilden Meere aus. Und unterdessen läuft des Kaisers Roß mit goldenen Hufeisen herum! Das wurmt mich am meisten; aber Teilnahme darf man in dieser Welt nicht erwarten! Mein Lebenslauf ist sehr interessant, doch was nützt das schon, wenn ihn niemand kennt! Die Welt verdient es auch nicht, ihn kennenzulernen, sonst hätte sie mir in des Kaisers Stall goldene Hufeisen gegeben, als das Leibroß seine Beine ausstreckte und beschlagen wurde. Hätte ich goldene Hufeisen bekommen, dann hätte ich dem Stall Ehre gemacht, nun hat er mich verloren, und die Welt hat mich verloren, alles ist aus!“
Aber es war noch nicht alles aus. Ein Boot mit ein paar jungen Mädchen kam herangerudert.
„Da segelt ein Holzschuh“, sagte die eine.
„Ein kleines Tier ist darin festgebunden“, sagte die andere. Da waren sie neben dem Holzschuh, fischten

ihn heraus, und eines der Mädchen nahm eine kleine Schere, schnitt den Wollfaden durch, ohne den Mistkäfer zu beschädigen, und als sie an Land kamen, setzte sie ihn ins Gras.

,,Krieche, krieche! Fliege, fliege, wenn du kannst!" sagte sie. ,,Freiheit ist eine schöne Sache."

Und der Mistkäfer flog gerade zum offenen Fenster eines großen Gebäudes herein, und dort sank er müde auf die feine, weiche, lange Mähne des kaiserlichen Leibrosses nieder, das im Stall stand, wo es und der Mistkäfer zu Hause waren. Er krallte sich in der Mähne fest, saß ein Weilchen ganz still und erholte sich. ,,Hier sitze ich auf des Kaisers Leibroß! Sitze als Reiter auf ihm! Was sage ich da! Ja, jetzt wird es mir klar! Das ist eine gute Idee, und sie ist richtig. Weshalb bekam das Pferd goldene Hufeisen? Danach fragte mich auch der Schmied. Jetzt erkenne ich es: Meinetwegen bekam das Pferd die goldenen Hufeisen!"

Und nun war der Mistkäfer guter Laune.

,,Man bekommt auf Reisen einen klaren Kopf", sagte er.

Die Sonne schien zu ihm herein, sie schien sehr schön. ,,Die Welt ist doch nicht so übel!" sagte der Mistkäfer. ,,Man muß sie nur zu nehmen wissen!" Die Welt war schön, denn des Kaisers Leibroß hatte goldene Hufeisen bekommen, weil der Mistkäfer sein Reiter sein sollte.

,,Nun will ich zu den anderen Käfern hinunterklettern und ihnen erzählen, wieviel man für mich getan hat. Ich werde ihnen von all den Annehmlichkeiten erzählen, die ich auf meiner Auslandsreise genossen habe, und ich will ihnen sagen, daß ich jetzt so lange zu Hause bleiben werde, bis das Pferd seine goldenen Hufeisen abgelaufen hat."

Es ist ganz gewiß!

„Das ist eine entsetzliche Geschichte!" sagte eine Henne, und zwar auf der anderen Seite der Stadt, wo die Geschichte nicht passiert war. „Das ist eine entsetzliche Geschichte im Hühnerhause! Ich kann heute nacht nicht allein schlafen! Es ist gut, daß wir zu vielen auf der Stiege zusammensitzen!" Und nun erzählte sie, so daß die Federn der andern Hühner sich sträubten und der Hahn den Kamm fallen ließ. Es ist ganz gewiß!

Aber wir wollen mit dem Anfang beginnen, und der trug sich in einem Hühnerhof auf der anderen Seite der Stadt zu. Die Sonne ging unter, und die Hühner flogen auf ihre Stiege; eine Henne, weißgefiedert und mit kurzen Beinen, legte ihre vorgeschriebenen Eier und war als Henne in jeder Weise ehrenwert; als sie auf die Stiege flog, zupfte sie sich mit dem Schnabel, und eine kleine Feder fiel ihr aus.

„Da geht sie hin", sagte sie, „je mehr ich mich rupfe, um so schöner werde ich!" Und sie sagte es im Spaß, denn sie war das heiterste unter den Hühnern, übrigens, wie gesagt, sehr ehrenwert; und darauf schlief sie ein.

Dunkel war es ringsumher, Henne saß bei Henne, aber die, welche der heiteren am nächsten saß, schlief nicht. Sie hörte und hörte auch nicht, wie es ja in dieser Welt sein soll, um in guter Ruhe zu leben; aber ihrer anderen Nachbarin mußte sie es doch erzählen: „Hörtest du, was hier gesagt wurde? Ich nenne keinen, aber hier ist eine Henne, die sich rupfen will, um gut auszusehen! Wäre ich ein Hahn, ich würde sie verachten!"

Und gerade oben über den Hühnern saß die Eule mit dem Eulenvater und ihren Eulenkindern. Die Familie hat scharfe Ohren, sie hörten jedes Wort, das die

Nachbarhenne sagte; und sie rollten mit den Augen, und die Eulenmutter schlug mit den Flügeln und sprach: „Hört nur nicht darauf! Aber ihr habt wohl schon gehört, was dort gesagt wurde? Ich hörte es mit meinen eigenen Ohren, und man muß viel hören, ehe sie einem abfallen! Da ist eine Henne, die in solchem Grade vergessen hat, was sich für eine Henne schickt, daß sie sich alle Federn ausrupft und es den Hahn sehen läßt!"

„Das ist nichts für die Kinder!" sagte der Eulenvater, und er sagte es auf französisch!

„Ich will es doch der Nachbareule erzählen; das ist eine sehr achtbare Eule im Umgang!" Und darauf flog sie fort.

„Hu, hu! Uhuh!" heulten sie beide in den Taubenschlag des Nachbars zu den Tauben hinein. „Habt ihr's gehört? Habt ihr's gehört? Uhuh! Eine Henne ist da, die sich des Hahnes wegen alle Federn ausgerupft hat; sie wird erfrieren, wenn sie nicht schon erfroren ist. Uhuh!"

„Wo? Wo?" gurrten die Tauben.

„Im Hofe des Nachbarn! Ich habe es so gut wie selbst gesehen! Es ist beinah unpassend, die Geschichte zu erzählen — aber es ist ganz gewiß!"

„Glaubt, glaubt jedes einzelne Wort!" sagten die Tauben und gurrten in ihren Hühnerhof hinunter: „Da ist eine Henne, ja, einige sagen, daß es zwei sind, die sich alle Federn ausgerupft haben, um nicht so wie die anderen auszusehen und um die Aufmerksamkeit des Hahns zu erregen. Das ist ein gewagtes Spiel, man kann sich erkälten und am Fieber sterben, und sie sind beide gestorben!"

„Wacht auf! Wacht auf!" krähte der Hahn und flog auf die Planke; der Schlaf saß ihm noch in den Augen, aber er krähte dennoch: „Drei Hennen sind vor unglücklicher Liebe zu einem Hahn gestorben! Sie

hatten sich alle Federn ausgerupft! Das ist eine häßliche Geschichte! Ich will sie nicht für mich behalten, sie mag weitergehen!"
„Laßt sie weitergehen!" pfiffen die Fledermäuse, und die Hühner gluckten, und die Hähne krähten: „Laßt sie weitergehen, laßt sie weitergehen!" Und so ging die Geschichte von Hühnerhaus zu Hühnerhaus und kam zuletzt an die Stelle zurück, von der sie eigentlich ausgegangen war. „Fünf Hühner", hieß es, „haben sich alle Federn ausgerupft, um zu zeigen, welches von ihnen aus Liebesgram für den Hahn am magersten geworden sei — und dann hackten sie sich gegenseitig blutig und stürzten tot nieder, zu Schimpf und Schande für ihre Familie und zum großen Schaden des Besitzers!"
Und die Henne, welche die lose kleine Feder verloren hatte, kannte natürlich ihre eigene Geschichte nicht wieder, und da sie eine ehrenwerte Henne war, so sagte sie: „Ich verachte jene Hühner, aber es gibt mehrere der Art! So etwas soll man nicht verschweigen, und ich werde das Meinige tun, daß die Geschichte in die Zeitung kommt. Dann verbreitet sie sich über das ganze Land; und das haben die Hühner verdient und ihre Familien auch."
Es kam in die Zeitung, es wurde gedruckt, und es ist ganz gewiß: Eine kleine Feder kann wohl zu fünf Hühnern werden!

Der Wassertropfen

Du kennst doch wohl ein Vergrößerungsglas, so ein rundes Brillenglas, das alles hundertmal größer macht, als es ist? Wenn man es vors Auge hält und auf einen Wassertropfen aus dem Teiche draußen guckt, dann erblickt man über tausend wunderbare

Tiere, die man sonst niemals im Wasser sieht. Aber sie sind da, und es ist keine Täuschung. Es sieht beinah so aus wie ein Teller voll Krabben, die durcheinander herumkriechen. Und sie sind so gierig: Sie reißen sich gegenseitig Arme und Beine, Hinter- und Vorderteile aus und sind doch auf ihre Art lustig und vergnügt.

Nun war einmal ein alter Mann, den alle Leute Kribbel-Krabbel nannten; denn so hieß er. Er wollte stets von einer jeden Sache das Beste haben, und wenn das durchaus nicht anging, nahm er es durch Zauberei.

Da saß er nun eines Tages und hielt sein Vergrößerungsglas vor die Augen und schaute in einen Wassertropfen, der aus einer Wasserpfütze im Graben genommen war. Ei, wie kribbelte und krabbelte es da! All die Tausende von kleinen Tieren hüpften und sprangen, zerrten einander und verschlangen einander.

„Das ist aber doch abscheulich!" sagte der alte Kribbel-Krabbel. „Kann man sie denn nicht dazu bringen, in Ruhe und Frieden zu leben, so daß sich jeder nur um sich selbst bekümmert?" Und er sann und sann, aber es wollte nicht gehen, und so mußte er zaubern. „Ich werde ihnen Farbe geben, so daß sie deutlicher zu sehen sind!" sagte er, und dann goß er etwas wie ein Tröpfchen roten Weines in den Wassertropfen, aber es war Hexenblut aus dem Ohrläppchen, die allerfeinste Sorte zu neun Pfennigen. Und nun wurden alle die wunderbaren Tierchen über und über rosenrot; es sah aus wie eine ganze Stadt voll nackter wilder Männer.

„Was hast du da?" fragte ein anderer alter Zauberer, der keinen Namen hatte; und das war das Feine an ihm.

„Ja, wenn du raten kannst, was das ist", sagte Kribbel-Krabbel, „dann will ich es dir schenken. Aber es ist nicht leicht, es herauszufinden, wenn man es nicht weiß!"

Und der Zauberer, der keinen Namen hatte, sah durch das Vergrößerungsglas. Es sah wirklich aus wie eine ganze Stadt, in der alle Menschen ohne Kleider umherliefen. Es war schauderhaft!

Aber noch schauderhafter war es, zu sehen, wie der eine den andern puffte und stieß, hackte und schnappte, biß und zerrte. Was unten war, sollte nach oben, und was oben war, sollte nach unten.

„Sieh, sieh! Sein Bein ist länger als meins! Bah! Weg damit! Da ist einer, der hat eine kleine Beule. Aber die tut ihm weh, und deshalb soll sie noch mehr weh tun." Und sie hackten darauf los, und sie zerrten an ihm herum und verschlangen ihn wegen der kleinen Beule. Da saß eine so still wie eine kleine Jungfrau und wollte nichts als Ruhe und Frieden. Aber nun mußte sie hervor! Und sie zerrten an ihr und rissen sie herum und verschlangen sie.

„Das ist sehr spaßhaft!" sagte der Zauberer.

„Ja, aber was meinst du denn, was das ist?" fragte Kribbel-Krabbel. „Kannst du es herausbekommen?"

„Nun, das kann man doch wohl sehen!" sagte der andere. „Das ist Paris oder eine andere große Stadt; — sie gleichen sich ja alle. Eine große Stadt ist es!"

„Das ist Pfützenwasser!" sagte Kribbel-Krabbel.

Der Tannenbaum

Draußen im Walde stand ein niedlicher kleiner Tannenbaum. Er hatte einen guten Platz. Sonne konnte er bekommen, Luft war genug da, und ringsumher wuchsen viele größere Kameraden, Tannen und auch Fichten. Der kleine Tannenbaum aber wünschte so sehnlich, größer zu werden. Er achtete nicht auf die warme Sonne und frische Luft, er kümmerte sich nicht um die Bauernkinder, die dort umhergingen und plauderten, wenn sie gekommen waren, um Erdbeeren und Himbeeren zu sammeln. Oft kamen sie mit einem ganzen Topf voll oder hatten Erdbeeren auf einen Strohhalm gereiht; dann setzten sie sich neben den kleinen Tannenbaum und sagten: „Nein, wie niedlich klein der ist!" Das mochte der Baum gar nicht hören.

Im nächsten Jahr war er um einen langen Trieb größer, und das Jahr darauf um noch einen; denn an den Tannenbäumen kann man immer an den vielen Trieben, die sie haben, sehen, wie viele Jahre sie gewachsen sind.

„Oh, wäre ich doch ein so großer Baum wie die andern!" seufzte der kleine Baum. „Dann könnte ich meine Zweige weit umher ausbreiten und mit der Krone in die weite Welt hinausblicken!

Die Vögel würden dann Nester in meinen Zweige bauen, und wenn der Wind weht, könnte ich vornehm nicken, gerade wie die andern dort."

Er hatte gar keine Freude am Sonnenschein, an den Vögeln und an den roten Wolken, die morgens und abends über ihn hinsegelten.

War es dann Winter und der Schnee lag weiß und funkelnd ringsumher, so kam oft ein Hase angesprungen und hüpfte gerade über den kleinen Baum weg — oh, das war ihm ärgerlich! — Aber zwei Winter vergingen, und im dritten war der Bum schon so groß, daß der Hase um ihn herumlaufen mußte. Oh, wachsen, wachsen, groß und alt werden: Das ist doch das einzig Schöne in dieser Welt! dachte der Baum.

Im Herbste kamen immer Holzhauer und fällten einige der größten Bäume. Das geschah jedes Jahr, und dem jungen Tannenbaum, der nun ganz gut gewachsen war, schauderte dabei. Denn die großen, prächtigen Bäume fielen mit Prasseln und Krachen zur Erde, die Zweige wurden ihnen abgehauen, die Bäume sahen ganz nackt, lang und schmal aus; sie waren fast nicht mehr zu erkennen. Aber dann wurden sie auf Wagen gelegt, und Pferde zogen sie davon, aus dem Walde hinaus. Wo sollten sie hin? Was stand ihnen bevor?

Im Frühjahr, als die Schwalben und Störche kamen, fragte sie der Baum: „Wißt ihr nicht, wohin sie geführt wurden? Seid ihr ihnen nicht begegenet?"

Die Schwalben wußten nichts, aber der Storch sah nachdenklich aus, nickte mit dem Kopf und sagte: „Ja, ich glaube wohl! Mir begegneten viele neue Schiffe, als ich aus Ägypten geflogen kam. Auf den Schiffen waren prächtige Mastbäume. Ich möchte denken, daß sie es waren; sie rochen nach Tanne. Ja, ich kann vielmals grüßen; die sehen prächtig aus, wirklich prächtig!"

„Oh, wäre ich doch auch groß genug, um über das Meer hinfahren zu können! Wie ist denn eigentlich dieses Meer, und wie sieht es aus?"

„Ja, das zu erklären ist zu weitläufig", sagte der Storch, und damit ging er fort.

„Freue dich deiner Jugend", sagten die Sonnenstrahlen, „freue dich deines frischen Wachstums, des jungen Lebens, das in dir ist!"

Und der Wind küßte den Baum, und der Tau weinte Tränen über ihn; aber das verstand der Tannenbaum nicht.

Wenn es auf die Weihnachtszeit zuging, wurden ganz junge Bäume gefällt, Bäume, die oft nicht einmal so groß oder so alt wie dieser Tannenbaum waren, der weder Ruhe noch Rast hatte, sondern immer fortwollte. Diese jungen Bäume, und es waren gerade die allerschönsten, behielten alle ihre Zweige, sie wurden

auf Wagen gelegt, und Pferde zogen sie davon, aus dem Walde hinaus.
,,Wohin sollen die?" fragte der Tannenbaum. ,,Sie sind nicht größer als ich; es war sogar einer dabei, der viel kleiner war! Weshalb behalten sie alle ihre Zweige? Wo fahren sie hin?"
,,Das wissen wir! Das wissen wir!" zwitscherten die Sperlinge. ,,Unten in der Stadt haben wir zu den Fenstern hineingesehen! Wir wissen, wohin sie fahren. Oh, sie kommen zur größten Pracht und Herrlichkeit, die man sich nur denken kann! Wir haben durch die Fensterscheiben gesehen, daß sie mitten in der warmen Stube aufgepflanzt und mit den schönsten Sachen: vergoldeten Äpfeln, Honigkuchen, Spielzeug und vielen hundert Lichtern, geschmückt werden."
,,Und dann?" fragte der Tannenbaum und bebte in allen Zweigen. ,,Und dann? Was geschah dann?"
,,Ja, mehr haben wir nicht gesehen. Das war unvergleichlich!"
,,Ob ich wohl auch bestimmt bin, diesen strahlenden Weg zu gehen?" jubelte der Tannenbaum. ,,Das ist noch besser, als über das Meer zu ziehen. Wie ich mich sehne! Wäre es doch Weihnachten! Nun bin ich groß und ausgewachsen wie die andern, die im vorigen Jahr weggeführt wurden. Oh, wäre ich nur schon auf dem Wagen! Wäre ich doch erst in der warmen Stube mit aller Pracht und Herrlichkeit! Und dann? Ja, dann kommt bestimmt etwas noch Besseres, noch Schöneres, weshalb würden sie uns sonst so schmükken? Es muß etwas noch Größeres, etwas noch Herrlicheres kommen! Aber was? Oh, ich leide, ich sehne mich! Ich weiß selbst nicht, wie mir ist!"
,,Freue dich an uns", sagten die Luft und das Sonnenlicht, ,,freue dich an deiner frischen Jugend im Freien!"

Aber er freute sich durchaus nicht und wuchs und wuchs. Winter und Sommer stand er grün, dunkelgrün stand er da; die Leute, die ihn sahen, sagten; „Das ist ein schöner Baum!“ Und zur Weihnachtszeit wurde er als erster von allen gefällt. Die Axt hieb tief durch das Mark; der Baum fiel mit einem Seufzer zu Boden. Er fühlte einen Schmerz, eine Ohnmacht: Er konnte gar nicht an irgendein Glück denken, sondern war betrübt, von der Heimat scheiden zu müssen, von dem Platz, auf dem er emporgewachsen war. Er wußte, daß er die lieben alten Kameraden, die kleinen Büsche und Blumen ringsumher, nie mehr sehen würde, ja vielleicht nicht einmal die Vögel. Die Abreise war durchaus nicht angenehm.
Der Baum kam erst wieder so recht zu sich, als er, im Hofe mit anderen Bäumen abgeladen, einen Mann sagen hörte: „Der hier ist prächtig! Wir brauchen nur diesen!“
Nun kamen zwei Diener in vollem Putz und trugen den Tannenbaum in einen großen, schönen Saal. Ringsherum an den Wänden hingen Bilder, und neben dem großen Kachelofen standen große chinesische Vasen mit Löwen auf den Deckeln. Es gab Schaukelstühle, seidene Sofas, große Tische voller Bilderbücher und Spielzeug für hundertmal hundert Taler — wenigstens sagten das die Kinder. Und der Tannenbaum wurde in ein großes, mit Sand gefülltes Gefäß gestellt; aber niemand konnte sehen, daß es ein Gefäß war, denn es wurde rundherum mit grünen Zweigen behängt und stand auf einem großen bunten Teppich. Oh, wie der Baum bebte! Was würde nun wohl geschehen? Die Diener und die Fräulein schmückten ihn. An seine Zweige hängten sie kleine Netze, aus farbigem Papier ausgeschnitten; jedes Netz war mit Zuckerwerk gefüllt. Vergoldete Äpfel und Nüsse hingen herab, als wären sie festgewach-

sen, und über hundert rote, blaue und weiße Kerzen wurden in den Zweigen festgesteckt. Puppen, die leibhaftig wie Menschen aussahen — der Baum hatte früher nie so etwas gesehen —, schwebten im Grünen, und hoch oben auf der Spitze wurde ein Stern von Flittergold befestigt; das war prächtig, ganz außerordentlich prächtig!

„Heut abend", sagten alle, „heut abend wird er strahlen!"

Oh, dachte der Baum, wäre es doch Abend! Würden nur die Lichter bald angezündet! Und was dann wohl geschieht? Ob da wohl die Bäumc aus dem Walde kommen, um mich zu schen? Ob die Sperlinge gegen die Fensterscheiben fliegen? Ob ich hier festwachse und Winter und Sommer geschmückt stehen werde?

Ja, er riet nicht übel. Aber er hatte tüchtige Rindenschmerzen vor lauter Sehnsucht, und Rindenschmerzen sind für einen Baum ebenso schlimm wie Kopfschmerzen für uns.

Nun wurden die Lichter angezündet. Welcher Glanz! Welche Pracht! Der Baum bebte in allen Zweigen, so daß eines der Lichter die Tannennadel anbrannte; es qualmte ordentlich. — „Gott bewahre uns!" schrien die Fräulein und löschten es hastig aus.

Jetzt durfte der Baum nicht einmal mehr zittern. Oh, das war ein Schreck! Ihm war bange, etwas von seinem Schmuck zu verlieren; er war ganz betäubt von all dem Glanze.

Und nun gingen beide Flügeltüren auf — und eine Menge Kinder stürzten herein, als wollten sie den Baum umwerfen; die älteren Leute kamen ihnen bedächtig nach. Die Kleinen standen ganz stumm — aber nur einen Augenblick, dann jubelten sie, daß es nur so schallte. Sie tanzten um den Baum herum, und ein Geschenk nach dem andern wurde abgepflückt.

Was machen sie? dachte der Baum. Was soll geschehen? Und die Lichter brannten bis dicht an die Zweige herunter, und immer wenn eines niederbrannte, wurde es ausgelöscht. Und dann erhielten die Kinder Erlaubnis, den Baum zu plündern. Oh, sie stürzten sich auf ihn, daß es in allen Zweigen knackte! Wäre er nicht mit der Spitze und mit dem Goldstern an der Decke befestigt gewesen, so wäre er umgestürzt.

Die Kinder tanzten mit ihrem prächtigen Spielzeug herum. Niemand sah nach dem Baum, außer der alten Kinderfrau, die herankam und zwischen die Zweige blickte, aber nur, um zu sehen, ob nicht eine Feige oder ein Apfel vergessen worden wäre.

„Eine Geschichte! Eine Geschichte!" riefen die Kinder und zogen einen kleinen dicken Mann zum Baum hin; und er setzte sich gerade darunter. „Denn da sind wir im Grünen", sagte er, „und der Baum kann besonderen Nutzen davon haben, zuzuhören! Aber ich erzähle nur eine Geschichte. Wollt ihr die von Ivede-Avede oder die von Klumpe-Dumpe hören, der die Treppe herunterfiel und doch zu Ehren kam und die Prinzessin erhielt?"

„Ivede-Avede!" schrien einige, „Klumpe-Dumpe!" schrien andere, das war ein Rufen und Schreien! Nur der Tannenbaum schwieg ganz still und dachte: Und was soll ich? Werde ich gar nichts dabei zu tun haben? Er war ja mitgewesen, hatte ja geleistet, was er sollte.

Und der Mann erzählte von Klumpe-Dumpe, der die Treppe herunterfiel und doch zu Ehren kam und die Prinzessin erhielt. Und die Kinder klatschten in die Hände und riefen: „Erzähle! Erzähle!" Sie wollten auch die Geschichte von Ivede-Avede hören, aber sie bekamen nur die von Klumpe-Dumpe. Der Tannenbaum stand ganz stumm und gedankenvoll; nie hatten die Vögel im Walde dergleichen erzählt. Klumpe-Dumpe fiel die Treppe hinunter und bekam doch die Prinzessin! Ja, ja, so geht es in der Welt zu! dachte der Tannenbaum und glaubte, daß es wahr sei, weil es so ein netter Mann war, der es erzählte. Ja, ja, wer kann es wissen! Vielleicht falle ich die Treppe hinunter und bekomme eine Prinzessin. Und er freute sich darauf, den nächsten Tag wieder mit Lichtern und Spielzeug, Gold und Früchten angeputzt zu werden. Morgen werde ich nicht zittern! dachte er. Ich will mich recht aller meiner Herrlichkeit freuen. Morgen werde ich wieder die Geschichte von Klumpe-Dumpe und vielleicht auch die von Ivede-Avede hören. Und der Baum stand die ganze Nacht still und gedankenvoll.

Am Morgen kamen die Diener und das Mädchen herein. Nun beginnt das Schmücken aufs neue! dachte der Baum. Aber sie schleppten ihn zum Zimmer hinaus, die Treppe hinauf auf den Boden, und hier stellten sie ihn in einen dunklen Winkel, wo kein Tageslicht hinschien. Was soll das bedeuten? dachte der Baum. Was soll ich hier machen? Was bekomme ich hier wohl zu hören? Und er lehnte sich an die Mauer und dachte und dachte. — Und er hatte Zeit genug, denn es vergingen Tage und Nächte; niemand kam herauf. Als endlich jemand kam, da geschah es nur, um einige Kästen in den Winkel zu stellen. Nun stand der Baum ganz versteckt; man mußte glauben, daß er völlig vergessen war.

Jetzt ist es Winter draußen, dachte der Baum. Die Erde ist hart und mit Schnee bedeckt, die Menschen können mich jetzt nicht pflanzen. Deshalb soll ich wohl bis zum Frühjahr hier geschützt stehen. Wie wohl das bedacht ist! Wie gut doch die Menschen sind! — Wäre es hier nur nicht so dunkel und so schrecklich einsam! Nicht einmal ein kleiner Hase! —

Das war doch hübsch da draußen im Walde, wenn der Schnee lag und der Hase vorbeisprang; ja, selbst als er über mich hinweghüpfte; aber damals konnte ich es nicht leiden. Hier oben ist es doch schrecklich einsam.

„Piep, piep!" sagte da eine kleine Maus und huschte hervor, und dann kam noch eine kleine. Sie beschnüffelten den Tannenbaum, und dann schlüpften sie zwischen seine Zweige. „Es ist eine greuliche Kälte!" sagten die kleinen Mäuse.

„Sonst ist es hier gut sein! Nicht wahr, du alter Tannenbaum?"

„Ich bin gar nicht alt", sagte der Tannenbaum. „Es gibt viele, die weit älter sind als ich!"

„Wo kommst du her", fragten die Mäuse, „und was weißt du?" Sie waren gewaltig neugierig. „Erzähle uns doch von dem schönsten Ort auf Erden! Bist du dort gewesen? Bist du in der Speisekammer gewesen, wo Käse auf den Brettern liegen und Schinken unter der Decke hängen, wo man auf Talglicht tanzt, mager hineingeht und fett herauskommt?"

„Das kenne ich nicht", sagte der Baum. „Aber den Wald kenne ich, wo die Sonne scheint und die Vögel singen!" Und dann erzählte er alles aus seiner Jugend, und die kleinen Mäuse hatten früher so etwas nie gehört, und sie horchten auf und sagten: „Nein, wieviel du gesehen hast! Wie glücklich du gewesen bist!"

„Ich?" sagte der Tannenbaum und dachte über das, was er selbst erzählte, nach. „Ja, es waren im Grunde ganz fröhliche Zeiten!" — Aber dann berichtete er vom Weihnachtsabend, wo er mit Kuchen und Lichtern geschmückt gewesen war.

„Oh", sagten die Mäuse, „wie glücklich du gewesen bist, du alter Tannenbaum!"

„Ich bin gar nicht alt", sagte der Baum. „Erst diesen

Winter bin ich vom Walde gekommen. Ich bin in meinem besten Alter. Ich bin nur so schnell gewachsen."

„Wie schön du erzählst!" sagten die kleinen Mäuse. Und in der nächsten Nacht kamen sie mit vier andern kleinen Mäusen, die den Baum auch erzählen hören sollten, und je mehr er erzählte, desto deutlicher erinnerte er sich selbst an alles und dachte: Es waren doch ganz fröhliche Zeiten! Aber sie können wiederkommen. Klumpe-Dumpe fiel die Treppe hinunter und erhielt doch die Prinzessin; vielleicht kann ich auch eine Prinzessin bekommen! Und dann dachte der Tannenbaum an eine kleine niedliche Birke, die draußen im Walde wuchs; das war für ihn eine wirkliche, schöne Prinzessin.

„Wer ist Klumpe-Dumpe?" fragten die kleinen Mäuse. Und dann erzählte der Tannenbaum das ganze Märchen. Er konnte sich jedes einzelnen Wortes entsinnen; und die kleinen Mäuse waren nahe daran, vor lauter Freude bis an die Spitze des Baums zu springen. In der folgenden Nacht kamen noch mehr Mäuse und am Sonntag sogar zwei Ratten; aber die meinten, die Geschichte sei nicht hübsch, und das betrübte die kleinen Mäuse, denn nun gefiel sie ihnen auch nicht mehr so gut.

„Kennen Sie nur die eine Geschichte?" fragten die Ratten.

„Nur die eine", sagte der Baum, „die hörte ich an meinem glücklichsten Abend; aber damals dachte ich nicht daran, wie glücklich ich war."

„Das ist eine höchst jämmerliche Geschichte! Kennen Sie keine von Speck oder Talglicht? Keine Speisekammergeschichte?"

„Nein", sagte der Baum.

„Dann danken wir dafür!" erwiderten die Ratten und gingen zu den Ihrigen zurück.

Die kleinen Mäuse blieben zuletzt auch weg, und da seufzte der Baum: „Es war doch ganz hübsch, als sie um mich herumsaßen, die flinken kleinen Mäuse, und zuhörten, wie ich erzählte! Nun ist das auch vorbei. Aber ich werde daran denken, mich freuen, wenn man mich wieder hervorholt.“ Doch wann geschah dies? — Ja, es war eines Morgens, da kamen Leute und wirschafteten auf dem Boden; die Kästen wurden weggesetzt, der Baum wurde hervorgezogen. Sie warfen ihn freilich ziemlich derb auf den Fußboden, aber ein Diener schleppte ihn sogleich nach der Treppe hin, wo das Tageslicht hinschien. Jetzt beginnt das Leben wieder! dachte der Baum. Er fühlte die frische Luft, die ersten Sonnenstrahlen — und nun war er draußen im Hofe. Alles ging so geschwind; der Baum vergaß völlig, sich selbst zu betrachten; da war so vieles ringumher zu sehen. Der Hof stieß an einen Garten, und alles blühte darin. Die Rosen hingen frisch und duftend über das kleine Gitter, die Lindenbäume blühten, und die Schwalben flogen umher und sagten: „Quirre-virre-vit, mein Mann ist da!“ Aber es war nicht der Tannenbaum, den sie meinten.

„Nun werde ich leben!“ jubelte dieser und breitete seine Zweige weit aus; aber ach, die waren alle vertrocknet und gelb; und er lag da im Winkel zwischen Unkraut und Nesseln. Der Stern von Goldpapier saß noch oben an der Spitze und glänzte im hellen Sonnenschein.

Im Hofe spielten einige von den munteren Kinder, die zur Weihnachtszeit den Baum umtanzt hatten und so froh über ihn gewesen waren. Eins der kleinsten lief hin und riß den Goldstern ab.

„Sieh, was da noch an dem häßlichen alten Tannenbaum sitzt!“ sagte es und trat auf die Zweige, daß sie unter seinen Schuhen knackten.

Und der Baum sah auf all die Blumenpracht und Frische im Garten; er betrachtete sich selbst und wünschte, daß er in seinem dunklen Winkel auf dem Boden geblieben wäre; er gedachte seiner frischen Jugend im Walde, des lustigen Weihnachtsabends und der kleinen Mäuse, die so munter die Geschichte von Klumpe-Dumpe angehört hatten.

„Vorbei! Vorbei!" sagte der arme Baum. „Hätte ich mich doch gefreut, als ich es noch konnte! Vorbei! Vorbei!"

Und der Knecht kam und hieb den Baum in kleine Stücke, ein ganzes Bündel lag da. Hell flackerte es auf unter dem großen Braukessel; und er seufzte tief, und jeder Seufzer war wie ein kleiner Schuß. Da liefen die Kinder, die dort spielten, herbei und setzten sich vor das Feuer; sie blickten hinein und riefen: „Piff! Paff!"

Aber bei jedem Knall, der ein tiefer Seufzer war, dachte der Baum an einen Sommertag im Walde oder an eine Winternacht da draußen, wenn die Sterne funkelten. Er dachte an den Weihnachtsabend und an Klumpe-Dumpe, das einzige Märchen, das er gehört hatte und erzählen konnte — und dann war der Baum verbrannt.

Die Knaben spielten im Garten, und der kleinste hatte den Goldstern auf der Brust, den der Baum an seinem glücklichsten Abend getragen hatte. Nun war der vorbei, und mit dem Baum war es vorbei und mit der Geschichte auch; vorbei, vorbei — und so geht es mit allen Geschichten . . .

Die Teekanne

Es war einmal eine stolze Teekanne, sie war stolz auf ihr Porzellan, stolz auf ihre lange Tülle, stolz auf ihren breiten Henkel; sie hatte vorn etwas und hinten etwas, die Tülle vorn, den Henkel hinten, und davon sprach sie. Aber sie sprach nicht von ihrem Deckel, der war zerbrochen, der war gekittet worden, der hatte Mängel, und von seinen Mängeln spricht man nicht gern, das tun schon die andern genug. Tassen, Sahnegießer und Zuckerdose, das ganze Teegeschirr würde wohl mehr an das Gebrechen des Deckels denken und davon sprechen als von dem guten Henkel und der Tülle; das wußte die Teekanne.
„Ich kenne sie!“ sagte sie zu sich selbst. „Ich kenne auch meine Mängel und bekenne mich dazu, darin liegt meine Demut, meine Bescheidenheit; Mängel haben wir alle, aber man hat doch auch seine Begabung. Die Tassen bekamen einen Henkel, die Zuckerdose einen Deckel, ich bekam nun beides und vorn noch eine Sache dazu, die sie nie bekommen, ich bekam eine Tülle, die macht mich zur Königin auf dem Teetisch. Der Zuckerdose und dem Sahnegießer ist es vergönnt, Dienerinnen des Wohlgeschmacks zu sein, aber ich bin die Geberin, die Gebieterin, ich bringe den dürstenden Menschen Segen; in meinem Innern werden die chinesischen Blätter in dem kochenden, geschmacklosen Wasser verarbeitet.“
All dies sagte die Teekanne in ihrer sorglosen Jugendzeit. Sie stand auf dem gedeckten Tisch, sie wurde von der feinsten Hand hochghoben; aber die feinste Hand war ungeschickt, die Teekanne fiel, die Tülle brach ab, der Henkel brach ab, von dem Deckel zu reden lohnt sich nicht, von dem ist schon genug geredet worden. Die Teekanne lag ohnmächtig auf dem Fußboden, das kochende Wasser lief heraus. Es

war ein schwerer Schlag, den sie erlitt, und das schwerste war, daß alle lachten, über sie lachten und nicht über die ungeschickte Hand.

„Diese Erinnerung werde ich wohl nie mehr los!" sagte die Teekanne, wenn sie sich später selbst ihren Lebenslauf erzählte. „Ich wurde Invalide genannt, in eine Ecke gestellt und am Tage drauf an eine Frau verschenkt, die um etwas Bratenfett bettelte; ich geriet in Armut, stand zwecklos da, äußerlich wie innerlich, aber wie ich so dastand, begann mein besseres Leben; man ist etwas und wird doch etwas ganz anderes. Erde wurde in mich hineingetan; das ist für eine Teekanne, als würde sie begraben, aber in die Erde wurde eine Blumenzwiebel gelegt; wer sie da hineingelegt, wer sie mir geschenkt hat, weiß ich nicht, geschenkt wurde sie mir, ein Ersatz für die chinesischen Blätter und das kochende Wasser, ein Ersatz für den abgebrochenen Henkel und die abgebrochene Tülle. Und die Zwiebel lag in der Erde, die Zwiebel lag in mir, sie wurde mein Herz, mein lebendiges Herz, ein solches hatte ich nie zuvor besessen. Es war Leben in mir, Kraft und Kräfte; der Puls schlug, die Zwiebel keimte, sie war nahe daran, von Gedanken und Gefühlen gesprengt zu werden; diese brachen in einer Blüte hervor; ich sah sie, ich trug sie, ich vergaß mich selbst in ihrer Schönheit; ein Segen ist es, sich selbst in anderen zu vergessen! Sie sagte mir keinen Dank, sie dachte nicht an mich; sie wurde bewundert und gepriesen. Ich war froh darüber, wie sehr mußte sie es da wohl sein. Eines Tages hörte ich, wie man sagte, daß sie einen besseren Topf verdiene. Man schlug mich mittendurch; das tat furchtbar weh; aber die Blume kam in einen besseren Topf, und ich wurde auf den Hof hinausgeworfen, liege da als alter Scherben — aber ich habe die Erinnerung, die kann mir niemand nehmen."

Die Blumen der kleinen Ida

,,Meine armen Blumen sind ganz tot!“ sagte die kleine Ida. ,,Gestern abend waren sie noch so schön, und nun hängen alle Blätter welk herab. Warum tun sie das?“ fragte sie den Studenten, der auf dem Sofa saß; denn den mochte sie gut leiden. Er wußte die allerschönsten Geschichten und schnitt so lustige Bilder aus: Herzen mit kleinen, tanzenden Damen darin, Blumen und große Schlösser, in denen man die Türen öffnen konnte. Es war ein lustiger Student.

,,Weshalb sehen die Blumen heute so matt aus?“ fragte sie wieder und zeigte ihm einen Strauß, der ganz welk war.

,,Weißt du, was ihnen fehlt?“ sagte der Student. ,,Die Blumen sind diese Nacht auf dem Ball gewesen, und darum lassen sie die Köpfe hängen.“

,,Aber Blumen können ja nicht tanzen!“ sagte die kleine Ida.

,,Doch“, sagte der Student, ,,wenn es dunkel wird und wir andern schlafen, dann springen sie lustig umher. Fast jede Nacht halten sie Ball.“

,,Können Kinder nicht mit auf diesen Ball kommen?“

,,O ja“, sagte der Student, ,,ganz kleine Gänseblümchen und Maiglöckchen.“

,,Wo tanzen denn die schönen Blumen?“ fragte die kleine Ida.

,,Bist du nicht manchmal draußen vor dem Tore bei dem großen Schloß gewesen, wo der König im Sommer wohnt, wo der herrliche Garten mit den vielen Blumen ist? Du hast doch die Schwäne gesehen, die zu dir hinschwimmen, wenn du ihnen Brotkrumen geben willst. Da draußen ist großer Ball, das kannst du mir glauben!“

,,Ich war gestern mit meiner Mutter draußen im

Garten", sagte Ida, „aber alle Blätter waren von den Bäumen, und es waren gar keine Blumen mehr da. Wo sind sie? Im Sommer sah ich so viele!"
„Sie sind drinnen im Schloß", sagte der Student. „Weißt du, sobald der König und alle Hofleute in die Stadt ziehen, laufen die Blumen gleich aus dem Garten auf das Schloß und sind lustig. Das solltest du sehen! Die beiden allerschönsten Rosen setzen sich auf den Thron, und dann sind sie König und Königin. Alle roten Hahnenkämme stellen sich zu beiden Seiten auf und stehen und verbeugen sich, das sind die Kammerjunker. Dann kommen alle die niedlichen Blumen, und es ist großer Ball. Die blauen Veilchen stellen kleine Seekadetten vor, sie tanzen mit Hyazinthen und Krokus, die sie Fräulein nennen. Die Tulpen und die großen Feuerlilien sind alte Damen, die passen auf, daß schön getanzt wird und daß es ordentlich zugeht." — „Aber", fragte die kleine Ida, „ist niemand da, der den Blumen etwas zuleide tut, weil sie im Schlosse des Königs tanzen?"
„Es weiß eigentlich niemand so richtig davon", sagte der Student. „Zuweilen kommt freilich in der Nacht der alte Schloßverwalter, der dort aufpassen soll. Er hat ein großes Bund Schlüssel bei sich, aber sobald die Blumen die Schlüssel rasseln hören, sind sie ganz still, verstecken sich hinter den langen Gardinen und stecken die Köpfe hervor.
‚Ich rieche, daß Blumen hier sind', sagt der alte Schloßverwalter, aber er kann sie nicht sehen."
„Das ist lustig", sagte die kleine Ida und klatschte in die Hände. „Aber könnte ich die Blumen auch nicht sehen?"
„Doch", sagte der Student. „Denke nur daran, wenn du wieder hinauskommst, daß du durchs Fenster siehst, so wirst du sie schon bemerken. Das tat ich heute; da lag eine lange gelbe Lilie auf dem Sofa und

streckte sich, das war eine Hofdame."
,,Können auch die Blumen aus dem Botanischen Garten dahin kommen? Können sie den weiten Weg gehen?"
,,Ja, gewiß", sagte der Student; ,,wenn sie wollen, so können sie fliegen. Hast du nicht die schönen Schmetterlinge gesehen, die roten, gelben und weißen? Sie sehen fast aus wie Blumen, und das sind sie auch gewesen. Sie sind vom Stengel weg hoch in die Luft gesprungen und haben mit den Blättern geschlagen, als wenn es kleine Flügel wären, und da flogen sie. Und weil sie sich gut aufführten, bekamen sie die Erlaubnis, auch bei Tage herumzufliegen, und brauchten nicht zu Hause still auf dem Stiel zu sitzen. So wurden die Blätter am Ende zu wirklichen Flügeln. Das hast du ja selbst gesehen. Es kann übrigens sein, daß die Blumen im Botanischen Garten noch nie im Schloß des Königs gewesen sind oder nicht wissen, daß es dort des Nachts so munter hergeht. Darum will ich dir etwas sagen: Er wird recht erstaunen, der Botanikprofessor, der hier nebenan wohnt, du kennst ihn ja wohl? Wenn du in seinen Garten kommst, mußt du einer der Blumen erzählen, daß draußen auf dem Schlosse großer Ball ist. Die sagt es allen andern wieder, und dann fliegen sie fort. Kommt nun der Professor in den Garten hinaus, so ist nicht eine einzige Blume da, und er kann gar nicht begreifen, wo sie geblieben sind."
,,Aber wie kann denn die eine Blume es der andern erzählen? Die Blumen können ja nicht sprechen!"
,,Das können sie freilich nicht", erwiderte der Student, ,,aber dann geben sie sich Zeichen. Hast du nicht oft gesehen, daß die Blumen, wenn es ein wenig weht, sich zunicken und all ihre grünen Blätter bewegen? Das ist für sie ebenso deutlich, wie wenn wir miteinander sprechen."

„Kann der Professor denn diese Zeichen verstehen?" fragte Ida.
„Ja, sicherlich. Er kam eines Morgens in seinen Garten und sah eine große Brennessel stehen und mit ihren Blättern einer schönen roten Nelke Zeichen geben. Sie sagte: ‚Du bist so niedlich, und ich bin dir gut!' Aber so etwas kann der Professor nicht leiden. Er schlug sogleich der Brennessel auf die Blätter; denn das sind ihre Finger. Aber da brannte er sich, und seit der Zeit wagt er es nicht, eine Brennessel anzurühren."
„Das ist lustig!" sagte die kleine Ida und lachte.
„Wie kann man einem Kinde nur so etwas in den Kopf setzen!" sagte der langweilige Kanzleirat, der zu Besuch gekommen war und auf dem Sofa saß. Er konnte den Studenten gar nicht leiden und brummte immer, wenn er ihn die possierlichen, munteren Bilder ausschneiden sah. Bald war es ein Mann, der an einem Galgen hing und ein Herz in der Hand hielt, denn er war ein Herzendieb; bald eine alte Hexe, die auf einem Besen ritt und ihren Mann auf der Nase hatte. Das konnte der Kanzleirat nicht leiden, und dann sagte er gerade wie jetzt: „Wie kann man einem Kinde so etwas in den Kopf setzen! Das ist dumme Phantasie!" Aber der kleinen Ida schien es doch recht drollig zu sein, was der Student von ihren Blumen erzählte, und sie dachte viel daran. Die Blumen ließen die Köpfe hängen, denn sie waren müde, weil sie die ganze Nacht getanzt hatten; sicher waren sie krank. Da ging sie mit ihnen zu ihrem andern Spielzeug, das auf einem niedlichen kleinen Tische stand, und das ganze Schubfach war voll schöner Sachen. Im Puppenbett lag ihre Puppe Sophie und schlief, aber die kleine Ida sagte zu ihr: „Du mußt leider aufstehen, Sophie, und damit fürliebnehmen, diese Nacht im Schubkasten zu liegen. Die armen Blumen sind krank,

und da müssen sie in deinem Bette liegen, vielleicht werden sie dann wieder gesund!"

Und sogleich nahm sie die Puppe heraus, aber die sah ganz verdrießlich aus und sagte kein einziges Wort; denn sie war ärgerlich, daß sie ihr Bett nicht behalten konnte.

Dann legte Ida die Blumen in das Puppenbett, zog die kleine Decke ganz über sie herauf und sagte, nun sollten sie hübsch still liegen, dann wolle sie ihnen Tee kochen, damit sie wieder gesund würden und morgen aufstehen könnten. Und sie zog die Gardinen dicht um das kleine Bett zusammen, damit die Sonne ihnen nicht in die Augen scheine.

Den ganzen Abend hindurch mußte sie immer daran denken, was ihr der Student erzählt hatte. Und als sie nun selbst zu Bett sollte, mußte sie erst hinter die Gardinen sehen, die vor den Fenstern herabhingen, wo die herrlichen Blumen ihrer Mutter standen, Hyazinthen und Tulpen; und da flüsterte sie ganz leise: „Ich weiß wohl, ihr geht diese Nacht auf den Ball!" Aber die Blumen taten, als ob sie nichts verständen, und rührten kein Blatt; allein die kleine Ida wußte doch, was sie wußte. Als sie ins Bett gegangen war, lag sie lange wach und dachte daran, wie hübsch es sein müßte, die schönen Blumen wirklich draußen im Schlosse des Königs tanzen zu sehen. Ob meine Blumen wirklich dabeigewesen sind? Aber dann schlief sie ein. In der Nacht erwachte sie wieder. Sie hatte von den Blumen und dem Studenten, den der Kanzleirat gescholten hatte, geträumt. Es war ganz still in der Schlafstube, wo Ida lag. Die Nachtlampe brannte auf dem Tisch, und Vater und Mutter schliefen.

Ob meine Blumen wohl noch in Sophies Bett liegen? dachte sie bei sich selbst. Wie gern möchte ich es doch wissen! Sie erhob sich ein wenig und blickte

nach der Tür, die angelehnt stand: Drinnen lagen die Blumen und all ihr Spielzeug. Sie lauschte, und da kam es ihr vor, als höre sie, wie jemand in der Stube auf dem Klavier spiele, aber ganz leise und so hübsch, wie sie es nie zuvor vernommen hatte.
Nun tanzen sicherlich alle Blumen drinnen, dachte sie. O Gott, wie gern möchte ich es doch sehen! Aber sie wagte nicht aufzustehen; denn sonst weckte sie ihren Vater und ihre Mutter.
Wenn sie doch nur hereinkommen wollten, dachte sie. Aber die Blumen kamen nicht, und die Musik fuhr fort, so hübsch zu spielen. Da konnte sie es nicht mehr aushalten; denn es war gar zu schön. Sie kroch aus ihrem kleinen Bett heraus, ging ganz leise zur Tür und sah in die Stube hinein. Nein, wie herrlich war das, was sie zu sehen bekam!
Es brannte keine Nachtlampe, aber doch war's ganz hell. Der Mond schien durch das Fenster mitten auf den Fußboden; es war fast, als ob es Tag sei. Alle Hyazinthen und Tulpen standen in zwei langen Reihen im Zimmer. Es waren gar keine mehr am Fenster, dort standen nur die leeren Töpfe. Auf dem Fußboden tanzten alle Blumen niedlich rings umeinander herum, bildeten eine Kette und hielten einander bei den langen grünen Blättern, wenn sie sich herumschwenkten. Aber am Klavier saß eine große gelbe Lilie, die die kleine Ida bestimmt im Sommer gesehen hatte; denn sie erinnerte sich deutlich, daß der Student gesagt hatte: „Nein, wie gleicht sie dem Fräulein Linchen!" Aber da wurde er von allen ausgelacht. Doch nun schien es der kleinen Ida wirklich auch, als ob die lange gelbe Blume dem Fräulein gliche. Sie hatte auch dieselben Manieren beim Spielen: Bald neigte sie ihr längliches gelbes Antlitz nach der einen Seite, bald nach der andern und nickte im Takt zu der herrlichen Musik. Niemand

bemerkte die kleine Ida. Dann sah sie einen großen blauen Krokus mitten auf dem Tisch hüpfen, wo das Spielzeug stand, gerade auf das Puppenbett zugehen und die Gardinen beiseite ziehen. Da lagen die kranken Blumen, aber sie erhoben sich sogleich und nickten den andern zu, daß sie auch mittanzen wollten. Der alte Räuchermann, dem die Unterlippe abgebrochen war, stand auf und verneigte sich vor den hübschen Blumen. Diese sahen durchaus nicht krank aus, sie sprangen hinunter zu den andern und waren recht vergnügt.

Es war, als ob etwas vom Tische herunterfiele. Ida sah hin: Die Fastnachtsrute sprang herunter, es schien, als gehörte sie mit zu den Blumen. Sie war ebenfalls sehr niedlich und hatte obendrauf eine kleine Wachspuppe sitzen, die gerade einen solchen breiten Hut auf dem Kopfe trug wie der Kanzleirat. Die Fastnachtsrute hüpfte auf ihren drei roten Stelzfüßen mitten unter die Blumen und stampfte ganz laut; denn sie tanzte Mazurka, und den Tanz konnten die andern Blumen nicht, weil sie zu leicht waren und nicht so zu stampfen vermochten.

Die Wachspuppe auf der Fastnachtsrute wurde auf einmal groß und lang, wirbelte über die Papierblumen hinweg und rief ganz laut: „Wie kann man dem Kinde so etwas in den Kopf setzen! Das ist dumme Phantasie!" Und da glich die Wachspuppe ganz genau dem Kanzleirat mit dem breiten Hute, sie sah ebenso gelb und verdrießlich aus. Aber die Papierblumen schlugen ihn an die dünnen Beine, und da schrumpfte er wieder zusammen und wurde eine winzig kleine Wachspuppe. Das war so lustig anzusehen, daß die kleine Ida das Lachen nicht unterdrücken konnte. Die Fastnachtsrute fuhr fort zu tanzen, und der Kanzleirat mußte mittanzen. Es half nichts, er mochte sich nun groß und lang machen oder die kleine gelbe Wachspuppe

mit dem großen schwarzen Hut bleiben. Da legten die anderen Blumen ein gutes Wort für ihn ein, besonders die, welche im Puppenbett gelegen hatten, und da ließ es die Fastnachtsrute gut sein.
In demselben Augenblick klopfte es ganz laut drinnen im Schubkasten, wo Idas Puppe Sophie bei vielem andern Spielzeug lag. Der Räuchermann lief bis zur Tischkante, legte sich lang auf den Bauch und begann den Schubkasten ein wenig herauszuziehen. Da erhob sich Sophie und sah ganz erstaunt ringsumher.
„Hier ist wohl Ball?" sagte sie. „Warum hat mir das niemand gesagt?"
„Willst du mit mir tanzen?" fragte der Räuchermann.
„Ja, du bist mir der Rechte zum Tanzen!" sagte sie und kehrte ihm den Rücken zu. Dann setzte sie sich auf den Schubkasten und dachte, daß wohl eine der Blumen kommen und sie auffordern würde; aber es kam keine. Dann hüstelte sie: „Hm, hm, hm!" Aber trotzdem kam keine. Der Räuchermann tanzte nun ganz allein, und das war gar nicht so schlecht!
Da keine der Blumen Sophie zu bemerken schien, ließ sie sich vom Schubkasten gerade auf den Boden herunterfallen, so daß es großen Lärm gab. Alle Blumen kamen zu ihr gelaufen und fragten, ob sie sich nicht weh getan, und sie waren alle sehr freundlich gegen sie, besonders die Blumen, die in ihrem Bette gelegen hatten. Aber sie hatte sich nicht weh getan; und Idas Blumen bedankten sich alle für das schöne Bett und waren ihr so gut, nahmen sie mitten in die Stube, wo der Mond schien, und tanzten mit ihr, und alle andern Blumen bildeten einen Kreis um sie herum. Nun war Sophie vergnügt und sagte, sie könnten ihr Bett behalten; es mache ihr gar nichts aus, im Schubkasten zu liegen.
Aber die Blumen sagten: „Wir danken dir herzlich,

doch wir können nicht so lange leben. Morgen sind wir tot. Aber sage der kleinen Ida, sie möge uns draußen im Garten, wo der Kanarienvogel liegt, begraben; dann wachen wir im Sommer wieder auf und werden noch schöner!"

,,Nein, ihr dürft nicht sterben!" sagte Sophie und küßte die Blumen. Da ging die Saaltür auf, und eine Menge herrlicher Blumen kam hereingetanzt. Ida konnte gar nicht begreifen, woher sie gekommen waren; das waren sicher alle Blumen draußen vom Schlosse des Königs. Voran gingen zwei prächtige Rosen, die hatten kleine Goldkronen auf: Das war ein König und eine Königin. Dann kamen die niedlichsten Levkojen und Nelken, die grüßten nach allen Seiten. Sie hatten Musik bei sich; große Mohnblumen und Päonien bliesen auf Erbsenschoten, daß sie ganz rot im Gesicht wurden. Die blauen Glockenblumen und die kleinen weißen Schneeglöckchen klingelten, als ob sie Schellen hätten. Das war eine merkwürdige Musik! Dann kamen viele andere Blumen und tanzten allesamt, die blauen Veilchen und die roten Tausendschönchen, die Gänseblumen und die Maiglöckchen. Und alle Blumen küßten einander, es war allerliebst anzusehen.

Zuletzt sagten die Blumen einander gute Nacht; da schlich sich auch die kleine Ida in ihr Bett, wo sie von allem träumte, was sie gesehen hatte. Als sie am nächsten Morgen aufstand, ging sie geschwind zu dem kleinen Tisch hin, um zu sehen, ob die Blumen noch daseien. Sie zog die Gardine von dem Bettchen zur Seite: Da lagen sie alle, aber sie waren ganz verwelkt, viel mehr als gestern. Sophie lag im Schubkasten, wo sie sie hingelegt hatte; sie sah sehr schläfrig aus.

,,Entsinnst du dich, was du mir sagen solltest?" fragte die kleine Ida. Aber Sophie sah ganz dumm

aus und sagte nicht ein einziges Wort.
„Du bist gar nicht gut", sagte Ida. „Und sie tanzten doch allesamt mit dir!" Dann nahm sie eine kleine Pappschachtel, auf die schöne Vögel gezeichnet waren, machte sie auf und legte die toten Blumen hinein.
„Das soll euer Sarg sein", sagte sie. „Und wenn später die Vettern zu Besuch kommen, so sollen sie mir helfen, euch draußen im Garten zu begraben, damit ihr zum Sommer wieder wachsen und noch viel schöner werden könnt."
Die Vettern waren zwei muntere Knaben, sie hießen Jonas und Adolf. Ihr Vater hatte ihnen zwei neue Armbrüste geschenkt, und die hatten sie bei sich, um sie Ida zu zeigen. Die erzählte ihnen von den armen Blumen, die gestorben waren, und dann erhielten sie Erlaubnis, sie zu begraben. Beide Knaben gingen mit den Armbrüsten auf den Schultern voran, und die kleine Ida folgte mit den toten Blumen in der niedlichen Schachtel. Draußen im Garten wurde ein kleines Grab gegraben. Ida küßte die Blumen und legte sie dann mit der Schachtel in die Erde. Adolf und Jonas schossen mit den Armbrüsten über des Grab; denn Gewehre oder Kanonen hatten sie nicht.

Das Gänseblümchen

Nun höre einmal zu!
Draußen auf dem Lande, dicht am Wege, lag ein Landhaus; du hast es gewiß selbst einmal gesehen. Davor ist ein kleiner Garten mit Blumen und einem Staketenzaun, der gestrichen ist. Dicht dabei am Graben, mitten im schönsten grünen Grase, wuchs ein Gänseblümchen. Die Sonne beschien es ebenso warm wie die großen, schönen Prachtblumen im Garten,

und deshalb wuchs es von Stunde zu Stunde. Eines Morgens stand es mit seinen kleinen, leuchtendweißen Blättern, die wie Strahlen rings um die kleine gelbe Sonne in der Mitte sitzen, ganz entfaltet da. Es dachte gar nicht daran, daß kein Mensch es dort im Grase sähe und daß es eine arme, verachtete Blume sei; nein, es war sehr vergnügt, wendete sich der warmen Sonne gerade entgegen, sah zu ihr auf und horchte auf die Lerche, die in der Luft sang.
Das kleine Gänseblümchen war so glücklich, als ob es ein großer Festtag wäre, und es war doch nur ein Montag. Alle Kinder waren in der Schule; während sie auf ihren Bänken saßen und etwas lernten, saß es auf seinem grünen Stengel und lernte auch von der warmen Sonne und allem ringsumher; und es gefiel ihm, daß die kleine Lerche alles, was es in der Stille fühlte, so deutlich und schön sang. Und das Gänseblümchen blickte mit einer Art Ehrfurcht zu dem glücklichen Vogel empor, daß es das selbst nicht vermochte. Ich kann ja sehen und hören! dachte es. Die Sonne bescheint mich, und der Wind küßt mich! Oh, wie reich bin ich doch beschenkt worden!
Innerhalb des Staketenzauns standen viel steife, vornehme Blumen; je weniger Duft sie hatten, um so mehr prunkten sie. Die Päonien bliesen sich auf, um größer als eine Rose zu sein; aber die Größe allein macht es nicht. Die Tulpen hatten die allerschönsten Farben, und das wußten sie wohl und hielten sich kerzengerade, damit man sie besser sehen möchte. Sie beachteten das kleine Gänseblümchen da draußen gar nicht, aber dieses sah desto mehr nach ihnen und dachte: Wie sind die reich und schön! Ja, zu ihnen fliegt sicher der prächtige Vogel hernieder und besucht sie! Gott sei Dank, daß ich so nahe dabei stehe, da kann ich doch die Pracht zu sehen bekommen! Und gerade, wie sie es dachte: „Kwiwitt!“, da kam die

Lerche geflogen; aber nicht zu den Päonien und Tulpen herunter — nein, nieder in das Gras zu dem armen Gänseblümchen. Es erschrak vor lauter Freude so, daß es gar nicht wußte, was es denken sollte.

Der kleine Vogel tanzte rings um es her und sang: „Nein, wie ist doch das Gras so weich! Und sieh, welch eine liebliche kleine Blume mit Gold im Herzen und Silber auf dem Kleide!" Der gelbe Punkt im Gänseblümchen sah ja auch aus wie Gold, und die kleinen Blätter ringsherum erglänzten silberweiß.

Wie glücklich das kleine Gänseblümchen war — nein, das kann niemand begreifen. Der Vogel küßte es mit seinem Schnabel, sang ihm vor und flog dann wieder in die blaue Luft hinauf. Es dauerte sicher eine ganze Viertelstunde, bevor das Gänseblümchen sich erholen konnte. Halb verschämt und doch innig erfreut sah es nach den anderen Blumen im Garten. Sie hatten ja die Ehre und das Glück gesehen, die ihm widerfahren waren, sie mußten ja begreifen, welche Freude es war. Aber die Tulpen standen noch einmal so steif wie früher; und dann waren sie ganz spitz im Gesicht und rot, denn sie hatten sich geärgert. Die Päonien waren ganz dickköpfig. Es war gut, daß sie nicht sprechen konnten; sonst hätte das Gänseblümchen eine ordentliche Zurechtweisung bekommen. Das arme Blümchen konnte wohl sehen, daß sie nicht bei guter Laune waren, und das tat ihm herzlich leid. Zur selben Zeit kam ein Mädchen mit einem großen scharfen und glänzenden Messer in den Garten; es ging gerade durch die Tulpen hin und schnitt eine nach der andern ab. „Uh!" seufzte das Gänseblümchen, „das ist ja schrecklich; nun ist es mit ihnen aus!" Dann ging das Mädchen mit den Tulpen fort. Das Gänseblümchen war froh darüber, daß es draußen im Grase stand und eine kleine arme Blume war.

Es fühlte sich sehr dankbar, und als die Sonne unterging, faltete es seine Blätter, schlief ein und träumte die ganze Nacht von der Sonne und dem kleinen Vogel.

Am nächsten Morgen, als das Blümchen wieder glücklich all seine weißen Blätter wie kleine Arme gegen Luft und Licht ausstreckte, erkannte es die Stimme des Vogels, aber es war so traurig, was er sang. Ja, die arme Lerche hatte guten Grund dazu; sie war gefangen worden und saß nun in einem Käfig, dicht bei dem offenen Fenster. Sie sang davon, frei und glücklich umherzufliegen, sang von dem jungen grünen Korn auf dem Felde und von der herrlichen Reise, die sie mit ihren Flügeln hoch in die Luft hinauf machen konnte. Die arme Lerche war nicht bei guter Laune; gefangen saß sie da im Käfig.

Das kleine Gänseblümchen wollte so gern helfen. Aber wie sollte es das anfangen? Ja, es war schwer auszudenken. Es vergaß völlig, wie schön alles ringsumher stand, wie warm die Sonne schien und wie prächtig weiß seine Blüten aussahen. Ach, es konnte nur an den gefangenen Vogel denken, für den es gar nichts zu tun vermochte.

Zur selben Zeit kamen zwei kleine Knaben aus dem Garten. Der eine von ihnen trug ein Messer in der Hand, groß und scharf wie das, welches das Mädchen hatte, um die Tulpen abzuschneiden. Sie gingen gerade auf das Gänseblümchen zu, das gar nicht begreifen konnte, was sie wollten. „Hier können wir ein herrliches Rasenstück für die Lerche ausschneiden", sagte der eine Knabe und begann dann, um das Gänseblümchen herum ein Viereck zu schneiden, so daß es mitten in dem Rasenstück stehenblieb.

„Reiß die Blume ab!" sagte der andere Knabe, und das Gänseblümchen zitterte vor Angst, denn abgerissen zu werden hieß ja das Leben verlieren; und

nun wollte es gar zu gern leben, da es mit dem Rasenstück zu der gefangenen Lerche in den Käfig sollte. „Nein, laß sie stehen", sagte der andere Knabe, „sie schmückt so niedlich!" Und so blieb sie stehen und kam mit in das Vogelbauer der Lerche.
Aber der arme Vogel klagte laut über seine verlorene Freiheit und schlug mit den Flügeln gegen den Eisendraht im Käfig, und das Gänseblümchen konnte nicht sprechen, kein tröstendes Wort sagen, so gern es auch wollte. So verging der ganze Vormittag.
„Hier ist kein Wasser!" sagte die gefangene Lerche. „Sie sind alle ausgegangen und haben vergessen, mir etwas zu trinken zu geben. Mein Hals ist trocken und brennt. Es ist wie Feuer und Eis in mir, und die Luft ist so schwer. Ach, ich muß sterben, scheiden vom warmen Sonnenschein, vom frischen Grün, von all der Herrlichkeit, die Gott geschaffen hat!" Und dann bohrte sie ihren Schnabel in das kühle Rasenstück, um sich dadurch ein wenig zu erfrischen. Da fiel ihr Blick auf das Gänseblümchen, und der Vogel nickte ihm zu, küßte es mit dem Schnabel und sagte: „Du mußt hier drinnen auch vertrocknen, du arme kleine Blume! Dich und den kleinen Flecken grünen Grases hat man mir für die ganze Welt gegeben, die ich draußen hatte. Jeder kleine Grashalm soll mir ein grüner Baum, jedes deiner weißen Blätter eine duftende Blume sein. Ach, ihr erzählt mir nur, wieviel ich verloren habe!"
Wer ihn doch trösten könnte, dachte das Gänseblümchen, aber es konnte kein Blatt bewegen. Doch der Duft, der den feinen Blättern entströmte, war viel stärker, als man ihn sonst bei dieser Blume findet. Das bemerkte der Vogel auch, und obwohl er vor Durst verschmachtete und in seinem Schmerz die grünen Grashalme abriß, rührte er doch die Blume nicht an.

Es wurde Abend, und noch kam niemand, dem armen Vogel einen Wassertropfen zu bringen. Da streckte er seine hübschen Flügel aus und schüttelte sie krampfhaft. Sein Gesang war ein wehmütiges Piep-piep; das kleine Haupt neigte sich der Blume entgegen, und des Vogels Herz brach aus Mangel und Sehnsucht. Da konnte das Blümchen nicht, wie am Abend vorher, seine Blätter zusammenfalten und schlafen; es hing krank und traurig zur Erde nieder.
Erst am nächsten Morgen kamen die Knaben, und als sie den Vogel tot erblickten, weinten sie, weinten viele Tränen und gruben ihm ein niedliches Grab, das mit Blumenblättern verziert wurde. Des Vogels Leiche kam in eine schöne rote Schachtel; königlich sollte er bestattet werden, der arme Vogel! Als er lebte und sang, vergaßen sie ihn, ließen ihn im Käfig sitzen und Mangel leiden; nun aber bekam er Schmuck und viele Tränen.
Aber das Rasenstück mit dem Gänseblümchen wurde in den Staub der Landstraße hinaus geworfen. Keiner dachte an das Blümchen, das doch am meisten für den kleinen Vogel gefühlt hatte und ihn so gern trösten wollte!

Der Flachs

Der Flachs stand in der Blüte; er hatte so niedliche blaue Blumen, zart wie die Flügel einer Motte und noch viel feiner. Die Sonne schien auf den Flachs, und die Regenwolken begossen ihn; und das war ebensogut für ihn, wie es für kleine Kinder ist, gewaschen zu werden und dann einen Kuß von der Mutter zu bekommen; sie werden davon viel schöner, und der Flachs wurde es auch.
„Die Leute sagen, daß ich so ausgezeichnet stehe“,

sagte der Flachs, „und daß ich so schön lang werde, es wird ein tüchtiges Stück Leinwand aus mir werden. Nein, wie glücklich bin ich doch! Ich bin bestimmt der Allerglücklichste von allen. Ich habe es so gut, und es wird etwas aus mir werden. Wie der Sonnenschein erfreut, und wie der Regen gut schmeckt und erfrischt! Ich bin grenzenlos glücklich, ich bin der Allerglücklichste!"

„Ja, ja, ja!" sagten die Zaunpfähle. „Du kennst die Welt nicht, aber wir kennen sie, denn in uns stecken Knorren", und dann knarrte es ganz jämmerlich:

„Schnipp-schnapp-schnurre,
Basselurre.
Aus ist das Lied!"

„Nein, es ist nicht aus!" sagte der Flachs. „Morgen scheint die Sonne, oder der Regen tut mir wohl. Ich fühle, wie ich wachse; ich fühle, daß ich in Blüte stehe. Ich bin der Allerglücklichste!"

Aber eines Tages kamen Leute, die nahmen den Flachs beim Schopfe und zogen ihn mit der Wurzel aus, das tat weh; und er wurde ins Wasser gelegt, als ob er ertränkt werden sollte, und dann kam er über Feuer, als wollte man ihn braten — es war ganz entsetzlich!

„Man kann es nicht immer gut haben!" sagte der Flachs. „Man muß etwas durchmachen, dann weiß man etwas!"

Aber es kam wirklich schlimm! Der Flachs wurde geknickt und gebrochen, gedörrt und gehechelt — ja, was wußte er, wie das hieß, was man alles mit ihm machte. Er kam auf das Spinnrad; schnurr, schnurr! Da war es nicht möglich, die Gedanken beisammenzuhalten.

Ich bin außerordentlich glücklich gewesen! dachte er bei all seiner Pein. Man muß zufrieden sein mit dem Guten, das man genossen hat. Zufrieden! Zufrieden!

Oh! Und das sagte er noch, als er auf den Webstuhl kam — und so wurde er zu einem schönen großen Stück Leinwand. Aller Flachs, bis auf den letzten Stengel, ging in dem einen Stück auf.

,,Aber das ist ja ganz außerordentlich! Das hätte ich nie geglaubt! Nein, was für ein Glück ich doch habe! Die Zaunpfähle wußten wirklich nicht übel Bescheid mit ihrem

Schnipp-schnapp-schnurre,
Basselurre.

Das Lied ist keineswegs aus! Nun fängt es erst richtig an! Das ist wirklich außerordentlich. Hab ich auch etwas leiden müssen, so ist doch auch aus mir etwas geworden! Ich bin der Glücklichste von allen. Ich bin so stark und so fein, so weiß und so lang! Das ist etwas anderes, als nur eine Pflanze zu sein, selbst wenn man Blüten trägt; man wird nicht gepflegt, und Wasser bekommt man nur, wenn es regnet. Jetzt werde ich gewartet und gepflegt, die Magd wendet mich jeden Morgen um, und aus der Gießkanne bekomme ich jeden Abend ein Regenbad, ja, die Frau Pastorin hat sogar eine Rede über mich gehalten und gesagt, daß ich das beste Stück im ganzen Kirchenspiel sei. Ich kann gar nicht glücklicher werden!"

Nun kam die Leinwand ins Haus, dann unter die Schere; nein, wie man schnitt und riß, wie man mit Nähnadeln darauf losstach! Das war kein Vergnügen; aber aus der Leinwand wurden zwölf Stück Wäsche, von der Sorte, die man nicht gern nennt, die aber alle Menschen haben müssen; ein ganzes Dutzend wurde daraus gemacht.

,,Nein, seht doch! Jetzt bin ich erst etwas Rechtes geworden! Also das war meine Bestimmung! Das ist ja ein wahrer Segen! Nun schaffe ich Nutzen in der Welt, und das soll man ja, das ist erst das wahre Vergnügen! Wir sind zwölf Stück geworden, aber wir sind doch alle ein und dasselbe: Wir sind gerade ein Dutzend! Was für ein außerordentliches Glück ist das!"

Jahre vergingen — und nun hielten sie nicht länger.

„Einmal muß es ja vorbei sein!" sagte jedes Stück. „Ich hätte gern etwas länger gehalten, aber man muß nichts Unmögliches verlangen."

Jetzt wurden sie in Stücke und Fetzen zerrissen. Sie glaubten, daß es nun ganz vorbei sei; denn sie wurden zerhackt, zerquetscht und gekocht, ja, sie wußten selbst nicht, was alles — — und dann wurde sie schönes weißes Papier.

„Nein, das ist eine Überraschung, eine herrliche Überraschung!" sagte das Papier. „Nun bin ich feiner als vorher, und nun wird auf mir geschrieben werden! Das ist doch ein außerordentliches Glück!"

Und es wurden wirklich die allerschönsten Geschichten und Verse darauf geschrieben, und nur ein einziges Mal kam ein Klecks darauf — das war dann freilich ein ganz besonderes Glück! Und die Leute hörten, was darauf stand: Es war so klug und gut und machte auch die Menschen klüger und besser; es lag eine große Kraft in den Worten auf diesem Papier.

„Das ist mehr, als ich mir träumen ließ, als ich noch eine kleine blaue Blume auf dem Felde war! Wie hätte es mir da einfallen sollen, daß ich einst Freude und Kenntnisse unter die Menschen bringen würde! Ich kann es selbst noch nicht begreifen; aber es ist eben wirklich so! Der liebe Gott weiß, daß ich selbst nichts getan habe, als was ich nach schwachen Kräften für mein Dasein tun mußte; und doch führt er mich auf diese Weise von der einen Freude und Ehre zur andern! Jedesmal wenn ich denke: Aus ist das Lied!, geht es wieder zu etwas noch Höherem und Besserem über. Nun soll ich gewiß auf Reisen in der Welt herumgeschickt werden, damit alle Menschen

mich lesen können. Das kann nicht anders sein! Es ist das Wahrscheinlichste! Ich habe herrliche Gedanken, ebenso viele, wie ich früher blaue Blüten hatte. Ich bin der Allerglücklichste!"
Aber das Papier kam nicht auf Reisen, es kam zum Buchdrucker, und da wurde alles, was darauf geschrieben stand, gesetzt und gedruckt zu einem Buch, ja zu vielen hundert Büchern; denn auf diese Weise konnten unendlich viel mehr Menschen Nutzen und Vergnügen davon haben, als wenn das einzige Papier, auf dem es geschrieben stand, in der Welt hätte umherlaufen sollen und auf halbem Wege abgenutzt worden wäre.
Ja, das ist freilich das Allervernünftigste! dachte das beschriebene Papier. Das war mir allerdings nicht eingefallen! Ich bleibe zu Hause und werde in Ehren gehalten, wie ein alter Großvater, und der bin ich ja auch von all diesen neuen Büchern. Nun kann freilich etwas erreicht werden! So hätte ich nicht umherwandern können! Auf mich hat er gesehen, der das Ganze schrieb. Jedes Wort floß aus der Feder gerade in mich hinein. Ich bin der Allerglücklichste!
Dann wurde das Papier in ein Bündel zusammengebunden und in eine Tonne geworfen, die im Waschhaus stand.
„Nach vollbrachter Tat ist gut ruhen!" sagte das Papier. „Es ist sehr weise, daß man sich sammelt und über das, was man in sich trägt, zum Nachdenken kommt! Jetzt weiß ich erst so recht, was auf mir geschrieben steht. Und sich selbst kennen, das ist der wahre Fortschritt. Was wird nun wohl weiter mit mir geschehen? Vorwärts wird es jedenfalls gehen; es geht allezeit vorwärts, das habe ich erfahren!"
Und so wurde eines Tages alles Papier herausgenommen und auf den Herd gelegt, da sollte es verbrannt werden; denn es durfte nicht an den Krämer verkauft

und zum Einwickeln von Butter und Zucker benutzt werden, wie man sagte. Und alle Kinder im Hause standen rundherum, denn sie mochten es gern, Papier brennen zu sehen; das flammte prächtig in die Höhe, und nachher konnte man in der Asche die vielen roten Funken erblicken, die hin und her fuhren. Einer nach dem andern erlosch, ganz geschwind! Das nannte man: „Die Kinder aus der Schule kommen sehen", und der letzte Funke war der Schulmeister. Oft glaubte man, daß der schon fort sei, aber dann kam in demselben Augenblick noch ein allerletzter Funke: „Da ging der Schulmeister!" riefen sie dann.

Alles alte Papier, das ganze Bündel, wurde ins Feuer gelegt. „Uh!" sagte es und loderte in hellen Flammen auf. „Uh!" Es war eben nicht sehr angenehm, zu brennen. Als aber das Ganze in Flammen stand, stiegen diese so hoch, wie der Flachs seine kleinen blauen Blüten niemals hatte erheben können, und die Flammen leuchteten, wie die weiße Leinwand niemals hatte leuchten können.

Alle geschriebenen Buchstaben wurden einen Augenblick ganz rot, und alle Worte und Gedanken gingen in Flammen auf.

„Nun steige ich geradewegs zur Sonne hinauf!" sprach es in der Flamme, und es war, als ob tausend Stimmen es auf einmal sagten. Die Flammen schlugen oben durch den Schornstein hinaus — und feiner als Flammen, unsichtbar für menschliche Augen, schwebten da winzig kleine Wesen, ebenso viele, wie Blüten auf dem Flachse gewesen waren. Sie waren noch leichter als die Flamme, die sie geboren hatte. Und als diese erlosch und von dem Papier nur noch die schwarze Asche übrig war, tanzten sie noch einmal darüber hin, und wo sie sie berührten, sah man die roten Funken.

„Die Kinder kamen aus der Schule, und der Schulmeister war der Allerletzte!" Das war eine Lust, und die Kinder sangen bei der toten Asche:

,,Schnipp-schnapp-schnurre,
Basselurre.
Aus ist das Lied!"

Aber die kleinen unsichtbaren Wesen sagten: ,,Das Lied ist niemals aus! Das ist das Schönste vom Ganzen. Wir wissen es, und darum sind wir die Allerglücklichsten!" Doch das konnten die Kinder weder hören noch verstehen, und das wollten sie auch nicht; denn Kinder müssen nicht alles wissen.

Fünf aus einer Schote

Es waren fünf Erbsen in einer Schote; sie waren grün, und die Schote war grün, also glaubten sie, die ganze Welt sei grün — und das war ganz in der Ordnung! Die Schote wuchs, und die Erbsen wuchsen; sie richteten sich nach den Umständen ein, sie saßen alle zusammen ganz gerade in einer Reihe darin. Die Sonne schien von außen und erwärmte die Schote, der Regen machte sie durchsichtig; es war angenehm und gemütlich, hell am Tage und dunkel des Nachts, gerade wie es sein soll. Die Erbsen, wie sie nun so da saßen, wurden immer größer und immer nachdenklicher; denn etwas mußten sie doch tun.
,,Müssen wir denn immer hier sitzen bleiben?" sagte die eine. ,,Wenn wir nur nicht durch das lange Sitzen hart werden! Ist mir doch, als gäbe es draußen irgend etwas, ich habe so ein Gefühl davon."
Und Wochen vergingen; die Erbsen wurden gelb, und die Schote wurde gelb. ,,Die ganze Welt wird gelb", sagten sie, und das durften sie wohl behaupten.
Plötzlich spürten sie einen Ruck an der Schote; sie wurde abgerissen, geriet in Menschenhände und glitt

in eine Jackentasche hinab, und zwar mit mehreren andern gefüllten Schoten.

„Jetzt wird bald aufgemacht werden“, sagten sie, und darauf warteten sie.

„Wissen möcht ich nur, wer es von uns am weitesten bringt!“ sagte die kleinste der fünf. „Ja, jetzt wird es sich bald zeigen.“ „Es komme, was kommen muß!“ sagte die größte.

„Knack!“ – die Schote platzte auf, und alle fünf Erbsen rollten hinaus in den hellen Sonnenschein. Da lagen sie nun in der Hand eines Kindes; ein kleiner Knabe hielt sie darin und sagte, es seien sehr schöne Erbsen für seine Knallbüchse, und sogleich tat er eine hinein und schoß sie heraus.

„Jetzt fliege ich in die weite Welt! Hasch mich, wenn du kannst!“ – und damit war sie davon.

„Ich“, sagte die zweite, „ich fliege gerade in die Sonne hinein; das ist eine Schote, die sich sehen lassen kann, und gerade passend für mich!“

Weg war sie.

„Wir wollen uns schlafen legen, wenn wir angekommen sind“, sagten die zwei nächsten, „wir werden schon vorwärts rollen!“ Und sie rollten allerdings und fielen erst auf den Boden, bevor sie in die Knallbüchse kamen, aber hinein kamen sie doch.

„Wir werden es am weitesten bringen!“

„Es komme, was kommen muß!“ sagte die letzte, als sie aus der Büchse geschossen wurde, und sie flog gegen das alte Brett unter dem Dachkammerfenster, gerade in eine Ritze, die mit Moos und weicher Erde ausgefüllt war; und das Moos schloß sich um sie zusammen; da lag sie, zwar verborgen, aber nicht vergessen.

„Es komme, was kommen muß!“ sagte sie.

Drinnen in der Dachkammer wohnte eine arme Frau, die am Tage ausging, um Öfen zu putzen, Holz zu hacken und andere schwere Arbeit zu verrichten, denn sie war stark und auch fleißig; aber sie blieb doch immer arm. Zu Hause in der Kammer lag ihre halberwachsene Tochter, die sehr fein und zart war; seit einem ganzen Jahr war sie bettlägerig und schien weder leben noch sterben zu können.

„Sie geht zu ihrer kleinen Schwester!" sagte die Frau. „Ich hatte nur die zwei Kinder, und es war schwer genug, für beide zu sorgen, aber der liebe Gott teilte mit mir und nahm das eine zu sich. Nun möchte ich doch gern das andere behalten, das mir noch blieb; aber er will sie wahrscheinlich nicht getrennt wissen, und mein krankes Mädchen wird zu seiner Schwester dort oben gehen."

Aber das kranke Mädchen blieb, wo es war; es lag geduldig und still den ganzen Tag über, während die Mutter außer dem Hause ihrer Arbeit nachging.

Es war Frühling, und in einer frühen Morgenstunde, gerade als die Mutter auf Arbeit gehen wollte, schien die Sonne so schön durch das kleine Fenster und warf ihre Strahlen über den Fußboden hin, und das kranke Mädchen blickte auf die unterste Glasscheibe.

„Was mag doch das Grüne sein, das dort an der Scheibe guckt? Es bewegt sich im Winde."

Und die Mutter trat ans Fenster und öffnete es halb.

„Ach", sagte sie, „das ist wahrhaftig eine kleine Erbse, die hier gekeimt hat und ihre grünen Blätter treibt. Wie mag die hier in die Ritze gekommen sein? Da hast du ja einen kleinen Garten, an dem du dich freuen kannst!"

Und das Bett der Kranken wurde näher ans Fenster gerückt, damit sie die keimende Erbse sehen könne, und die Mutter ging auf Arbeit.

„Mutter, ich glaube, ich werde wieder gesund", sagte am Abend das kleine Mädchen. „Die Sonne hat heute so warm zu mir hereingeschienen. Die kleine Erbse gedeiht so gut, und auch ich werde gedeihen und aufstehen und in den Sonnenschein hinauskommen!"

„Wollte Gott!" sagte die Mutter, aber sie glaubte nicht, daß es geschehen würde. Doch das keimende Grün, das dem Kinde die frohen Lebensgedanken eingegeben hatte, stützte sie mit einem Stäbchen, damit es nicht vom Winde geknickt werde; sie band ein Endchen Bindfaden unten am Fensterbrett und oben am Fensterrahmen fest, damit die Erbsenranke etwas hatte, um das sie sich schlingen konnte, wenn sie emporschoß; und das tat sie, man konnte sehen, wie sie mit jedem Tage wuchs.

„Nein, wahrhaftig, die setzt ja Blüten an!" sagte die Frau eines Morgens, und nun hoffte und glaubte auch sie, daß das kleine kranke Mädchen genesen werde; sie entsann sich, daß das Kind während der letzten Zeit viel lebhafter gesprochen, daß es seit mehreren Tagen sich selbst morgens im Bette aufgerichtet und dort gesessen und strahlenden Auges den kleinen Erbsengarten mit der einzigen Erbse betrachtet hatte. Eine Woche später blieb die Kranke zum ersten Mal eine volle Stunde auf. Ganz glücklich saß sie im warmen Sonnenschein; das Fenster war geöffnet, und draußen stand, völlig aufgegangen, eine weißrote Erbsenblüte. Das kleine Mädchen beugte sich herab und küßte ganz leise die zarten Blätter. Dieser Tag war ein Festtag.

„Der liebe Gott hat sie gepflanzt und gedeihen lassen, um dir, mein liebes Kind, und auch mir Hoffnung und Freude zu geben!" sagte die frohe Mutter und lächelte die Blüte an, als sei sie ein guter Engel.

Aber nun die andern Erbsen!

Ja, die, welche hinaus in die Welt flog: „Hasch mich, wenn du kannst!", fiel in die Dachrinne und kam in einen Taubenkropf, und dort lag sie wie Jonas im Walfischbauche. Die zwei Faulen brachten es gerade ebensoweit, auch sie wurden von Tauben aufgepickt, und das heißt wenigstens, sich nützlich machen. Aber die vierte, die hinauf in die Sonne wollte — die fiel in den Rinnstein und blieb dort im schmutzigen Wasser tage- und wochenlang liegen und quoll ordentlich auf.

„Ich werde so schön dick", sagte die Erbse, „bis ich platze! Und weiter, glaube ich, hat es keine Erbse gebracht oder wird es je bringen. Ich bin die merkwürdigste von den fünfen aus der Schote!"

Und der Rinnstein stimmte ihr zu.

Aber das junge Mädchen am Dachfenster stand dort mit strahlenden Augen, den rosigen Schimmer der Gesundheit auf den Wangen. Sie faltete ihre zarten Hände über der Erbsenblüte und dankte Gott dafür.

Der Rinnstein aber sagte: „Ich lobe mir meine Erbse!"

Der standhafte Zinnsoldat

Es waren einmal fünfundzwanzig Zinnsoldaten, die waren alle Brüder; denn sie stammten von ein und demselben zinnernen Löffel. Das Gewehr hielten sie im Arm und das Gesicht geradeaus; rot und blau war ihre Uniform. Das erste, was sie in dieser Welt hörten, als der Deckel von der Schachtel genommen wurde, in der sie lagen, war das Wort „Zinnsoldaten!" Das rief ein kleiner Knabe und klatschte in die Hände. Er hatte sie zum Geburtstag bekommen und stellte sie nun auf dem Tische auf. Der eine Soldat glich leibhaftig dem anderen, nur ein einziger war etwas verschieden. Er hatte nur ein Bein; denn er war zuletzt gegossen worden, und da reichte das Zinn

nicht mehr aus. Doch stand er ebenso fest auf seinem einen Bein wie die anderen auf ihren zweien, und gerade er war es, dem es merkwürdig erging.
Auf dem Tische, auf dem die Zinnsoldaten aufgestellt wurden, stand vieles andere Spielzeug; aber was am meisten in die Augen fiel, war ein niedliches Schloß aus Papier. Durch die kleinen Fenster konnte man in die Säle hineinsehen. Vor dem Schloß standen kleine Bäume rings um den kleinen Spiegel, der wie ein klarer See aussah. Schwäne aus Wachs schwammen darauf und spiegelten sich. Das war alles niedlich, aber das niedlichste war doch eine kleine Dame, die mitten in der offenen Schloßtür stand. Sie war auch aus Papier ausgeschnitten, aber sie hatte einen Rock vom feinsten Linnen an und ein schmales blaues Band über die Schultern, gerade wie ein Gewand. Mitten darauf saß eine glänzende Flitterrose, so groß wie ihr ganzes Gesicht. Die kleine Dame streckte ihre beiden Arme aus; denn sie war eine Tänzerin; und dann hob sie das eine Bein so hoch empor, daß der Zinnsoldat es durchaus nicht finden konnte und glaubte, daß sie, so wie er, nur ein Bein habe.
Das wäre eine Frau für mich, dachte er, aber sie ist sehr vornehm; sie wohnt in einem Schlosse. Ich habe nur eine Schachtel, und darin sind wir fünfundzwanzig; das ist kein Ort für sie! Doch ich muß sehen, mit ihr Bekanntschaft zu machen! Und dann legte er sich, so lang er war, hinter eine Schnupftabakdose, die auf dem Tische stand. Da konnte er die kleine feine Dame so richtig betrachten, die auf einem Bein stehenblieb, ohne aus dem Gleichgewicht zu kommen.
Als es Abend wurde, kamen all die anderen Zinnsoldaten in ihre Schachtel, und die Leute im Hause gingen zu Bett. Nun fing das Spielzeug an zu spielen, sowohl „Es kommt Besuch“ als auch „Krieg führen“ und „Ball geben“. Die Zinnsoldaten rasselten in der

Schachtel; denn sie wollten dabeisein, aber sie konnten den Deckel nicht abheben. Der Nußknacker schoß Purzelbäume, und der Griffel belustigte sich auf der Tafel. Es war ein Lärm, daß der Kanarienvogel davon erwachte und anfing mitzuschwatzen, und zwar in Versen. Die beiden einzigen, die sich nicht von der Stelle bewegten, waren der Zinnsoldat und die Tänzerin. Sie hielt sich ganz gerade auf einer Zehenspitze und hatte beide Arme ausgestreckt; er war ebenso standhaft auf seinem einen Bein. Seine Augen wandte er keinen Augenblick von ihr.

Jetzt schlug die Uhr zwölf, und klatsch, da sprang der Deckel von der Schnupftabakdose; aber es war kein Tabak darin, nein, sondern ein kleiner schwarzer Kobold: Das war so ein Kunststück.

„Zinnsoldat", sagte der Kobold, „sieh doch nicht nach dem, was dich nichts angeht!"

Aber der Zinnsoldat tat, als ob er es nicht hörte.

„Na, warte nur bis morgen!" sagte der Kobold.

Als es Morgen wurde und die Kinder aufstanden, wurde der Zinnsoldat in das Fenster gestellt, und — war es nun der Kobold oder der Zugwind — auf einmal flog das Fenster auf, und der Soldat fiel Hals über Kopf vom dritten Stockwerk hinunter. Das war eine schreckliche Fahrt! Er streckte sein Bein gerade in die Höhe und blieb, auf dem Tschako stehend, mit dem Bajonett zwischen den Pflastersteinen stekken.

Das Dienstmädchen und der kleine Knabe kamen sogleich herunter, um ihn zu suchen; aber obwohl sie beinahe auf ihn traten, konnten sie ihn doch nicht entdecken. Hätte der Zinnsoldat gerufen: „Hier bin ich", so hätten sie ihn wohl gefunden. Aber er fand es unpassend, laut zu schreien, weil er in Uniform war.

Nun fing es an zu regnen. Bald fielen die Tropfen

dichter; es wurde ein ordentlicher Platzregen. Als er vorüber war, kamen zwei Straßenbuben.

„Sieh einmal", sagte der eine, „da liegt ein Zinnsoldat! Der muß hinaus und Kahn fahren!"

Und sie machten aus einer Zeitung einen Kahn, setzten den Soldaten mitten hinein, und nun segelte er den Rinnstein hinunter. Beide Knaben liefen nebenher und klatschten in die Hände. Gott bewahre uns! Was für Wellen schlugen in dem Rinnstein, und welch eine Strömung war da; ja, es hatte aber auch gegossen! Das Papierboot schaukelte auf und nieder, und mitunter drehte es sich so geschwind, daß der Zinnsoldat bebte. Aber er blieb standhaft, verzog keine Miene, sah geradeaus und hielt das Gewehr im Arm.

Mit einem Male trieb der Kahn unter eine lange Rinnsteinbrücke; da wurde es so dunkel, als wäre er in seiner Schachtel. Wo mag ich nun hinkommen? dachte er. Jaja, daran ist der Kobold schuld! Ach säße doch die kleine Dame hier im Kahn, dann könnte es meinetwegen noch einmal so dunkel sein.

Plötzlich kam eine große Wasserratte, die unter der Rinnsteinbrücke wohnte.

„Hast du einen Paß?" fragte die Ratte. „Her mit dem Paß!" Aber der Zinnsoldat schwieg still und hielt das Gewehr noch fester. Der Kahn fuhr davon und die Ratte hinterher! Hu, wie fletschte sie die Zähne und rief den Holzspänen und dem Stroh zu: „Haltet ihn! Haltet ihn! Er hat keinen Zoll bezahlt! Er hat den Paß nicht gezeigt!" Aber die Strömung wurde stärker und stärker, der Zinnsoldat konnte schon da, wo die Brücke aufhörte, den hellen Tag erblicken. Allein er hörte auch einen brausenden Ton, der wohl einen tapferen Mann erschrecken konnte. Man denke nur: Die Gosse mündete da, wo die Brücke endete, in einen großen Kanal. Das war für den Zinnsoldaten

ebenso gefährlich wie für uns, einen großen Wasserfall hinunterzufahren.
Nun war er schon so nahe daran, daß er nicht mehr anhalten konnte. Der Kahn fuhr hinaus, der arme Zinnsoldat hielt sich so steif, wie er konnte. Niemand sollte ihm nachsagen, daß er mit den Augen geblinzelt habe. Der Kahn wirbelte drei-, viermal herum und war bis zum Rand mit Wasser gefüllt; er mußte sinken! Der Zinnsoldat stand bis zum Hals im Wasser, und tiefer und tiefer sank der Kahn, mehr und mehr löste das Papier sich auf; nun ging das Wasser über des Soldaten Kopf. Da dachte er an die kleine niedliche Tänzerin, die er nie mehr zu Gesicht bekommen sollte. Und es klang in seinen Ohren:

„Fahre hin, o Kriegersmann!
Den Tod mußt du erleiden!"

Nun ging das Papier entzwei, der Zinnsoldat stürzte hinab und wurde augenblicklich von einem großen Fisch verschlungen.
Oh, wie dunkel war es darin! Da war es noch schwärzer als unter der Rinnsteinbrücke; und dann war es sehr eng. Aber der Zinnsoldat blieb standhaft und lag, so lang er war, mit dem Gewehr im Arm.
Der Fisch schwamm hin und her, er machte die schrecklichsten Bewegungen; endlich wurde er ganz still. Es durchfuhr ihn wie ein Blitzstrahl, das Licht schien hell herein, und eine Stimme rief laut: „Der Zinnsoldat!"
Der Fisch war gefangen, auf den Markt gebracht, verkauft worden und in die Küche hinaufgekommen, wo die Köchin ihn mit einem großen Messer aufschnitt. Mit zwei Fingern faßte sie den Soldaten um den Leib und trug ihn in die Stube, wo alle einen solchen merkwürdigen Mann sehen wollten, der im Magen eines Fisches herumgereist war. Aber der Zinnsoldat war gar nicht stolz. Sie stellten ihn auf den

Tisch, und da — nein, wie sonderbar kann es doch in der Welt zugehen! Er sah dieselben Kinder, und dasselbe Spielzeug stand auf dem Tische: das herrliche Schloß mit der niedlichen kleinen Tänzerin. Sie hielt sich noch immer auf einem Bein und hatte das andere hoch in der Luft; sie war auch standhaft. Das rührte den Zinnsoldaten, er war nahe daran, Zinn zu weinen, aber es gehörte sich nicht. Er sah sie an, und sie sah ihn an, aber sie sagten gar nichts.
Da nahm der eine der kleinen Jungen den Soldaten und warf ihn in den Ofen. Er hatte gar keinen Grund dafür; es war sicher der Kobold in der Dose, der schuld daran war.
Der Zinnsoldat stand ganz beleuchtet da und fühlte eine Hitze, die entsetzlich war, aber ob sie von dem wirklichen Feuer oder von der Liebe herrührte, das wußte er nicht. Die Farben waren ganz von ihm abgegangen; ob das auf der Reise geschehen oder ob der Kummer daran schuld war, konnte niemand sagen. Er sah die kleine Dame an, sie blickte ihn an, und er fühlte, daß er schmolz; aber noch stand er standhaft mit dem Gewehr im Arm. Da ging eine Tür auf, der Wind ergriff die Tänzerin, und sie flog, einer Elfe gleich, gerade in den Ofen zum Zinnsoldaten, loderte in Flammen auf, und fort war sie. Da schmolz der Zinnsoldat zu einem Klumpen, und als das Mädchen am folgenden Tage die Asche herausnahm, fand sie nichts als ein kleines Zinnherz. Von der Tänzerin aber war nur die Flitterrose da, und die war kohlschwarz gebrannt.

Die Hirtin und der Schornsteinfeger

Hast du wohl je einen recht alten Holzschrank gesehen, ganz schwarz vor Alter und mit geschnitzten Schnörkeln und Laubwerk daran? Genau so einer stand in einer Wohnstube; er war von der Urgroßmutter ererbt und mit geschnitzten Rosen und Tulpen von oben bis unten bedeckt. Da gab es die sonderbarsten Schnörkel, und dazwischen ragten kleine Hirschköpfe mit Geweihen hervor. Mitten auf dem Schrank aber stand ein ganzer geschnitzter Mann; er war freilich lächerlich anzusehen und grinste auch; denn Lachen konnte man es nicht nennen: Er hatte Ziegenbocksbeine, kleine Hörner am Kopfe und einen langen Bart. Die Kinder im Zimmer nannten ihn immer den Ziegenbocksbein-Oberunduntergeneralkriegskommandiersergeanten; das war ein Name, schwer auszusprechen, und es gibt nicht viele, die diesen Titel bekommen. Aber so einen ausschnitzen zu lassen, das war auch etwas.
Doch nun war er ja da! Immer sah er nach dem Tisch unter dem Spiegel. Denn da stand eine liebliche kleine Hirtin aus Porzellan. Die Schuhe waren vergoldet, das Kleid mit einer roten Rose geschmückt, und dazu hatte sie einen Goldhut und einen Hirtenstab, sie war wunderschön. Dicht neben ihr stand ein kleiner Schornsteinfeger, so schwarz wie eine Kohle, übrigens aber auch aus Porzellan. Er war ebenso rein und fein wie irgendein anderer; daß er ein Schornsteinfeger war, das war ja nur etwas, was er vorstellte. Der Porzellanarbeiter hätte ebensogut einen Prinzen aus ihm machen können, wenn er gewollt hätte.
Da stand er so niedlich mit seiner Leiter und mit einem Gesicht, weiß und rot wie das eines Mädchens, und das war eigentlich ein Fehler; denn etwas

schwarz hätte er wohl sein sollen. Er stand ganz nahe bei der Hirtin, sie wurden beide hingestellt, wo sie standen. Da sie nun aber einmal so hingestellt waren, hatten sie sich verlobt. Sie paßten ja zueinander, sie waren junge Leute, waren aus demselben Porzellan und beide gleich zerbrechlich.

Dicht bei ihnen stand noch eine Figur, die dreimal größer war. Es war ein alter Chinese, der nicken konnte. Er war auch aus Porzellan und sagte, er sei der Großvater der kleinen Hirtin, aber das konnte er wohl nicht beweisen.

Er behauptete, daß er Gewalt über sie habe, und deshalb hatte er dem Ziegenbocksbein-Oberunduntergeneralkriegskommandiersergeanten, der um die kleine Hirtin freite, zugenickt.

„Da bekommst du einen Mann", sagte der Chinese, „einen Mann, der, wie ich fast glaube, aus Mahagoniholz ist. Er kann dich zur Ziegenbocksbein-Oberunduntergeneralkriegskommandiersergeantin machen. Er hat den ganzen Schrank voll Silberzeug, das er in den geheimen Fächern aufbewahrt!" — „Ich will nicht in den dunklen Schrank hinein!" sagte die kleine Hirtin. „Ich habe sagen hören, daß er elf Porzellanfrauen darin hat!"

„Dann kannst du die zwölfte werden!" sagte der Chinese. „Heute nacht, sobald es in dem alten Schranke knackt, sollt ihr Hochzeit halten, so wahr ich ein Chinese bin!" Und darauf nickte er mit dem Kopfe und schlief ein. Aber die kleine Hirtin weinte und blickte ihren Herzallerliebsten, den Porzellan-Schornsteinfeger, an.

„Ich möchte dich bitten", sagte sie, „mit mir in die weite Welt hinauszugehen; denn hier können wir nicht bleiben."

„Ich will alles, was du willst!" sagte der kleine Schornsteinfeger. „Laß uns gleich gehen! Ich denke wohl, daß ich dich mit meinem Beruf ernähren kann."

„Wenn wir nur glücklich vom Tische hinunter wären!" sagte sie. „Ich werde nicht froh, bevor wir nicht draußen in der weiten Welt sind."

Und er tröstete sie und zeigte ihr, wie sie ihren kleincn Fuß auf die ausgeschnittenen Ecken und das vergoldete Laubwerk am Tischbein hinab setzen müsse. Seine Leiter nahm er auch zu Hilfe, und dann waren sie unten auf dem Fußboden. Aber als sie nach dem alten Schrank hinsahen, war dort große Unruhe. All die ausgeschnittenen Hirsche steckten die Köpfe weiter hervor, erhoben die Geweihe und drehen die Hälse. Der Ziegenbocksbein-Oberunduntergeneralkriegskommandiersergeant sprang in die Höhe und rief zum Chinesen hinüber: „Nun laufen sie fort! Nun laufen sie fort!"

Da erschraken sie etwas und sprangen geschwind in den Schubkasten des Fenstertritts.

Hier lagen drei bis vier Spiele Karten, die nicht vollständig waren, und ein kleines Puppentheater, das aufgebaut war, so gut es eben ging. Da wurde Komödie gespielt, und alle Damen, Karo wie Herz, Kreuz wie Pik, saßen in der ersten Reihe und fächelten sich mit ihren Tulpen, und hinter ihnen standen alle Buben und zeigten, daß sie einen Kopf hatten, sowohl oben als unten, wie die Spielkarten es haben. Die Komödie handelte von zweien, die einander nicht bekommen konnten, und die Hirtin weinte darüber; denn es war gerade wie ihre eigene Geschichte.

„Das kann ich nicht aushalten", sagte sie, „ich muß aus dem Schubkasten heraus!" Aber als sie auf dem Fußboden anlangten und zum Tisch hinaufblickten, da war der alte Chinese erwacht und wackelte mit dem ganzen Körper; unten war er ja nur ein Klumpen.

„Nun kommt der alte Chinese!“ schrie die kleine Hirtin und fiel auf ihre Porzellanknie nieder, so betrübt war sie.
„Mir fällt etwas ein“, sagte der Schornsteinfeger. „Wollen wir in die große Vase kriechen, die in der Ecke steht? Da können wir auf Rosen und Lavendel liegen und ihm Salz in die Augen streuen, wenn er kommt.“
„Das kann nichts nützen!“ sagte sie. „Außerdem weiß ich, das der alte Chinese und die große Vase miteinander verlobt gewesen sind, und es bleibt immer etwas Wohlwollen zurück, wenn man so zueinander gestanden hat. Nein, es bleibt nichts übrig, als in die weite Welt zu gehen!“
„Hast du wirklich Mut, mit mir in die weite Welt hinauszugehen?“ fragte der Schornsteinfeger. „Hast du bedacht, wie groß die ist und daß wir nie mehr hierher zurückkommen können?“
„Das habe ich!“ sagte sie.
Und der Schornsteinfeger sah sie ganz fest an, und dann sagte er: „Mein Weg geht durch den Schornstein! Hast du wirklich Mut, mit mir durch den Ofen, durch den eisernen Kasten und durch die Rohre zu kriechen? Dann kommen wir hinaus in den Schornstein, und da verstehe ich mich zu bewegen! Wir steigen so hoch, daß sie uns nicht erreichen können, und ganz oben geht ein Loch in die weite Welt hinaus.“
Und er führte sie zur Ofentür.
„Da sieht es schwarz aus!“ sagte sie, aber sie ging doch mit ihm durch den Kasten und die Rohre, wo pechfinstere Nacht war.
„Nun sind wir im Schornstein!“ sagte er. „Und sieh! Sieh! Dort oben scheint der herrlichste Stern!“
Und es war ein wirklicher Stern am Himmel, der gerade zu ihnen herab schien, als wollte er ihnen den

Weg zeigen. Und sie kletterten und krochen; ein greulicher Weg war es, so hoch, so hoch. Aber er hob sie und half ihr, er hielt sie und zeigte ihr die besten Stellen, wo sie ihre kleinen Porzellanfüße hinsetzen konnte, und so erreichten sie den Schornsteinrand, und auf den setzten sie sich; denn sie waren sehr ermüdet, und dazu hatten sie auch Grund genug.

Der Himmel mit allen seinen Sternen war hoch über ihnen und alle Dächer der Stadt tief unter ihnen. Sie sahen weit umher, weit, weit hinaus in die Welt. Die arme Hirtin hatte es sich niemals so gedacht. Sie lehnte sich mit ihrem kleinen Kopf an ihren Schornsteinfeger, und dann weinte sie, daß das Gold von ihrem Gürtel absprang.

„Das ist allzuviel", sagte sie, „das kann ich nicht ertragen! Die Welt ist allzu groß! Wäre ich doch wieder auf dem Tisch unter dem Spiegel! Ich werde nicht froh, ehe ich wieder dort bin. Nun bin ich dir in die weite Welt hinaus gefolgt, nun kannst du mich auch wieder zurückbringen, wenn du mich wirklich liebhast!"

Der Schornsteinfeger redete ihr gut zu, sprach vom alten Chinesen und vom Ziegenbocksbein-Oberunduntergeneralkriegskommandiersergeanten, aber sie schluchzte so gewaltig und küßte ihren kleinen Schornsteinfeger, so daß er nicht anders konnte als sich ihr fügen, obgleich es töricht war.

Und so kletterten sie mit vielen Beschwerden den Schornstein wieder hinunter. Sie krochen durch die Rohre und den Kasten, das war gar nicht schön! Und dann standen sie im dunklen Ofen und horchten hinter der Tür, um zu erfahren, wie es in der Stube zuging. Dort war es ganz still. Sie sahen hinein — ach, da lag der alte Chinese mitten auf dem Fußboden. Er war vom Tisch gefallen, als er hinter ihnen her wollte, und lag nun in drei Stücke zerschlagen. Der ganze Rücken war in einem Stück abgegangen und der Kopf in eine Ecke gerollt. Der Ziegenbocksbein-Oberunduntergeneralkriegskommandiersergeant stand, wo er immer gestanden hatte, und dachte nach. ,,Das ist gräßlich!" sagte die kleine Hirtin. ,,Der alte Großvater ist in Stücke gesprungen, und wir sind schuld daran! Das werde ich nicht überleben!" Und sie rang ihre kleinen Hände.

,,Er kann noch genietet werden!" sagte der Schornsteinfeger. ,,Er kann noch genietet werden! Sei nur nicht so heftig! Wenn sie ihn im Rücken kitten und ihm eine gute Niete in den Nacken geben, wird er so gut wie neu sein und kann uns noch manches Unangenehme sagen."

,,Glaubst du?" sagte sie. Und dann krochen sie wieder auf den Tisch hinauf, wo sie früher gestanden hatten.

,,Sieh, so weit sind wir gekommen!" sagte der Schornsteinfeger. ,,Da hätten wir uns alle die Mühe ersparen können!"

,,Hätten wir nur erst den alten Großvater wieder genietet!" sagte die Hirtin. ,,Ob das sehr teuer ist?"

Und genietet wurde er. Die Familie ließ ihn im Rücken kitten, er bekam eine Niete durch den Hals und war so gut wie neu. Aber nicken konnte er nicht mehr.

,,Sie sind wohl hochmütig geworden, seitdem Sie in Stücke zersprungen sind?" fragte der Ziegenbocksbein - Oberunduntergeneralkriegskommandier - sergeant. ,,Mir scheint, Sie hätten keinen Grund, so wichtig zu tun. Soll ich sie nun haben, oder soll ich sie nicht haben?" Und der Schornsteinfeger und die kleine Hirtin sahen den alten Chinesen gar flehend an, sie fürchteten, er würde nicken. Aber das konnte er nicht, und es war ihm peinlich, einem Fremden zu erzählen, daß er beständig eine Niete im Nacken habe. Und so blieben die Porzellanleute beisammen, und sie segneten des Großvaters Niete und liebten sich, bis sie zerbrachen.

Das Liebespaar

Ein Kreisel und ein Bällchen lagen im Kasten zusammen mit anderem Spielzeug, und da sagte der Kreisel zum Bällchen: „Wollen wir nicht Brautleute sein, da wir doch in einem Kasten zusammen liegen?“ Aber das Bällchen, das aus Saffianleder war und sich ebensoviel einbildete wie ein feines Fräulein, wollte auf so etwas nicht antworten.
Am nächsten Tage kam der kleine Knabe, dem das Spielzeug gehörte. Er bemalte den Kreisel rot und gelb und schlug einen Messingnagel mitten hinein; das sah recht prächtig aus, wenn der Kreisel sich drehte.
„Sehen Sie mich an!“ sagte er zum Bällchen. „Was sagen Sie nun? Wollen wir nicht doch Brautleute sein? Wir passen so gut zueinander: Sie springen, und ich tanze. Glücklicher als wir beide kann niemand werden.“
„So? Glauben Sie das?“ sagte das Bällchen. „Sie wissen wohl nicht, daß mein Vater und meine Mutter Saffianpantoffeln gewesen sind und daß ich einen spanischen Kork im Leibe habe?“
„Ja, aber ich bin von Mahagoniholz“, sagte der Kreisel, „und der Bürgermeister selbst hat mich gedrechselt. Er hat seine eigene Drechselbank, und es hat ihm viel Vergnügen gemacht.“
„Kann ich mich darauf verlassen?“ fragte das Bällchen.

„Möge ich niemals die Peitsche bekommen, wenn ich lüge!" antwortete der Kreisel.
„Sie wissen gut für sich zu sprechen", sagte das Bällchen. „Aber ich kann leider nicht; ich bin mit einer Schwalbe so gut wie versprochen. Jedesmal wenn ich in die Luft fliege, steckt sie den Kopf zum Nest heraus und fragte: ‚Wollen Sie?' Und nun habe ich innerlich ja gesagt, und das ist so gut wie eine halbe Verlobung. Aber ich verspreche Ihnen, Sie niemals zu vergessen!"
„Ja, das wird viel helfen!" sagte der Keisel. Und so sprachen sie nicht mehr miteinander.
Am nächsten Tage wurde das Bällchen von dem Knaben hervorgeholt. Der Kreisel sah es hoch in die Luft fliegen, wie einen Vogel; zuletzt konnte man es gar nicht mehr erblicken. Jedes Mal kam es wieder zurück, machte aber immer noch einen hohen Sprung, wenn es die Erde berührte, und das geschah entweder aus Sehnsucht oder weil es einen spanischen Kork im Leibe hatte. Das neunte Mal aber blieb das Bällchen weg und kam nicht wieder; der Knabe suchte und suchte, aber weg war es.
„Ich weiß wohl, wo es ist", seufzte der Kreisel. „Es ist im Schwalbennest und hat sich mit der Schwalbe verheiratet." Je mehr der Kreisel daran dachte, um so mehr wurde er für das Bällchen eingenommen. Gerade weil er es nicht bekommen konnte, darum nahm seine Liebe zu; daß es einen anderen genommen hatte, das war das Eigentümliche dabei. Und der Kreisel tanzte herum und schnurrte, dachte aber ständig an das Bällchen, das in seinen Gedanken immer schöner wurde.
So verging manches Jahr — und nun war es eine alte Liebe. Und der Kreisel war nicht mehr jung. Aber da wurde er eines Tages über und über vergoldet; nie hatte er so schön ausgesehen. Er war nun ein Gold-

kreisel und sprang, daß es nur so schnurrte. Ja, das war doch etwas! Aber auf einmal sprang er zu hoch — und weg war er!
Man suchte und suchte, selbst unten im Keller, doch er war nicht zu finden.
Wo war er?
Er war in den Kehrichtkasten gesprungen, wo allerlei lag: Kohlstrünke, Kehricht und Schutt, der von der Dachrinne heruntergefallen war.
„Nun liege ich wirklich gut! Hier wird die Vergoldung bald verschwinden. Ach, unter welches Gesindel bin ich hier geraten!"
Und dann schielte er nach einem langen, abgeblätterten Kohlstrunk und nach einem sonderbaren runden Ding, das wie ein alter Apfel aussah — aber es war kein Apfel, es war ein altes häßliches Bällchen, das viele Jahre in der Dachrinne gelegen hatte und vom Wasser ganz durchnäßt war.
„Gott sei Dank, da kommt doch einer unsersgleichen, mit dem man sprechen kann", sagte das Bällchen und betrachtete den vergoldeten Kreisel. „Ich bin eigentlich aus Saffianleder, von Jungfrauenhänden genäht, und habe einen spanischen Kork im Leibe; aber das wird mir wohl niemand ansehen. Ich war nahe daran, mich mit einer Schwalbe zu verheiraten, aber da fiel ich in die Dachrinne, und darin habe ich wohl fünf Jahre gelegen und bin ganz zerweicht. Glauben Sie mir, das ist eine lange Zeit für ein junges Mädchen!"
Aber der Kreisel sagte nichts; er dachte an sein altes Liebchen, und je mehr er hörte, desto klarer wurde es ihm, daß sie es war.
Da kam das Dienstmädchen und wollte den Kasten umwenden.
„Heißa, da ist der Goldkreisel!" sagte sie.
Und der Kreisel kam wieder zu Ansehen und Ehre,

aber vom Bällchen hörte man nichts. Und der Kreisel sprach nie mehr von seiner alten Liebe. Die vergeht, wenn die Geliebte fünf Jahre lang in einer Wasserrinne gelegen hat und aufgeweicht ist; ja, man erkennt sie nicht wieder, wenn man ihr im Kehrichtkasten begegnet.

Der Halskragen

Es war einmal ein feiner Kavalier, dessen ganze Habseligkeiten aus einem Stiefelknecht und einer Haarbürste bestanden, aber er hatte den schönsten Halskragen der Welt, und von diesem Halskragen werden wir eine Geschichte hören.

Der war nun so alt, daß er daran dachte, sich zu verheiraten, und da traf es sich, daß er mit einem Strumpfband zugleich in die Wäsche kam.

„Potztausend", sagte der Halskragen, „habe ich doch niemals etwas so Schlankes und Feines, so Zartes und Niedliches gesehen! Darf ich nach Ihrem Namen fragen?"

„Den nenne ich nicht!" sagte das Strumpfband.

„Wo sind Sie denn zu Hause?" fragte der Halskragen.

Aber das Strumpfband war etwas schüchtern, und es schien ihm unpassend, darauf zu antworten.

„Sie sind wohl ein Leibgürtel?" fragte der Halskragen. „So ein inwendiger Leibgürtel? Ich sehe schon, daß Sie sowohl zum Nutzen wie zum Schmucke dienen, mein kleines Fräulein!"

„Sie sollten nicht mit mir sprechen!" sagte das Strumpfband. „Ich meine, daß ich dazu durchaus keine Veranlassung gegeben habe."

„Ei, wenn man so schön ist wie Sie", sagte der Halskragen, „ist das nicht Veranlassung genug?"

,,Kommen Sie mir nicht zu nahe!" sagte das Strumpfband. ,,Sie sehen mir ganz wie ein Draufgänger aus."
,,Ich bin auch ein feiner Kavalier", sagte der Halskragen. ,,Ich besitze einen Stiefelknecht und eine Haarbürste!"
Und das war gar nicht wahr: Es war ja sein Herr, der diese Sachen besaß. Aber er prahlte.
,,Kommen Sie mir nicht zu nahe!" sagte das Strumpfband. ,,Ich bin das nicht gewohnt!"
,,Zimperliese!" sagte der Halskragen. Und dann wurden sie aus der Wäsche genommen, wurden gestärkt, über einen Stuhl im Sonnenschein aufgehängt und dann aufs Plättbrett gelegt. Nun kam das glühende Eisen.
,,Frau Witwe!" sagte der Halskragen. ,,Liebe Frau Witwe! Mir wird ganz warm! Ich werde ein ganz anderer, ich komme ganz aus den Falten. Sie brennen ein Loch in mich hinein! Uh! — Ich halte um Sie an!"
,,Sie Lump!" sagte das Plätteisen und fuhr stolz über den Halskragen hin; denn es bildete sich ein, daß es ein Dampfkessel sei, der zur Eisenbahn hinaus und Wagen ziehen sollte.
,,Lump!" sagte es.
Der Halskragen war an den Kanten ein wenig ausgefranst, deshalb kam die Papierschere und sollte die Fasern abschneiden.
,,Oh", sagte der Halskragen, ,,Sie sind wohl die erste Tänzerin? Wie Sie die Beine ausstrecken können! Das ist das Reizendste, was ich jemals gesehen habe! Das kann kein Mensch Ihnen nachmachen!"
,,Das weiß ich!" sagte die Schere.
,,Sie verdienten, Gräfin zu sein", sagte der Halskragen. ,,Alles, was ich besitze, ist ein feiner Kavalier, ein Stiefelknecht und eine Haarbürste. Hätte ich

doch nur eine Grafschaft!“

„Was, er will freien?“ sagte die Schere ärgerlich und tat einen so scharfen Schnitt, daß der Halskragen abdanken mußte.

Ich werde wohl um die Haarbürste freien müssen, dachte der Halskragen.

„Es ist merkwürdig, was für schönes Haar Sie haben, mein kleines Fräulein! Haben Sie nie daran gedacht, sich zu verloben?“

„Ja, das können Sie sich wohl denken!“ antwortete die Haarbürste. „Ich bin ja mit dem Stiefelknecht verlobt!“

„Verlobt!“ rief der Halskragen. Nun war niemand mehr da, um den er hätte freien können, und darum verachtete er jetzt die Freierei.

Eine lange Zeit verging, da kam der Halskragen in den Sack des Papiermüllers. Dort war große Lumpengesellschaft: Die feinen für sich, die groben für sich, wie sich das gehört. Sie hatten alle viel zu erzählen, aber der Halskragen am meisten; denn der war ein rechter Prahlhans.

„Ich habe so schrecklich viele Liebschaften gehabt“, sagte der Halskragen. „Man ließ mir keine Ruhe. Ich war aber auch ein feiner Kavalier, ein gestärkter! Ich hatte sowohl einen Stiefelknecht als auch eine Haarbürste, die ich nie gebrauchte. Sie hätten mich damals nur einmal sehen sollen, wenn ich auf der Seite lag! — Niemals vergesse ich meine erste Liebe. Sie war ein Leibgürtel, so fein, so weich und so niedlich; sie stürzte sich meinetwegen in einen Waschkübel! — Da war auch eine Witwe, die glühte für mich, aber ich ließ sie stehen, daß sie schwarz ward. Dann war da die Erste Tänzerin, die brachte mir die Wunde bei, mit der ich jetzt umhergehe; sie war so auffahrend. Meine eigene Haarbürste war in mich verliebt und verlor alle Haare aus Liebesschmerz. Ja, ich habe in der Art viel erlebt, aber am meisten tut es mir leid um das Strumpfband, ich wollte sagen, den Leibgürtel, der sich in den Waschkübel stürzte. Ich habe viel auf dem Gewissen; es tut mir not, daß ich weißes Papier werde."

Und das wurde der Halskragen auch. Alle die Lumpen wurden weißes Papier, aber der Halskragen wurde gerade das Stück, das wir hier sehen, worauf diese Geschichte gedruckt worden ist. Und das geschah deswegen, weil er so schrecklich mit Dingen prahlte, die gar nicht wahr gewesen sind. — Das wollen wir uns merken, damit wir es nicht ebenso machen; denn wir können gar nicht wissen, ob wir nicht auch einmal in einen Lumpensack kommen und zu weißem Papier umgearbeitet werden: Dann druckt man darauf unsere ganze Geschichte, selbst die allergeheimste, ab, so daß wir ebenfalls umherlaufen und sie erzählen müssen wie der Halskragen.

Die Stopfnadel

Es war einmal eine Stopfnadel, die dünkte sich so fein, daß sie sich einbildete, sie sei eine Nähnadel.

„Paßt nur hübsch auf, daß ihr mich festhaltet!" sagte die Stopfnadel zu den Fingern, die sie hervornahmen. „Laßt mich nicht fallen! Falle ich auf die Erde, so findet man mich bestimmt nicht wieder, so fein bin ich." — „Das geht noch an", sagten die Finger, und damit faßten sie sie um den Leib.

„Seht, ich komme mit Gefolge!" sagte die Stopfnadel und zog einen langen Faden nach sich; aber es war kein Knoten daran. Die Finger richteten die Nadel gegen den Pantoffel der Köchin. An dem war das Oberleder entzwei, das sollte zusammengenäht werden.

„Das ist niedere Arbeit!" sagte die Stopfnadel. „Ich komme da niemals hindurch; ich breche, ich breche!" Und wirklich, sie brach. „Sagte ich's nicht?" rief die Stopfnadel. „Ich bin zu fein!"
„Nun taugt sie gar nichts!" sagten die Finger. Aber sie mußten sie doch festhalten; die Köchin tröpfelte Siegellack auf die Nadel und steckte vorn ihr Tuch damit fest.
„So, nun bin ich eine Busennadel!" sagte die Stopfnadel. „Ich wußte wohl, daß ich zu Ehren käme! Ist man was, so wird man was!" Und dabei lachte sie in sich hinein; denn man kann niemals einer Stopfnadel von außen ansehen, wenn sie lacht. Da saß sie nun stolz, wie in einer Staatskutsche, und sah nach allen Seiten. „Mit Erlaubnis zu fragen, sind Sie von Gold?" fragte sie die Stecknadel, die ihre Nachbarin war. „Sie haben ein herrliches Aussehen und einen eigenen Kopf, er ist nur recht klein. Sie müssen sich Mühe geben, zu wachsen; denn nicht eine jede wird mit Lack betröpfelt." Und damit richtete sich die Stopfnadel so stolz in die Höhe, daß sie aus dem Tuch glitt und in den Ausguß fiel, eben als die Köchin das Spülwasser hineinschüttete.
„Nun gehen wir auf Reisen!" sagte die Stopfnadel. „Wenn ich nur nicht verlorengehe!" Aber sie ging wirklich verloren. „Ich bin zu fein für diese Welt!" sagte sie, als sie im Rinnstein lag. „Aber ich weiß, wer ich bin, und das ist immer ein kleines Vergnügen." Und die Stopfnadel behielt ihre stolze Haltung und verlor ihre gute Laune nicht.
Es schwamm allerlei über sie hin: Späne, Strohhalme und Stücke von alten Zeitungen.
„Seht nur, wie sie segeln!" sagte die Stopfnadel. „Die wissen nicht, was unter ihnen steckt. Ich stecke, ich sitze hier! Seht, da fährt nun ein Span, der denkt an nichts in der Welt als an sich selbst! Da treibt ein

Strohhalm, nein, wie der sich dreht, wie der sich wendet! Denk doch nicht nur an dich selbst, du könntest leicht an einen Stein anrennen! Da schwimmt ein Stück Zeitung. Was drin steht, ist längst vergessen, und doch spreizt es sich! Ich sitze geduldig und still. Ich weiß, wer ich bin, und das bleibe ich auch!"

Eines Tages lag etwas dicht neben ihr, das glitzerte so prächtig, daß die Stopfnadel glaubte, es sei ein Diamant. Aber es war eine Flaschenscherbe, und weil sie glänzte, so redete die Stopfnadel sie an und stellte sich als Busennadel vor.

„Sie sind wohl ein Diamant?"

„Ja, so etwas Ähnliches!" Und da glaubte eins vom andern, es wäre etwas recht Kostbares, und sie sprachen davon, wie hochmütig doch die Welt sei.

„Ich bin bei einer Jungfer in der Schachtel gewesen", sagte die Stopfnadel, „und diese war Köchin. An jeder Hand hatte sie fünf Finger. Etwas so eingebildetes wie diese Finger habe ich nie gesehen! Und sie waren doch nur da, um mich zu halten, mich aus der Schachtel zu nehmen und wieder in die Schachtel zu legen!"

„Waren sie denn vornehm?" fragte die Flaschenscherbe.

„Vornehm?" sagte die Stopfnadel. „Nein, aber hochmütig! Es waren fünf Brüder, alles geborene ‚Finger'. Sie hielten sich stolz nebeneinander, obgleich sie von verschiedener Länge waren. Der äußerste, der Däumling, war kurz und dick, der ging außerhalb der Reihe, hatte auch nur ein Gelenk im Rücken und konnte nur eine Verbeugung machen; aber er sagte, wenn er dem Menschen abgehackt würde, so wäre dieser nicht mehr zum Kriegsdienste tauglich. Leckermaul, der zweite Finger, kam in Süßes und Saures, zeigte auf Sonne und Mond und gab den Druck, wenn sie schrieben. Langemann, der dritte, sah die andern alle über die Achsel an. Goldrand, der vierte, ging mit einem goldenen Gürtel um den Leib, und der kleine Spielmann tat gar nichts, und darauf war er stolz. Prahlerei war's, Prahlerei blieb's, und darum ging ich fort!"

„Und nun sitzen wir hier und glitzern!" sagte die Flaschenscherbe.

In diesem Augenblick kam mehr Wasser in den Rinnstein; es strömte über seine Grenzen und riß die Flaschenscherbe mit sich fort.

„So, nun wird sie befördert!" sagte die Stopfnadel. „Ich bleibe sitzen, ich bin zu fein; aber das ist mein Stolz, und der ist achtbar!" Und sie saß ganz stolz da und hatte viele große Gedanken.

„Ich möchte fast glauben, ich sei von einem Sonnenstrahl geboren, so fein bin ich! Kommt es mir doch vor, als ob die Sonne immer unter dem Wasser nach mir suchte. Ach, ich bin so fein, daß meine Mutter mich nicht finden kann. Hätte ich mein altes Auge, das abgebrochene, ich glaube, ich könnte weinen! Aber ich täte es nicht — weinen ist nicht fein!"

Eines Tages lagen ein paar Straßenjungen da und wühlten im Rinnstein, wo sie alte Nägel, Pfennige und solche Sachen fanden. Es war eine schmutzige Arbeit, aber es war nun einmal ihr Vergnügen.

„Au", schrie der eine, der sich an der Stopfnadel stach, „das ist aber ein Kerl!"

„Ich bin kein Kerl, ich bin ein Fräulein!" sagte die Stopfnadel. Aber darauf hörte niemand. Der Lack war abgegangen, und schwarz war sie auch geworden. Doch Schwarz macht schlanker, und da glaubte sie, sie sei noch feiner als früher. „Da kommt eine Eierschale gesegelt", sagten die Jungen, und dann steckten sie die Stopfnadel in die Eierschale.

,,Weiße Wände und selbst schwarz", sagte die Stopfnadel, ,,das kleidet gut! Nun kann man mich doch sehen! Wenn ich nur nicht seekrank werde; denn dann muß ich brechen!"
Aber sie wurde nicht seekrank und brach nicht.
,,Es ist gut gegen die Seekrankheit, wenn man einen Stahlmagen hat und immer daran denkt, daß man etwas mehr ist als ein Mensch. Nun ist es schon vorüber! Je feiner man ist, desto mehr kann man vertragen."
,,Krach!" sagte die Eierschale: Es fuhr ein Lastwagen über sie hinweg.
,,Himmel, wie das drückt!" sagte die Stopfnadel. ,,Nun werde ich doch seekrank! Ich breche!" Aber sie brach nicht, obgleich ein Lastwagen über sie ging. Sie lag der Länge nach da, und so mag sie liegenbleiben.

Der Springer

Der Floh, die Heuschrecke und der Hüpfauf (das ist ein Kinderspielzeug, nach Art der hölzernen Springfrösche aus einem Gänseknochen gemacht) wollten einmal sehen, wer von ihnen am höchsten springen könnte. Da luden sie die ganze Welt, und wer sonst noch kommen wollte, ein, die Pracht mit anzusehen. Und es waren drei tüchtige Springer, die sich im Zimmer versammelten.
,,Ja, ich gebe meine Tochter dem, der am höchsten springt", sagte der König. ,,Denn es wäre zu ärmlich, wenn diese Personen umsonst springen sollten."
Der Floh trat zuerst vor. Er hatte sehr nette Manieren und grüßte nach allen Seiten, denn er hatte Fräuleinblut in den Adern und war gewohnt, nur mit Menschen umzugehen; das macht sehr viel aus.

Dann kam die Heuschrecke. Die war freilich bedeutend schwerer, aber sie hatte doch eine ganz hübsche Figur, trug eine grüne Uniform, und die war ihr angeboren. Überdies behauptete diese Person, daß sie im Lande Ägypten einer sehr alten Familie angehöre und dort hoch geschätzt werde. Sie war gerade vom Felde gekommen und in ein Kartenhaus gesetzt worden, dessen drei Stockwerke alle aus Kartenfiguren, die ihre bunte Seite nach innen kehrten, zusammengeklebt waren. Da gab es sowohl Türen wie Fenster, die man im Leibe der Herzdame ausgeschnitten hatte.

„Ich singe so", sagte sie, „daß sechzehn eingeborene Heimchen, die von klein auf gepfiffen und doch kein Kartenhaus erhalten hatten, sich, wie sie mich hörten, noch dünner ärgerten, als sie schon waren!"

Alle beide, der Floh und die Heuschrecke, taten so gehörig kund, wer sie waren und daß sie glaubten, eine Prinzessin heiraten zu können.

Der Hüpfauf sagte nichts. Aber man erzählte von ihm, daß er desto mehr dächte; und als der Hofhund ihn bloß beschnüffelt hatte, stand er dafür ein, daß der Hüpfauf von guter Familie und aus dem Brustknochen einer echten Gans gemacht sei. Der alte Ratsherr, der drei Orden für das Stillschweigen hatte, versicherte, daß der Hüpfauf mit Weissagungskraft begabt sei; man könnte an seinem Knochen erkennen, ob man einen milden oder strengen Winter bekäme — und das kann man nicht einmal an den Brustknochen desjenigen sehen, der den Kalender schreibt.

„Ja, ich sage nun gar nichts", sagte der alte König, „aber ich denke mir schon mein Teil!"

Nun galt es, den Sprung zu tun. Der Floh sprang so hoch, daß niemand sehen konnte, wie hoch. Und da

behaupteten sie, daß er gar nicht gesprungen wäre. Das war doch nichtswürdig!
Die Heuschrecke sprang nur halb so hoch. Aber sie sprang dem König gerade ins Gesicht, und da sagte dieser, das wäre häßlich.
Der Hüpfauf stand lange still und besann sich; am Ende glaubte man, daß er gar nicht springen könne.
,,Wenn ihm nur nicht schlecht geworden ist", sagte der Hofhund und beschnüffelte ihn wieder. Hopp! Da sprang er mit einem kleinen schiefen Sprung in den Schoß der Prinzessin, die auf einem niedrigen goldenen Schemel saß.
Da sagte der König: ,,Der höchste Sprung ist der, zu meiner Tochter hinaufzuspringen; denn darin liegt das Feine. Aber es gehört Kopf dazu, daraufzukommen. Und der Hüpfauf hat gezeigt, daß er Kopf hat."
Und deshalb bekam er die Prinzessin.
,,Ich sprang doch am höchsten", sagte der Floh. ,,Aber es ist einerlei! Laß sie nur den Gänseknochen mit Stock und Pech nehmen! Ich sprang doch am höchsten. Aber es gehört in dieser Welt ein Körper dazu, damit man gesehen werden kann!"
Und darauf ging der Floh in fremde Kriegsdienste, wo er, wie man sagt, erschlagen worden sein soll.
Die Heuschrecke setzte sich draußen in den Graben und dachte darüber nach, wie es eigentlich in der Welt zugehe. Und sie sagte: ,,Körper gehört dazu! Körper gehört dazu!"
Und dann sang sie ihre eigenes trübseliges Lied, und dem haben wir die Geschichte entnommen, die doch wohl erlogen sein könnte, wenn sie auch gedruckt ist.

Der Schneemann

„Es ist eine so wunderbare Kälte, daß mir der ganze Körper knackt", sagte der Schneemann. „Der Wind kann einem freilich Leben eintreiben. Und wie die Glühende dort oben glotzt!" Er meinte die Sonne, die eben untergehen wollte: „Mich soll sie nicht zum Blinzeln bringen, ich werde die Brocken schon festhalten."
Er hatte nämlich statt der Augen zwei große dreiekkige Brocken von einem Dachziegel im Kopf. Sein Mund bestand aus einer alten Harke, deshalb hatte er auch Zähne. Geboren war er unter den Jubelrufen der Knaben, begrüßt vom Schellengeläut und Peitschenknall der Schlitten.
Die Sonne ging unter, der Vollmond ging auf, rund, groß, klar und schön in der blauen Luft.
„Da haben wir sie wieder von einer anderen Seite", meinte der Schneemann. Er glaubte, es sei die Sonne, die sich wieder zeigte.
„Ich habe ihr doch das Glotzen abgewöhnt. Mag sie nun da hängen und leuchten, damit ich mich selbst sehen kann. Wüßte ich nur, wie man es macht, um von der Stelle zu kommen. Ich möchte mich gar zu gern bewegen! Wenn ich es könnte, so würde ich jetzt da unten über das Eis hingleiten, wie ich die Knaben heute gleiten sah. Aber ich verstehe mich nicht darauf, ich weiß nicht, wie man läuft."
„Weg! Weg!" bellte der alte Kettenhund. Er war etwas heiser und konnte nicht mehr „Wau! Wau!" sagen. Die Heiserkeit hatte er sich geholt, als er noch Stubenhund war und unter dem Ofen lag. „Die Sonne wird dich schon laufen lehren! Das habe ich vorigen Winter an deinem Vorgänger und noch früher an dessen Vorgänger gesehen. Weg! Weg! Und weg sind sie alle!"

„Ich verstehe dich nicht, Kamerad", sagte der Schneemann. „Die dort oben sollen mich laufen lehren?" Er meinte den Mond. „Ja, sie lief vorhin freilich weg, als ich sie fest ansah, und jetzt schleicht sie von der anderen Seite heran."

„Du weißt auch gar nichts", entgegnete der Kettenhund. „Aber du bist ja auch eben erst zusammengekleckst worden. Was du nun siehst, ist der Mond, und das, was vorhin davonging, war die Sonne. Sie kommt morgen wieder und wird dich schon lehren, in den Wallgraben hinabzulaufen. Wir kriegen bald anderes Wetter, ich fühle das schon in meinem linken Hinterbein, es sticht und schmerzt — das Wetter wird sich ändern."

„Ich verstehe ihn nicht", sagte der Schneemann, „aber ich habe es so im Gefühl, daß es etwas Unangenehmes ist, was er sagt. Sie, die so glotzte und sich davonmachte, die Sonne, wie er sie nennt, die ist auch nicht mein Freund: Das habe ich im Gefühl!"

„Weg! Weg!" bellte der Kettenhund, ging dreimal um sich selbst herum und kroch dann in seine Hütte, um zu schlafen. Und das Wetter änderte sich wirklich. Gegen Morgen lag ein dicker feuchter Nebel über der ganzen Gegend. Als es dämmerte, begann es leise zu wehen, und nachher erhob sich ein eisiger Wind, so daß die Kälte durch und durch drang. Der Frost packte ordentlich zu; aber als die Sonne aufging, welch eine Pracht war das: Baum und Strauch waren von Reif übersponnen, das glich einem Wald von Korallen. Die Zweige schienen mit lichtweißen Blüten über und über geschmückt. Die vielen feinen Verästelungen, die während des Sommers der Blätterreichtum verbirgt, traten nun deutlich hervor; das war wie Spitzengewebe, und so leuchtend weiß, als ströme ein weißer Glanz aus jedem Zweige. Die

Hängebirke bewegte sich im Winde; in ihr war Leben, wie es sonst die Bäume nur im Sommer haben: Das war eine seltsame Herrlichkeit! Und als die Sonne nun schien, wie flimmerte, wie funkelte das, als läge überall Diamantenstaub und auf der Schneedecke blinkten strahlende Diamanten, oder man konnte auch meinen, da leuchteten zahllose kleine Lichter noch heller als der helle Schnee.

„Das ist wunderbar!" rief ein junges Mädchen, das mit einem jungen Mann in den Garten trat. Beide blieben in der Nähe des Schneemanns stehen und betrachteten die schimmernden Bäume. „Einen schöneren Anblick gewährt der Sommer nicht", sagte sie, und ihre Augen strahlten.

„Und so einen Kerl wie diesen hier hat man im Sommer erst recht nicht", erwiderte der junge Mann und zeigte auf den Schneemann. „Er ist ausgezeichnet!"

Das junge Mädchen lachte, nickte dem Schneemann zu und ging leichten Schrittes mit ihrem Freund über den Schnee dahin, der knirschte unter den Füßen, als ob sie auf Stärkemehl gingen.

„Wer waren die beiden?" fragte der Schneemann den Kettenhund. „Du bist längere Zeit hier im Hofe als ich, kennst du sie?"

„Und ob ich sie kenne!" antwortete der Kettenhund. „Sie hat mich ja gestreichelt, und er hat mir einen Fleischknochen zugeworfen. Die beiden beiße ich nicht."

„Aber was stellen sie hier vor?" fragte der Schneemann.

„Brrrautleute!" knurrte der Kettenhund. „Sie werden in eine Hütte ziehen und zusammen an einem Knochen nagen. Weg! Weg!"

„Sind denn die beiden auch so feine Leute wie du und ich?" fragte der Schneemann.

„Sie gehören ja zur Herrschaft!“ sagte der Kettenhund. „Man weiß doch wirklich sehr wenig, wenn man erst den Tag vorher zur Welt gekommen ist. Das merke ich an dir! Aber ich bin alt und erfahren und habe Kenntnisse. Ich kenne alle hier im Hause, und ich habe eine Zeit gekannt, wo ich nicht hier in der Kälte an der Kette lag. Weg! Weg!“

„Die Kälte ist herrlich“, sagte der Schneemann. „Erzähle, erzähle! Aber du darfst nicht so mit der Kette rasseln. Es knackt in mir, wenn du das tust.“

„Weg! Weg!“ bellte der Kettenhund. „Ein kleiner junger Hund bin ich gewesen, klein und niedlich, sagten sie; damals lag ich in einem Samtstuhle da oben im Schoße der obersten Herrschaften. Mir wurde die Schnauze geküßt, und die Pfoten wurden mir mit einem gestickten Taschentuch abgewischt, ich hieß ‚Schönster‘, ‚Pusselpusselbeinchen‘; aber dann wurde ich ihnen zu groß, und sie schenkten mich der Haushälterin. Ich kam in die Kellerwohnung! Du kannst von da, wo du stehst, gerade hineinsehen, du kannst in die Kammer hinabsehen, wo ich Herrschaft gewesen bin; denn das war ich bei der Haushälterin. Es ist zwar eine geringere Stelle als oben, aber sie war gemütlicher, ich wurde nicht in einem fort von den Kindern angefaßt und gezerrt, wie oben. Ich bekam ebenso gutes Futter wie früher, ja noch besseres! Ich hatte mein eigenes Kissen, und ein Ofen war da, der um diese Zeit das Schönste von der Welt ist! Ich kroch ganz darunter, so daß ich verschwunden war. Ach, von dem Ofen träume ich noch immer. Weg! Weg!“

„Sieht denn ein Ofen so schön aus?“ fragte der Schneemann. „Hat er Ähnlichkeit mit mir?“

„Der ist gerade das Gegenteil von dir! Kohlschwarz ist er und hat einen langen Hals mit Messingaufsatz. Er frißt Brennholz, daß ihm das Feuer aus dem

Munde sprüht. Man muß sich dicht an seiner Seite halten, ganz nahe oder unter ihm, das ist äußerst angenehm. Du mußt ihn von da, wo du stehst, durch das Fenster sehen können."

Und der Schneemann sah hin und gewahrte einen schwarzen, glänzenden Gegenstand mit einem Messingaufsatz; das Feuer leuchtete vorn heraus. Dem Schneemann wurde ganz wunderlich zumute, es überkam ihn ein Gefühl, er wußte selbst nicht, was für eins, er konnte sich keine Rechenschaft darüber geben. Es kam etwas über ihn, das er nicht kannte, aber alle Menschen, wenn sie nicht Schneemänner sind, kennen es.

„Und warum hast du sie denn verlassen?" fragte der Schneemann. Er hatte es im Gefühl, daß das ein weibliches Wesen sein mußte. „Wie konntest du nur so einen Platz verlassen?"

„Ich mußte wohl!" sagte der Kettenhund. „Man warf mich zur Tür hinaus und legte mich hier an die Kette. Ich hatte den jüngsten Junker ins Bein gebissen, weil er mir den Knochen wegstieß, an dem ich nagte; Knochen um Knochen, so denke ich! Das nahm man mir aber sehr übel, und von dieser Zeit an bin ich an die Kette gelegt worden und habe allmählich meine Stimme verloren, hör mal, wie heiser ich bin: Weg! Weg! Das war das Ende vom Liede!"

Der Schneemann hörte aber nicht mehr zu; er blickte unablässig in die Kellerwohnung der Haushälterin, er schaute in ihre Stube hinein, wo der Ofen auf seinen vier eisernen Beinen stand, ebenso groß wie er selber.

„Wie sonderbar das in mir knackt!" sagte er. „Werde ich niemals dahinein kommen? Es ist doch ein unschuldiger Wunsch, und unsere unschuldigen Wünsche müßten doch in Erfüllung gehen. Es ist mein höchster Wunsch, mein einziger Wunsch, und es wäre

ungerecht, wenn er nicht erfüllt würde. Ich muß dahinein, ich muß mich an sie lehnen, und wenn ich auch die Fenster eindrücken sollte!"
„Dahinein wirst du niemals gelangen", sagte der Kettenhund, „und wenn du an den Ofen kommst, dann bist du weg, weg!" — „Ich bin schon so gut wie weg!" erwiderte der Schneemann. „Ich breche zusammen, glaube ich."
Den ganzen Tag stand der Schneemann da und guckte durchs Fenster hinein. In der Dämmerstunde wurde die Stube noch einladender. Vom Ofen her leuchtete es mild, gar nicht wie der Mond, nicht wie die Sonne: nein, wie nur ein Ofen leuchten kann, wenn er etwas in sich hat. Wenn die Stubentür aufging, schlug ihm die Flamme zum Munde heraus, das war so eine Gewohnheit; dann flammte es rot in des Schneemanns weißem Gesicht, und er wurde rot bis zum Herzen.
„Ich halte es nicht mehr aus!" sagte er. „Wie schön es sie kleidet, die Zunge herauszustrecken!"
Die Nacht war lang; dem Schneemann wurde sie aber nicht langweilig, er stand da, in seine eigenen, schönen Gedanken versunken, und die froren, daß es knackte.
Am Morgen waren die Fensterscheiben der Kellerwohnung zugefroren, sie trugen die schönsten Eisblumen, die ein Schneemann nur irgend verlangen kann, allein sie verbargen den Ofen. Die Scheiben wollten nicht auftauen, und so konnte er sie, die er liebte, nicht sehen. Es knackte und knickte in ihm und rings um ihn her, es war gerade so ein Frostwetter, an dem ein Schneemann seine Freude haben muß. Er aber freute sich nicht. Er hätte sich so glücklich fühlen können und müssen, aber er war nicht glücklich: Er hatte Ofensehnsucht. „Das ist eine schlimme Krankheit für einen Schneemann", sagte der Ketten-

hund, „ich habe auch an der Krankheit gelitten, aber ich habe sie überstanden. Weg! Weg!“ bellte er. „Wir bekommen anderes Wetter!“
Und es kam anderes Wetter, es gab Tauwetter.
Das Tauwetter nahm zu, der Schneemann nahm ab. Er sagte nichts, er klagte nicht, und das ist das richtige Zeichen.
Eines Morgens brach er zusammen. Und siehe, es ragte etwas wie ein Besenstiel empor, dort wo er gestanden hatte, um den Stiel herum hatten die Knaben ihn aufgebaut.
„Ja, nun begreife ich es, nun kann ich das mit seiner Sehnsucht verstehen!“ sagte der Kettenhund. „Der Schneemann hat einen Ofenkratzer im Leibe gehabt! Das ist es, was sich in ihm geregt hat; nun ist es überstanden: Weg! Weg!“
Und bald darauf war auch der Winter überstanden.
„Weg! Weg!“ bellte der heisere Kettenhund, aber die kleinen Mädchen aus dem Hause sangen:

„Waldmeister grün, hervor aus dem Haus,
Weide, die wollenen Handschuhe raus!
Lerche und Kuckuck, singt fröhlich drein —
Frühling soll es im Februar sein!
Ich singe mit! Kuckuck! Kwiwitt!
Komm, liebe Sonne, komm oft — kwiwitt!“

Und dann dachte niemand mehr an den Schneemann.

Die Schneekönigin

Ein Märchen in sieben Geschichten

*Erste Geschichte,
welche von dem Spiegel und den Scherben handelt*

Seht, nun fangen wir an. Wenn wir am Ende der Geschichte sind, wissen wir mehr als jetzt. Es war ein böser Kobold, es war einer der allerärgsten, es war der Teufel! Eines Tages war er recht bei guter Laune; denn er hatte einen Spiegel gemacht, der die Eigenschaft besaß, daß alles Gute und Schöne, das sich darin spiegelte, fast zu nichts zusammenschwand, aber alles, was nichts taugte und schlecht war, das trat hervor und wurde noch schlimmer. Die herrlichsten Landschaften sahen in dem Spiegel wie gekochter Spinat aus, und die besten Menschen wurden widerlich oder standen ohne Rumpf auf dem Kopfe. Die Gesichter wurden so verdreht, daß sie nicht zu erkennen waren, und hatte man eine Sommersprosse, so konnte man sicher sein, daß sie sich über Nase und Mund ausbreitete. Das sei äußerst belustigend, sagte der Teufel. Wenn nun ein Mensch einen guten, frommen Gedanken hatte, dann zeigte sich ein Grinsen im Spiegel, so daß der Teufel über seine kunstvolle Erfindung lachen mußte. Alle, die zur Koboldschule gingen, denn er hielt Koboldschule, erzählten weit und breit, daß ein Wunder geschehen sei. Nun könne man erst erkennen, meinten sie, wie die Welt und die Menschen wirklich aussähen.

Sie liefen mit dem Spiegel umher, und zuletzt gab es kein Land oder keinen Menschen mehr, der nicht darin verdreht gesehen wurde.

Nun wollten sie auch zum Himmel hinauffliegen, um

sich über die Engel und den lieben Gott lustig zu machen. Je höher sie mit dem Spiegel flogen, um so mehr grinste er; sie konnten ihn kaum festhalten. Sie flogen höher und höher, Gott und den Engeln näher. Da erzitterte der Spiegel so fürchterlich in seinem Grinsen, daß er ihnen aus den Händen fiel und zur Erde stürzte, wo er in hundert Millionen, Billionen und noch mehr Stücke zersprang. Und gerade dadurch richtete er weit größeres Unglück an als zuvor; denn einige Stücke waren kaum so groß wie ein Sandkorn, und die flogen ringsumher in der weiten Welt, und wo jemand sie in das Auge bekam, da blieben sie sitzen. Da sahen dann die Menschen alles verkehrt oder hatten nur Augen für das Verkehrte bei einer Sache: Denn jede kleine Spiegelscherbe hatte dieselben Kräfte behalten, die der ganze Spiegel besessen hatte.
Einige Menschen bekamen sogar eine Spiegelscheibe ins Herz, und dann war es ganz entsetzlich: Das Herz wurde wie ein Klumpen Eis. Einige Spiegelscherben waren so groß, daß sie zu Fensterscheiben gebraucht wurden. Aber es war nicht gut, durch diese Scheiben seine Freunde zu betrachten. Andere Stücke kamen in Brillen, und wenn die Leute diese Brillen aufsetzten, dann ging es schlecht, recht zu sehen und gerecht zu sein. Der Böse lachte, daß ihm der Bauch wackelte, und das kitzelte ihn so angenehm. Aber draußen flogen noch mehr kleine Glasscherben in der Luft umher. Nun, wir werden es ja hören!

Zweite Geschichte

Ein kleiner Knabe und ein kleines Mädchen

Drinnen in der großen Stadt, wo so viele Menschen und Häuser sind und nicht einmal Platz genug ist, daß alle Leute einen kleinen Garten haben können, und wo sich deshalb die meisten mit Blumen in Blumentöpfen begnügen müssen, lebten zwei arme Kinder, die einen Garten, etwas größer als ein Blumentopf, besaßen. Sie waren nicht Bruder und Schwester, aber sie waren sich ebenso gut, als wenn sie es gewesen wären. Die Eltern wohnten einander gerade gegenüber in zwei Dachkammern, wo das Dach des einen Nachbarhauses gegen das andere stieß und die Wasserrinne zwischen den Dächern entlanglief. Dort war in jedem Hause ein kleines Fenster. Man brauchte nur über die Rinne zu steigen, so konnte man von dem einen Fenster zum andern hinkommen.

Beide Eltern hatten draußen einen großen Holzkasten, und darin wuchsen Küchenkräuter, die sie brauchten, und ein kleiner Rosenstock. In jedem Kasten stand einer, die wuchsen gar herrlich. Nun fiel es den Eltern ein, die Kästen quer über die Rinne zu stellen, so daß sie fast vom einen Fenster zum andern reichten und wie zwei Blumenwälle aussahen. Erbsenranken hingen über die Kästen herunter, und die Rosenstöcke trieben lange Zweige, die sich um die Fenster rankten und einander entgegenbogen; es war fast wie eine Ehrenpforte von Blättern und Blumen. Da die Kästen sehr hoch waren und die Kinder nicht hinaufklettern durften, erhielten sie oft die Erlaubnis, zueinander hinauszusteigen und auf ihren kleinen Schemeln unter den Rosen zu sitzen; da spielten sie dann ganz wunderschön.

Im Winter hatte dieses Vergnügen ein Ende. Die Fenster waren oft ganz zugefroren, aber dann wärmten sie Kupferschillinge auf dem Ofen und legten den warmen Schilling gegen die gefrorene Scheibe. Dadurch entstand ein schönes Guckloch, so rund, dahinter blitzte ein liebes, sanftes Auge, eines aus jedem Fenster, das waren der kleine Knabe und das kleine Mädchen. Er hieß Kai, und sie hieß Gerda.

Im Sommer konnten sie mit einem Sprunge zueinandergelangen. Im Winter mußten sie erst die vielen Treppen hinunter und die Treppen hinauf; draußen wehte der Schnee.
„Das sind die weißen Bienen, die schwärmen", sagt die Großmutter.
„Haben sie auch eine Bienenkönigin?" fragte der kleine Knabe; denn er wußtc, daß unter den wirklichen Bienen eine solche ist.
„Die haben sie", sagte die Großmutter. „Sie fliegt dort, wo sie am dichtesten schwärmen! Es ist die größte von allen, und nie bleibt sie ruhig auf der Erde liegen; sie fliegt wieder hinauf in die schwarze Wolke. Manche Mitternacht fliegt sie durch die Straßen der Stadt und schaut zu den Fenstern hinein, dann frieren die ganz wunderbar zu und sehen wie mit Blumen bedeckt aus."
„Ja, das haben wir gesehen", sagten beide Kinder und wußten nun, daß es wahr sei.
„Kann die Schneekönigin hier hereinkommen?" fragte das kleine Mädchen.
„Laß sie nur kommen", sagte der Knabe, „dann setze ich sie auf den warmen Ofen, und sie muß zerschmelzen."
Aber die Großmutter strich über sein Haar und erzählte andere Geschichten.
Am Abend, als der kleine Kai zu Hause und schon halb ausgezogen war, kletterte er auf den Stuhl am Fenster und guckte durch das kleine Loch. Ein paar Schneeflocken fielen draußen, und eine von ihnen, die allergrößte, blieb auf dem Rande des einen Blumenkastens liegen. Die Schneeflocke wuchs mehr und mehr und wurde zuletzt zu einer ganzen Frau, in feinsten weißen Flor gekleidet, der wie aus Millionen sternartigen Flocken zusammengesetzt war. Sie war so schön und fein, aber von Eis, von blenden-

dem, blinkendem Eise. Doch war sie lebendig; die Augen blitzten wie zwei klare Sterne, aber es war keine Ruhe oder Rast in ihnen. Sie nickte zum Fenster hin und winkte mit der Hand. Der kleine Knabe erschrak und sprang vom Stuhl herunter. Da war es, als ob draußen ein großer Vogel am Fenster vorbeiflöge.

Am nächsten Tage war klarer Frost — und dann kam der Frühling. Die Sonne schien, das Grün keimte hervor, die Schwalben bauten Nester, die Fenster wurden geöffnet, und die beiden Kinder saßen wieder in ihrem kleinen Garten hoch oben in der Dachrinne über allen Stockwerken.

Die Rosen blühten diesen Sommer so wundervoll. Das kleine Mädchen hatte ein Lied gelernt, in dem auch von Rosen die Rede war, und bei den Rosen dachten sie an ihre eigenen. Sie sang es dem kleinen Knaben vor, und er sang mit:

„Die Rosen, sie blühn und verwehen,
Wir werden das Christkindlein sehen!"

Und die Kleinen hielten einander bei den Händen, küßten die Rosen, blickten in Gottes hellen Sonnenschein hinein und sprachen zu diesem, als ob das Christkind da wäre. Was waren das für herrliche Sommertage; wie schön war es draußen bei den Rosenstöcken, die blühten und blühten, als wollten sie gar nicht wieder aufhören! Kai und Gerda saßen und schauten in das Bilderbuch mit Tieren und Vögeln, da geschah es — die Uhr auf dem Kirchturm schlug gerade fünf —, daß Kai sagte: „Au! Es stach mich ins Herz, und mir flog etwas ins Auge!" Das kleine Mädchen faßte ihn um den Hals, er blinzelte mit den Augen; nein, da war nichts zu sehen.

„Ich glaube, es ist weg", sagte er. Aber weg war es nicht. Es war gerade so einer von jenen Glassplittern, welche vom Spiegel gesprungen waren, dem

Zauberspiegel, wir entsinnen uns seiner noch, des häßlichen Glases, das alles Große und Gute, das sich darin spiegelte, klein und häßlich machte; aber das Böse und Schlechte trat darin ordentlich hervor, und jeder Fehler an einer Sache war gleich zu bemerken. Der arme Kai hatte auch ein Splitterchen gerade ins Herz hinein bekommen. Das sollte nun bald wie ein Eisklumpen werden. Nun tat es nicht mehr weh, aber das Splitterchen war da.

„Warum weinst du?" fragte er. „Da siehst du häßlich aus! Mir fehlt ja nichts, pfui!" rief er auf einmal, „die Rose dort hat einen Wurmstich! Und sieh, diese da ist ja ganz schief! Im Grunde sind es häßliche Rosen. So häßlich wie der Kasten, in dem sie stehen!" Und dann stieß er mit dem Fuß gegen den Kasten und riß die beiden Rosen ab.

„Kai, was machst du?" rief das kleinen Mädchen. Und als er ihren Schreck gewahr wurde, riß er noch eine Rose ab und sprang dann in sein Fenster hinein, von der kleinen lieben Gerda fort.

Wenn sie später mit dem Bilderbuch kam, sagte er, daß das für Wickelkinder sei; und erzählte die Großmutter Geschichten, so kam er immer mit einem Aber. Wenn es ihm einfiel, dann ging er hinter ihr her, setzte eine Brille auf und sprach ebenso wie sie. Das machte er ganz treffend, und die Leute lachten über ihn. Bald konnte er alle Menschen der ganzen Straße im Sprechen und Gehen nachahmen. Alles, was an ihnen eigenartig und unschön war, das wußte Kai nachzumachen; und die Leute sagten: „Das ist bestimmt ein ausgezeichneter Kopf, den der Knabe hat!" Aber es war das Glas, das ihm im Herzen saß. Daher kam es auch, daß er selbst die kleine Gerda neckte, die ihm doch von ganzem Herzen gut war.

Seine Spiele wurden nun anders als früher; sie waren so verständig.

An einem Wintertage, als es schneite, kam er mit einem großen Brennglase, hielt seinen blauen Rockzipfel hin und ließ die Schneeflocken darauf fallen.
„Sieh mal in das Glas, Gerda!" sagte er, und jede Schneeflocke wurde viel größer und sah aus wie eine prächtige Blume oder ein zehneckiger Stern; es war schön anzusehen.
„Siehst du, wie kunstvoll!" sagte Kai. „Das ist viel interessanter als die wirklichen Blumen. Und es ist kein einziger Fehler daran; sie sind ganz gleichmäßig. Wenn sie nur nicht schmelzen würden!"
Bald darauf kam Kai mit großen Handschuhen und seinem Schlitten auf dem Rücken; er rief Gerda in die Ohren: „Ich habe Erlaubnis bekommen, auf den großen Platz zu fahren, wo die andern Kinder spielen!" — und weg war er.
Dort auf dem Platze banden die kecksten Knaben oft ihre Schlitten an die Bauernwagen fest, und dann fuhren sie eine ganze Strecke mit. Das ging recht schön. Als sie im besten Spielen waren, kam ein großer Schlitten; der war ganz weiß angestrichen, und darin saß jemand, in einen rauhen weißen Pelz gehüllt und mit einer rauhen weißen Mütze auf dem Kopfe. Der Schlitten fuhr zweimal um den Platz herum, und Kai band seinen kleinen Schlitten schnell daran fest, und nun fuhr er mit. Es ging rascher und rascher, gerade hinein in die nächste Straße. Die Gestalt, die fuhr, drehte sich um und nickte Kai freundlich zu; es war, als ob sie einander kannten. Jedesmal, wenn Kai seinen kleinen Schlitten losbinden wollte, nickte die Gestalt wieder, und dann blieb Kai sitzen. Sie fuhren zum Stadttor hinaus. Da begann der Schnee so dicht herniederzufallen, daß der kleine Knabe nicht die Hand vor Augen sehen konnte; aber er fuhr weiter. Nun ließ er schnell die Schnur fahren, um von dem großen Schlitten loszukommen, aber das half nichts;

sein kleines Fuhrwerk hing fest, und es ging mit Windeseile vorwärts. Da rief er ganz laut, aber niemand hörte ihn. Der Schnee stob, und der Schlitten flog von dannen. Mitunter gab es einen Sprung; es war, als führe er über Gräben und Hecken. Der Knabe war ganz erschrocken, er wollte ein Vaterunser beten, aber er konnte sich nur auf das große Einmaleins besinnen.

Die Schneeflocken wurden größer und größer, zuletzt sahen sie aus wie weiße Hühner. Auf einmal sprangen sie zur Seite; der große Schlitten hielt, und die Gestalt, die ihn fuhr, erhob sich. Der Pelz und die Mütze waren ganz und gar von Schnee. Es war eine Frau, hoch und schlank, glänzend weiß; es war die Schneekönigin.

„Wir sind gut gefahren", sagte sie. „Aber wer wird denn frieren! Krieche in meinen Bärenpelz!" Und sie setzte ihn neben sich in den Schlitten und schlug den Pelz um ihn; es war, als versinke er in einem Schneetreiben.

„Friert dich noch?" fragte sie, und dann küßte sie ihn auf die Stirn. Oh, das war kälter als Eis! Das ging ihm gerade ins Herz hinein, das ja schon halb ein Eisklumpen war. Es war, als sollte er sterben — aber nur einen Augenblick, dann tat es ihm recht wohl; er spürte nichts mehr von der Kälte ringsumher.

„Meinen Schlitten! Vergiß nicht meinen Schlitten!" Daran dachte er zuerst, und der wurde an eins der weißen Hühner festgebunden, das flog mit dem Schlitten auf dem Rücken hinterher. Die Schneekönigin küßte Kai noch einmal, und da hatte er die kleine Gerda, die Großmutter und alle daheim vergessen.

„Nun bekommst du keine Küsse mehr", sagte sie, „denn sonst küsse ich dich tot!"

Kai sah sie an. Sie war schön; ein klügeres, schöneres

Antlitz konnte er sich nicht denken. Jetzt schien sie ihm nicht aus Eis zu sein wie damals, als sie draußen vor dem Fenster saß und winkte. In seinen Augen war sie vollkommen; er fühlte gar keine Furcht. Er erzählte ihr, daß er kopfrechnen könne, und sogar mit Brüchen, er wisse die Quadratmeilen des Landes und die Einwohnerzahl; und sie lächelte immer. Da kam es ihm vor, als wäre es doch nicht genug, was er wisse, und er blickte hinauf in den großen Luftraum. Und sie flog mit ihm, flog hoch hinauf zu den schwarzen Wolken, und der Sturm sauste und brauste; es war, als sänge er alte Lieder. Sie flogen über Wälder und Seen, über Meere und Länder. Unter ihnen sauste der kalte Wind, die Wölfe heulten, der Schnee funkelte. Über ihnen flogen die schwarzen schreienden Krähen dahin; aber hoch oben schien der Mond so groß und klar, und auf ihn schaute Kai die lange, lange Winternacht hindurch. Am Tage schlief er zu den Füßen der Schneekönigin.

Dritte Geschichte
Der Blumengarten bei der Frau, die zaubern konnte

Aber wie erging es der kleinen Gerda, als Kai nicht zurückkehrte? Wo war er nur geblieben? Niemand wußte es, niemand konnte Bescheid geben. Die Knaben erzählten nur, daß sie gesehen hätten, wie er seinen Schlitten an einen mächtig großen band, der in die Straße hinein und zum Stadttor hinaus gefahren wäre. Niemand wußte, wo er war. Viele Tränen flossen; die kleine Gerda weinte so viel und so lange. Dann sagten sie, er sei tot. Er sei im Flusse ertrunken, der nahe bei der Stadt vorbeifloß. Oh, das waren recht lange, finstere Wintertage!

Nun kam der Frühling mit warmem Sonnenschein. „Kai ist tot und fort!" sagte die kleine Gerda.

„Das glaube ich nicht!" antwortete der Sonnenschein.
„Er ist tot und fort!" sagte sie zu den Schwalben.
„Das glauben wir nicht!" erwiderten diese, und zuletzt glaubte die kleine Gerda es auch nicht.
„Ich will meine neuen roten Schuhe anziehen", sagte sie eines Morgens, „die, welche Kai nie gesehen hat, und dann will ich zum Fluß hinuntergehen und den nach ihm fragen."
Und es war noch ganz früh; sie küßte die alte Großmutter, die noch schlief, zog die roten Schuhe an und ging ganz allein aus dem Stadttor zum Flusse.
„Ist es wahr, daß du mir meinen kleinen Spielkameraden genommen hast? Ich will dir meine roten Schuhe schenken, wenn du ihn mir wiedergibst!"
Und es war ihr, als nickten die Wellen so sonderbar. Da nahm sie ihre roten Schuhe, das Liebste, was sie hatte, und warf sie alle beide in den Fluß hinein. Aber sie fielen dicht an das Ufer, und die kleinen Wellen trugen sie ihr wieder an das Land. Es war gerade, als wollte der Fluß das Liebste, was sie besaß, nicht nehmen, weil er den kleinen Kai ja nicht hatte. Aber sie glaubte nun, daß sie die Schuhe nicht weit genug hinausgeworfen hätte, und so kletterte sie in ein Boot, das im Schilfe lag. Sie ging ganz an das äußerste Ende und warf die Schuhe von da in das Wasser. Aber das Boot war nicht festgebunden, und bei der Bewegung, die sie machte, glitt es vom Lande ab. Sie bemerkte es und beeilte sich, herauszukommen, doch ehe sie zurückkam, war das Boot schon ein ganzes Stück vom Lande, und nun trieb es immer schneller davon.
Da erschrak die kleine Gerda sehr und fing an zu weinen, aber niemand hörte sie außer den Sperlingen, und die konnten sie nicht ans Land tragen. Aber sie flogen längs dem Ufer und zwitscherten, wie um sie

zu trösten: „Hier sind wir, hier sind wir!" Das Boot trieb mit dem Strome, die kleine Gerda saß ganz still, nur mit Strümpfen an den Füßen. Ihre kleinen roten Schuhe schwammen hinter ihr her; aber sie konnten das Boot nicht erreichen, das hatte stärkere Fahrt.
Hübsch war es an beiden Ufern, schöne Blumen, alte Bäume und Abhänge mit Schafen und Kühen; aber nicht ein Mensch war zu erblicken.
Vielleicht trägt mich der Fluß zum kleinen Kai, dachte Gerda, und da wurde sie heiterer, erhob sich und betrachtete viele Stunden die schönen grünen Ufer. Dann gelangte sie zu einem großen Kirschgarten, in dem ein kleines Haus mit sonderbaren roten und blauen Fenstern stand. Dazu hatte es ein Strohdach, und draußen waren zwei hölzerne Soldaten, die vor der Vorbeisegelnden das Gewehr schulterten.
Gerda rief sie an. Sie glaubte, daß sie lebendig seien; aber sie antworteten natürlich nicht. Sie kam ihnen ganz nahe, der Fluß trieb das Boot gerade auf das Land zu.
Gerda rief noch lauter, und da kam aus dem Hause eine alte, alte Frau, die sich auf einen Krückstock stützte; sie hatte einen großen Sonnenhut auf, und der war mit den schönsten Blumen bemalt.
„Du armes kleines Kind", sagte die alte Frau, „wie bist du nur auf den großen reißenden Strom gekommen und so weit in die Welt hinausgetrieben!" Und dann ging die alte Frau in das Wasser hinein, erfaßte mit ihrem Krückstock das Boot, zog es an Land und hob die kleine Gerda heraus.
Und Gerda war froh, wieder aufs Trockene zu kommen, obwohl sie sich vor der fremden alten Frau ein wenig fürchtete.
„Komm doch und erzähle mir, wer du bist und wie du hierherkommst!" sagte sie.
Und Gerda erzählte ihr alles, und die Alte schüttelte

den Kopf und sagte: „Hm! Hm!“ Und als ihr Gerda alles gesagt und gefragt hatte, ob sie nicht den kleinen Kai gesehen habe, sagte die Frau, daß er nicht vorbeigekommen sei, aber er werde wohl noch kommen. Sie solle nur nicht betrübt sein, sondern ihre Kirschen kosten und ihre Blumen betrachten, die wären schöner als irgendein Bilderbuch; eine jede könne eine Geschichte erzählen. Dann nahm sie Gerda bei der Hand, sie gingen in das kleine Haus hinein, und die alte Frau schloß die Tür zu.

Die Fenster lagen sehr hoch, und die Scheiben waren rot, blau und gelb; das Tageslicht schien in all den Farben gar sonderbar herein. Aber auf dem Tische standen die schönsten Kirschen, und Gerda aß davon, soviel sie wollte; denn das war ihr erlaubt. Während sie aß, kämmte ihr die alte Frau das Haar mit einem goldenen Kamm, und das Haar ringelte sich und glänzte herrlich blond um das kleine freundliche Antlitz, das so rund war und wie eine Rose aussah.

„Nach einem so lieben kleinen Mädchen habe ich mich schon lange gesehnt“, sagte die Alte. „Nun wirst du sehen, wie gut wir miteinander leben werden!“ Und je länger sie das Haar der kleinen Gerda kämmte, desto mehr vergaß Gerda ihren Pflegebruder Kai. Denn die alte Frau konnte zaubern. Aber eine böse Zauberin war sie nicht; sie zauberte nur ein wenig zu ihrem Vergnügen und wollte gern die kleine Gerda behalten. Deshalb ging sie in den Garten, streckte ihren Krückstock gegen alle Rosensträucher aus, und wie schön sie auch blühten, so sanken sie doch alle in die schwarze Erde hinunter, und man konnte nicht sehen, wo sie gestanden hatten. Die Alte fürchtete, wenn Gerda die Rosen erblickte, könnte sie an ihre eigenen denken, sich dann des kleinen Kai erinnern und davonlaufen.

Nun führte sie Gerda hinaus in den Blumengarten.

Was war da für ein Duft und eine Herrlichkeit! Alle nur erdenkbaren Blumen, und zwar für jede Jahreszeit, standen hier in prächtigster Blüte; kein Bilderbuch konnte bunter und schöner sein. Gerda hüpfte vor Freude und spielte, bis die Sonne hinter den hohen Kirschbäumen unterging. Dann bekam sie ein schönes Bett mit roten Seidenkissen, die waren mit blauen Veilchen gestopft; und sie schlief und träumte so herrlich wie eine Königin an ihrem Hochzeitstag.

Am nächsten Tage konnte sie wieder im warmen Sonnenschein mit den Blumen spielen, und so vergingen viele Tage. Gerda kannte jede Blume, aber soviel deren auch waren, stets schien es ihr, als ob eine fehle; allein welche, das wußte sie nicht. Da saß sie eines Tages und betrachtete den Sonnenhut der alten Frau mit den gemalten Blumen, und gerade die schönste davon war eine Rose. Die Alte hatte vergessen, diese vom Hut wegzunehmen, als sie die andern in die Erde versenkte. Aber so ist es, wenn man die Gedanken nicht immer beisammen hat!

„Was denn, sind hier keine Rosen?" sagte Gerda, sprang zwischen die Beete, suchte und suchte, aber es war keine zu finden. Da setzte sie sich hin und weinte, aber ihre Tränen fielen gerade auf eine Stelle, wo ein Rosenstrauch verschwunden war, und als die warmen Tränen die Erde benetzten, schoß der Strauch auf einmal empor, so blühend, wie er versunken war, und Gerda umarmte ihn, küßte die Rosen und gedachte der herrlichen Rosen daheim und mit ihnen auch des kleinen Kai.

„Oh, wie bin ich aufgehalten worden!" sagte das kleine Mädchen. „Ich wollte ja den kleinen Kai suchen! — Wißt ihr nicht, wo er ist?" fragte sie die Rosen. „Glaubt ihr, daß er tot ist?"

„Tot ist er nicht", antworteten die Rosen. „Wir sind

ja in der Erde gewesen; dort sind alle Toten, aber Kai war nicht dabei."

„Ich danke euch", sagte die kleine Gerda und ging zu den anderen Blumen, sah in deren Kelch hinein und fragte: „Wißt ihr nicht, wo der kleine Kai ist?" Aber jede Blume stand in der Sonne und träumte ihr eigenes Märchen oder Geschichtchen. Davon hörte Gerda so viele, viele, aber keine wußte etwas von Kai. Und was sagte die Feuerlilie?

„Hörst du die Trommel: Bum! Bum! Höre der Frauen Trauergesang, höre den Ruf der Priester. In ihrem langen roten Mantel steht die Hindufrau auf dem Scheiterhaufen; die Flammen lodern um sie und ihren toten Mann empor. Aber die Hindufrau denkt an den Lebenden hier im Kreise, an ihn, dessen Augen heißer als Flammen brennen, an ihn, dessen Augenfeuer ihr Herz tiefer durchdringt als die Flammen, die ihren Körper bald zu Asche brennen werden. Kann die Flamme des Herzens in der Flamme des Scheiterhaufens ersterben?"

„Das verstehe ich überhaupt nicht", sagte die kleine Gerda.

„Das ist mein Märchen", sagte die Feuerlilie.

Was sagte die Winde?

„Über den schmalen Feldweg hinaus ragt eine alte Ritterburg. Dichtes Immergrün wächst an den alten roten Mauern empor, Blatt um Blatt um den Altan herum, und da steht ein schönes Mädchen; sie beugt sich über das Geländer hinaus und sieht den Weg hinunter. Keine Rose hängt frischer an den Zweigen als sie, keine Apfelblüte, wenn der Wind sie dem Baume entführt, schwebt leichter dahin als sie. Wie rauscht das prächtige Seidengewand! ‚Kommt er noch nicht?'"

„Ist es Kai, den du meinst?" fragte die kleine Gerda.

„Ich spreche nur von meinem Märchen, meinem Traume", antwortete die Winde.

Was sagte das kleine Schneeglöckchen?

„Zwischen den Bäumen hängt an Seilen ein langes Brett, das ist eine Schaukel. Zwei niedliche kleine Mädchen — die Kleider sind weiß wie der Schnee, lange grüne Seidenbänder flattern von den Hüten — sitzen darauf und schaukeln sich. Der Bruder, der größer ist als sie, steht auf der Schaukel. Er hat den Arm um das Seil gelegt, um sich zu halten; denn in der einen Hand hat er eine kleine Schale, in der andern eine Tonpfeife. Er bläst Seifenblasen. Die Schaukel schwingt, und die Blasen steigen empor in schönen wechselnden Farben, die letzte hängt noch am Pfeifenstiel und biegt sich im Winde. Die Schaukel schwingt, der kleine schwarze Hund, leicht wie die Blasen, erhebt sich auf die Hinterfüße und will mit in die Schaukel. Sie fliegt; der Hund fällt, bellt und ist böse. Er wird geneckt, die Blasen platzen. — Ein schaukelndes Brett, ein zerspringendes Schaumbild ist mein Gesang!"

„Es kann wohl sein, daß es hübsch ist, was du erzählst; aber du sagst es so traurig und sprichst gar nicht vom kleinen Kai."

Was sagten die Hyazinthen?

„Es waren drei schöne Schwestern, durchsichtig und fein; das Kleid der einen war rot, das der andern blau, das der dritten ganz weiß. Hand in Hand tanzten sie beim stillen See im hellen Mondenschein. Es waren keine Elfen, es waren Menschenkinder. Dort duftete es so süß, und die Mädchen verschwanden im Walde. Der Duft wurde stärker. — Drei Särge, darin die schönen Mädchen lagen, glitten aus des Waldes Dickicht über den See dahin. Johanniswürmchen flogen leuchtend ringsherum, wie kleine schwebende Lichter. Schlafen die tanzenden Mädchen, oder sind sie tot? — Der Blumenduft sagt, sie seien Leichen; die Abendglocke läutet den Grabgesang!"

„Du machst mich ganz traurig", sagte die kleine Gerda. „Du duftest so stark; ich muß an die toten Mädchen denken! Ach, ist der kleine Kai wirklich tot? Die Rosen sind unten in der Erde gewesen, und die sagen: Nein!"

„Kling, klang!" läuteten die Hyazinthenglocken. „Wir läuten nicht für den kleinen Kai, wir kennen ihn nicht. Wir singen nur unser Lied, das einzige, das wir kennen."

Und Gerda ging zur Butterblume, die aus den glänzenden grünen Blättern hervorschien. „Du bist eine kleine helle Sonne", sagte Gerda. „Sage mir, ob du weißt, wo ich meinen Spielgefährten finden kann?" Und die Butterblume glänzte so schön und sah Gerda an. Welches Lied konnte wohl die Butterblume singen? Es handelte auch nicht von Kai.

„In einem kleinen Hofe schien die liebe Sonne am ersten Frühlinstage so warm. Die Strahlen glitten am Nachbarhaus die weißen Wände herab; dicht dabei wuchs die erste gelbe Blume und glänzte golden in den warmen Sonnenstrahlen. Die alte Großmutter saß draußen in ihrem Stuhl; die Enkelin, eine arme, schöne Dienstmagd, kehrte zu einem kurzen Besuche heim. Sie küßte die Großmutter; es war Gold, Herzensgold in dem liebevollen Kusse. Gold im Munde, Gold im Grunde, Gold in der Morgenstunde! Sieh, das ist meine kleine Geschichte!" sagte die Butterblume.

„Meine arme alte Großmutter!" seufzte Gerda. „Ja, sie sehnt sich gewiß nach mir und grämt sich um mich, ebenso wie sie es um den kleinen Kai tat. Aber ich komme bald wieder nach Hause, dann bringe ich Kai mit. — Es nützt nichts, daß ich die Blumen frage, die kennen nur ihr eigenes Lied; sie geben mir keinen Bescheid!" Und dann band sie ihr kleines Kleid hoch, damit sie rascher laufen könne. Aber die Narzisse schlug ihr ans Bein, als sie darüber hinsprang; da blieb sie stehen, betrachtete die lange gelbe Blume und fragte: „Weißt du vielleicht etwas?“ Und sie bückte sich ganz zur Narzisse hinab, und was sagte die? „Ich kann mich selbst sehen! Ich kann mich selbst sehen!“ sagte die Narzisse. „Oh, oh, wie ich dufte! – Oben in der kleinen Dachkammer steht, halb angekleidet, eine kleine Tänzerin; sie steht bald auf einem Beine, bald auf beiden. Sie tritt die ganze Welt mit Füßen; sie ist nichts als Blendwerk. Sie gießt Wasser aus dem Teetopf auf ein Stück Tuch aus, das sie hält: Es ist das Mieder. Reinlichkeit ist eine gute Sache! Das weiße Kleid hängt am Haken, das ist auch im Teetopf gewaschen und auf dem Dache getrocknet. Sie zieht es an und schlingt das safrangelbe Tuch um den Hals; nun leuchtet das Kleid noch weißer. Das Bein in die Höhe! Sieh, wie sie sich auf einem Stiele wiegt! Ich kann mich selbst sehen! Ich kann mich selbst sehen!“

„Das ist mir völlig gleichgültig!“ sagte Gerda. „Das brauchst du mir nicht zu erzählen!“ Und dann lief sie zum Ende des Gartens. Die Tür war verschlossen, aber sie rüttelte an der verrosteten Klinke, bis sie abging. Die Tür sprang auf, und die kleine Gerda lief barfuß in die weite Welt hinaus. Sie blickte dreimal zurück, aber niemand war da, der sie verfolgte. Zuletzt konnte sie nicht mehr laufen und setzte sich auf einen großen Stein. Und als sie sich umsah, war der Sommer vorbei; es war Spätherbst. Das hatte man in dem schönen Garten gar nicht bemerken können, dort gab es immer Sonnenschein und Blumen aller Jahreszeiten.

„Gott, wie habe ich mich verspätet!“ sagte die kleine Gerda. „Es ist ja Herbst geworden! Da darf ich nicht ruhen!“

Und sie erhob sich, um zu gehen.
Oh, wie waren ihre kleinen Füße wund und müde! Ringsumher sah es kalt und rauh aus. Die langen Weidenblätter waren ganz gelb, und der Tau tropfte als Wasser von ihnen herab. Ein Blatt fiel nach dem andern ab; nur der Schlehdorn trug noch Früchte, die waren aber herb und zogen den Mund zusammen. Oh, wie war es grau und schwer in der weiten Welt!

Vierte Geschichte
Prinz und Prinzessin

Gerda mußte wieder ausruhen. Da hüpfte dort auf dem Schnee, der Stelle, wo sie saß, gerade gegenüber, eine große Krähe, die hatte lange ruhig gesessen, sie betrachtet und mit dem Kopfe gewackelt.
Nun sagte sie: „Kra! Kra! – Gu' Tag! Gu' Tag!" Besser konnte sie es nicht herausbringen, aber sie meinte es gut mit dem kleinen Mädchen und fragte, wohin sie so allein in die weite Welt hinausginge. Das Wort ‚allein' verstand Gerda sehr wohl und fühlte recht, wieviel darin lag. Und sie erzählte der Krähe ihr ganzes Leben und Schicksal und fragte, ob sie Kai nicht gesehen habe.
Und die Krähe nickte ganz bedächtig und sagte: „Das könnte sein! Das könnte sein!"
„Wie? Glaubst du?" rief das kleine Mädchen und hätte fast die Krähe totgedrückt, so küßte sie sie.
„Vernünftig, vernünftig!" sagte die Krähe. „Ich glaube, es kann der kleine Kai gewesen sein; aber nun hat er dich sicher über der Prinzessin vergessen!"
„Wohnt er bei einer Prinzessin?" fragte Gerda.
„Ja, höre!" sagte die Krähe. „Aber es fällt mir so schwer, deine Sprache zu reden. Verstehst du die Krähensprache, dann kann ich besser erzählen."
„Nein, die habe ich nicht gelernt", sagte Gerda, „aber die Großmutter verstand sie, und auch spre-

chen konnte sie diese Sprache. Hätte ich sie nur gelernt!"

„Tut gar nichts!" sagte die Krähe. „Ich werde erzählen, so gut ich kann; aber schlecht wird es gehen." Und dann erzählte sie, was sie wußte.

„In diesem Königreich, in dem wir jetzt sitzen, wohnt eine Prinzessin, die ist ganz ungeheuer klug; aber sie hat auch alle Zeitungen, die es in der Welt gibt, gelesen und wieder vergessen, so klug ist sie. Neulich saß sie auf dem Thron, und das ist doch nicht so angenehm, sagt man. Da fing sie an, ein Lied zu singen, und das war gerade dieses: ‚Weshalb sollt ich nicht heiraten!'

‚Höre, da ist etwas daran', sagte sie, und so wollte sie sich verheiraten. Aber sie wollte einen Mann haben, der zu antworten verstand, wenn man mit ihm sprach, einen, der nicht bloß dastände und vornehm aussähe; denn das wäre zu langweilig. Nun ließ sie alle Hofdamen zusammentrommeln, und als die hörten, was sie wollte, wurden sie sehr vergnügt. ‚Das mag ich leiden', sagte jede, ‚daran dachte ich neulich auch!' Du kannst glauben, daß jedes Wort, was ich sage, wahr ist!" sagte die Krähe. „Ich habe eine zahme Freundin, die geht frei im Schloß umher, und die hat mir alles erzählt!" — Die Freundin war natürlich auch eine Krähe. Denn eine Krähe sucht die andere, und das bleibt immer eine Krähe.

„Die Zeitungen erschienen sogleich mit einem Rande aus lauter kleinen Herzen und dem Namenszug der Prinzessin. Man konnte darin lesen, daß es jedem gutaussehenden jungen Mann freistehe, auf das Schloß zu kommen und mit der Prinzessin zu sprechen, und derjenige, der am besten spräche und so, daß man hören könne, er sei in dem, was er sage, zu Hause, den wolle die Prinzessin zum Manne nehmen.

Ja, ja", sagte die Krähe. „Du kannst es mir glauben, es ist so wahr, wie ich hier sitze. Junge Männer strömten herzu, es war ein Gedränge und Laufen. Aber es glückte keinem, weder am ersten noch am zweiten Tage. Sie konnten alle gut sprechen, wenn sie draußen auf der Straße waren, aber wenn sie in das Schloßtor traten und dort die Garde in Silber sahen und auf den Treppen die Lakaien in Gold und die großen erleuchteten Säle, dann wurden sie verwirrt. Und standen sie gar vor dem Thron, wo die Prinzessin saß, dann wußten sie nichts zu sagen als das letzte Wort, das die Prinzessin gesprochen hatte; und das noch einmal zu hören, dazu hatte sie keine Lust. Es war gerade, als ob sie drinnen Schnupftabak auf den Magen bekommen hätten und in tiefen Schlaf gefallen wären, bis sie wieder auf die Straße kamen, denn dann konnten sie sprechen. Da stand eine Reihe vom Stadttor bis zum Schlosse hin. Ich war selbst drinnen, um es zu sehen!" sagte die Krähe. „Sie wurden hungrig und durstig, aber auf dem Schlosse erhielten sie nicht einmal ein Glas laues Wasser. Zwar hatten einige der Klügsten Butterbrote mitgebracht, aber sie teilten nicht mit ihrem Nachbar, sie dachten: Laß ihn nur hungrig aussehen, dann nimmt die Prinzessin ihn nicht!"

„Aber Kai, der kleine Kai!" fragte Gerda. „Wann kam der? War er unter der Menge?" – „Warte, warte, jetzt sind wir gerade bei ihm! Es war am dritten Tag, da kam eine kleine Person, ohne Pferd oder Wagen, ganz fröhlich gerade auf das Schloß zumarschiert. Seine Augen glänzten wie deine; er hatte schönes langes Haar, aber sonst ärmliche Kleider."

„Das war Kai!" jubelte Gerda. „Oh, dann habe ich ihn gefunden!" Und sie klatschte in die Hände.

„Er hatte ein kleines Ränzel auf dem Rücken!" sagte die Krähe.

„Nein, das war sicher sein Schlitten“, sagte Gerda, „denn mit dem Schlitten ging er fort!“

„Das kann wohl sein“, sagte die Krähe, „ich sah nicht so genau danach! Aber das weiß ich von meiner zahmen Freundin: Als er in das Schloßtor kam und die Leibgarde in Silber sah und auf den Treppen die Lakaien in Gold, wurde er nicht im mindesten verlegen und sagte zu ihnen: ‚Das muß langweilig sein, auf der Treppe zu stehen; ich gehe lieber hinein!‘ Da glänzten die Säle von Lichtern, Geheimräte und Exzellenzen gingen auf bloßen Füßen und trugen Goldgefäße, man konnte ganz benommen werden! Seine Stiefel knarrten gewaltig laut, aber ihm wurde doch nicht bange.“

„Das ist ganz gewiß Kai!“ sagte Gerda. „Ich weiß, er hatte neue Stiefel an; ich hab sie in der Großmutterstube knarren hören!“

„Ja, freilich knarrten sie!“ sagte die Krähe. „Und frischen Muts ging er gerade zur Prinzessin hinein, die auf einer großen Perle saß, so groß wie ein Spinnrad. Und alle Hofdamen mit ihren Jungfern und den Jungfern der Jungfern und alle Kavaliere mit ihren Dienern und den Dienern der Diener, die wieder einen Burschen hielten, standen ringsherum aufgestellt, und je näher sie der Tür standen, desto stolzer sahen sie aus. Den Burschen von des Dieners Diener, der immer in Pantoffeln geht, darf man kaum anzusehen wagen, so stolz steht er an der Tür!“

„Das muß greulich sein!“ sagte die kleine Gerda. „Und Kai hat doch die Prinzessin bekommen?“

„Wäre ich nicht eine Krähe gewesen, so hätte ich sie genommen — und das, obwohl ich verlobt bin. Er soll ebensogut gesprochen haben wie ich, wenn ich die Krähensprache rede; das habe ich von meiner zahmen Freundin gehört. Er war keck und niedlich. Er war gar nicht zum Freien gekommen, sondern nur, um die

Klugheit der Prinzessin zu hören. Und er fand sie gut, und sie fand ihn wieder gut."

„Ja, gewiß, das war Kai!" sagte Gerda. „Er war so klug, er konnte mit Brüchen kopfrechnen! — Oh, willst du mich nicht auf dem Schlosse einführen?"

„Ja, das ist leicht gesagt!" antwortete die Krähe. „Aber wie machen wir das? Ich werde es mit meiner zahmen Freundin besprechen; sie kann uns wohl raten. Denn das muß ich dir sagen: So ein kleines Mädchen wie du erhält nie die Erlaubnis, ganz hineinzukommen!"

„Ja, die erhalte ich!" sagte Gerda. „Wenn Kai hört, daß ich da bin, kommt er gleich heraus und holt mich!"

„Erwarte mich dort am Gitter!" sagte die Krähe, wackelte mit dem Kopfe und flog davon.

Erst als es spät am Abend war, kehrte die Krähe wieder zurück!

„Rax! Rax!" sagte sie. „Ich soll dich vielmals von meiner Freundin grüßen, und hier ist ein kleines Brot für dich, das nahm sie aus der Küche. Dort ist Brot genug, und du bist sicher hungrig. — Es ist nicht möglich, daß du in das Schloß hineinkommen kannst; du bist ja barfuß. Die Garde in Silber und die Lakaien in Gold würden es nicht erlauben. Aber weine nicht! Du sollst schon hinaufkommen. Meine Freundin kennt eine kleine Hintertreppe, die zum Schlafgemach führt, und sie weiß, wo sie den Schlüssel bekommen kann."

Und sie gingen in den Garten hinein, in die große Allee, wo ein Blatt nach dem andern abfiel, und als im Schloß die Lichter ausgelöscht wurden, eines nach dem andern, führte die Krähe die kleine Gerda zu einer Hintertür, die nur angelehnt war.

Oh, wie Gerdas Herz vor Angst und Sehnsucht pochte! Es war ihr gerade, als ob sie etwas Böses tue, und sie wollte ja doch nur wissen, ob es der kleine Kai war. Ja, er mußte es sein! Sie dachte so lebhaft an seine klugen Augen, sein langes Haar; sie konnte richtig sehen, wie er lächelte, wie damals, als sie daheim unter den Rosen saßen. Er würde sicher froh sein, sie wiederzusehen, zu hören, welchen langen Weg sie um seinetwillen gegangen, zu wissen, wie betrübt sie alle daheim gewesen waren, als er nicht wiederkam. Oh, das war eine Furcht und eine Freude!

Nun waren sie auf der Treppe; da brannte auf einem Schrank eine kleine Lampe. Mitten auf dem Fußboden stand die zahme Krähe, wendete den Kopf nach allen Seiten und betrachtete Gerda, die sich verneigte, wie die Großmutter es sie gelehrt hatte.

„Mein Verlobter hat mir soviel Gutes von Ihnen gesagt, mein kleines Fräulein", sagte die zahme Krähe. „Ihr Schicksal ist wirklich rührend. Wollen Sie die Lampe nehmen, dann werde ich vorangehen. Wir nehmen hier den geraden Weg; denn da begegnen wir niemandem."

„Es ist mir, als ginge jemand hinter uns", sagte Gerda. Und es sauste an ihr vorbei; es war wie Schatten an der Wand: Pferde mit fliegenden Mähnen und dünnen Beinen, Jägerburschen, Herren und Damen zu Pferde.

„Das sind nur Träume", sagte die Krähe, „die kommen und holen die Gedanken der hohen Herrschaften zur Jagd ab. Das ist recht gut, dann können Sie es besser im Bett betrachten. Aber ich hoffe, wenn Sie zu Ehren und Würden gelangen, werden Sie ein dankbares Herz zeigen."

„Das versteht sich von selbst", sagte die Krähe vom Walde. Nun kamen sie in den ersten Saal; der war aus rosenrotem Atlas mit künstlichen Blumen an den Wänden hinauf. Hier sausten die Träume schon an

ihnen vorbei, aber sie fuhren so schnell, daß Gerda die hohen Herrschaften nicht zu sehen bekam. Ein Saal war immer prächtiger als der andere, ja, man konnte wohl verdutzt werden!
Nun waren sie im Schlafgemach. Hier glich die Decke einer großen Palme mit Blättern aus Glas, aus kostbarem Glas, und mitten auf dem Fußboden schwebten auf einem dicken Stengel von Gold zwei Betten, von denen jedes wie eine Lilie aussah. Die eine war weiß, darin lag die Prinzessin; die andere war rot, und in dieser sollte Gerda den kleinen Kai suchen. Sie bog eines der roten Blätter zur Seite, und da sah sie einen braunen Nacken. Oh, das war Kai! Sie rief ganz laut seinen Namen, hielt die Lampe zu ihm hin — die Träume sausten zu Pferde wieder in die Stube herein — er erwachte, drehte den Kopf um, und — — — es war gar nicht der kleine Kai!
Der Prinz glich ihm nur im Nacken; aber jung und hübsch war er auch. Und aus dem weißen Lilienblatte blinzelte die Prinzessin hervor und fragte, wer da wäre. Da weinte die kleine Gerda und erzählte ihre ganze Geschichte und alles, was die Krähen für sie getan hatten.
„Du armes Kind!" sagten der Prinz und die Prinzessin, und sie lobten die Krähen und sagten, daß sie gar nicht böse auf sie seien, aber sie dürften es doch nicht öfter tun. Trotzdem sollten sie eine Belohnung haben.
„Wollt ihr frei fliegen?" fragte die Prinzessin. „Oder wollt ihr feste Anstellung als Hofkrähen haben, mit allem, was in der Küche abfällt?"
Und beide Krähen verneigten sich und baten um feste Anstellung; denn sie gedachten des Alters und sagten: „Es wäre schön, etwas für die ‚alten Tage' zu haben", wie sie es nannten.
Und der Prinz stand aus seinem Bette auf und ließ

Gerda darin schlafen, und mehr konnte er nicht tun. Sie faltete ihre kleinen Hände und dachte: Wie gut sind doch die Menschen und Tiere! Und dann schloß sie ihre Augen und schlief so sanft. Alle Träume kamen wieder hereingeflogen, und da sahen sie wie Gottes Engel aus, und sie zogen einen kleinen Schlitten, auf dem Kai saß und nickte. Aber das Ganze war nur ein Traum, und deshalb war es auch wieder fort, sobald sie erwachte. Am nächsten Tag wurde sie von Kopf bis Fuß in Seide und Samt gekleidet. Es wurde ihr angeboten, auf dem Schlosse zu bleiben und gute Tage zu genießen. Aber sie bat nur um einen kleinen Wagen mit einem Pferd davor und um ein Paar kleine Stiefel. Dann wollte sie wieder in die weite Welt hinausfahren und Kai suchen.

Und sie bekam Stiefel und Muff, sie wurde niedlich angezogen, und als sie fortwollte, hielt vor der Tür eine neue Kutsche aus reinem Golde. Das Wappen des Prinzen und der Prinzessin glänzte daran wie ein Stern; Kutscher, Diener und Vorreiter, denn es waren auch Vorreiter da, saßen mit Goldkronen auf dem Kopfe zu Pferde. Der Prinz und die Prinzessin selbst halfen ihr in den Wagen und wünschten ihr alles Glück. Die Waldkrähe, die nun verheiratet war, begleitete sie die ersten drei Meilen, sie saß an ihrer Seite; denn sie konnte es nicht vertragen, rückwärts zu fahren. Die andere Krähe stand in der Tür und schlug mit den Flügeln. Sie kam nicht mit; denn sie litt an Kopfschmerzen, seitdem sie eine feste Anstellung und soviel zu essen hatte. Inwendig war die Kutsche mit Zuckerbrezeln gefüttert, und im Sitze waren Früchte und Pfeffernüsse.

„Leb wohl! Leb wohl!“ riefen der Prinz und die Prinzessin, und die kleine Gerda weinte, und die Krähe weinte. — So ging es die ersten Meilen, da sagte auch die Krähe Lebewohl, und das war der schwerste Abschied. Sie flog auf einen Baum und schlug mit ihren schwarzen Flügeln, solange sie den Wagen, der wie der helle Sonnenschein glänzte, erblicken konnte.

Fünfte Geschichte
Das kleine Räubermädchen

Sie fuhren durch den dunklen Wald, aber die Kutsche leuchtete wie eine Fackel. Das stach den Räubern in die Augen, das konnten sie nicht ertragen.

„Das ist Gold, das ist Gold!“ riefen sie, stürzten hervor, hielten die Pferde an, schlugen die Vorreiter, den Kutscher und die Diener tot und zogen die kleine Gerda aus dem Wagen.

„Sie ist fett, sie ist niedlich, sie ist mit Nußkernen gefüttert!“ sagte das alte Räuberweib, das einen langen struppigen Bart und Augenbrauen hatte, die ihr über die Augen herabhingen.

„Das ist so gut wie ein kleines Mastlamm; die soll aber schmecken!“ Und dann zog sie ihr blankes Messer heraus, und das glänzte, daß es gräßlich war.

„Au!“ sagte das Weib zu gleichen Zeit. Sie wurde von der eigenen Tochter ins Ohr gebissen, die ihr auf dem Rücken hing, so wild und unartig, daß es eine Lust war. „Du häßlicher Balg!“ sagte die Mutter und hatte keine Zeit, Gerda zu schlachten.

„Sie soll mit mir spielen!“ sagte das kleine Räubermädchen. „Sie soll mir ihren Muff, ihr hübsches Kleid geben, bei mir in meinem Bette schlafen!“ Und dann biß sie wieder, daß das Räuberweib in die Höhe sprang und sich ringsherum drehte. Und alle Räuber lachten und sagten: „Seht, wie sie mit ihrem Kalbe tanzt!“

„Ich will in den Wagen hinein!“ sagte das kleine Räubermädchen. Und es mußte und wollte seinen

Willen haben; denn es war ganz verzogen und sehr hartnäckig. Es saß mit Gerda drinnen, und so fuhren sie über Stock und Stein, immer tiefer in den Wald. Das kleine Räubermädchen war so groß wie Gerda, aber stärker, breitschultriger und von dunkler Haut. Die Augen waren ganz schwarz, sie sahen fast traurig aus. Es faßte die kleine Gerda um den Leib und sagte: „Sie sollen dich nicht schlachten, solange ich nicht böse auf dich werde. Du bist wohl eine Prinzessin?"

„Nein", sagte Gerda und erzählte ihr alles, was sie erlebt hatte und wie sehr sie den kleinen Kai liebhätte.

Das Räubermädchen sah sie ganz ernsthaft an, nickte ein wenig mit dem Kopfe und sagte: „Sie sollen dich nicht schlachten, selbst wenn ich noch so böse auf dich werde. Dann werde ich es schon selbst tun!" Und dann trocknete sie Gerdas Augen und steckte beide Hände in den schönen Muff, der so weich und warm war.

Nun hielt die Kutsche still. Sie waren mitten auf dem Hofe eines Räuberschlosses. Das war von oben bis unten geborsten, Raben und Krähen flogen aus den offenen Löchern, und die großen Bullenbeißer, von denen jeder aussah, als könnte er einen Menschen verschlingen, sprangen in die Höhe, aber sie bellten nicht; denn das war verboten.

In dem großen alten, verräucherten Saale brannte mitten auf dem steinernen Fußboden ein helles Feuer. Der Rauch zog unter der Decke hin und mußte sich selbst einen Ausgang suchen. Ein großer Braukessel mit Suppe kochte, Hasen und Kaninchen wurden an Spießen gebraten. „Du sollst die Nacht mit mir bei allen meinen kleinen Tieren schlafen", sagte das Räubermädchen. Sie bekamen zu essen und zu trinken und gingen dann in eine Ecke, wo Stroh und

Teppiche lagen. Oben darüber saßen auf Latten und Stäben mehr als hundert Tauben, die zu schlafen schienen, sich aber doch ein wenig drehten, als die beiden kleinen Mädchen kamen.
„Die gehören alle mir!" sagte das kleine Räubermädchen, packte rasch eine der nächsten, hielt sie bei den Füßen und schüttelte sie, daß sie mit den Flügeln schlug. „Küsse sie!" rief sie und klatschte Gerda ins Gesicht. „Da sitzen die Waldtauben", fuhr sie fort und zeigte auf eine Menge Stäbe, die vor einem Loche oben in der Mauer eingeschlagen waren. „Das ist Waldgesindel, die beiden, die fliegen gleich fort, wenn man sie nicht ordentlich verschlossen hält. Und hier steht mein alter liebster Bä!" Und sie zog ein Rentier, das einen blanken kupfernen Ring um den Hals trug und angebunden war, am Geweih hervor. „Den müssen wir auch in der Klemme halten, sonst springt er uns fort. Jeden Abend kitzle ich ihn mit meinem scharfen Messer am Halse, davor fürchtet er sich sehr!" Und das kleine Mädchen zog ein langes Messer aus einer Mauerspalte und ließ es über den Hals des Rentiers gleiten. Das arme Tier schlug mit den Beinen aus, das kleine Räubermädchen lachte und zog dann Gerda mit ins Bett hinein.
„Willst du das Messer bei dir behalten, wenn du schläfst?" fragte Gerda und blickte etwas furchtsam darauf.
„Ich schlafe immer mit dem Messer", sagte das kleine Räubermädchen. „Man weiß nie, was geschehen kann. Aber erzähle nur weiter vom kleinen Kai und weshalb du in die weite Welt hinausgegangen bist." Und Gerda erzählte wieder von vorn, und die Waldtauben gurrten oben im Käfig, und die andern Tauben schliefen. Das kleine Räubermädchen legte den Arm um Gerdas Hals, hielt das Messer in der andern Hand und schlief, daß man es hören konnte.

Aber Gerda konnte ihre Augen nicht schließen; sie wußte nicht, ob sie leben oder sterben würde. Die Räuber saßen rings um das Feuer, sangen und tranken, und das Räuberweib schlug Purzelbäume. Oh, es war ganz gräßlich für das kleine Mädchen, das mit anzusehen!

Da sagten die Waldtauben: „Gurre! Gurre! Wir haben den kleinen Kai gesehen. Ein weißes Huhn trug seinen Schlitten; er saß im Wagen der Schneekönigin, die dicht über den Wald hinfuhr, als wir im Nest lagen. Sie blies auf uns Junge, und außer uns beiden starben alle. Gurre! Gurre!"

„Was sagt ihr dort oben?" rief Gerda. „Wohin reiste die Schneekönigin? Wißt ihr etwas davon?"

„Sie reiste wohl nach Lappland; dort ist immer Schnee und Eis! Frage das Rentier, das am Stricke angebunden steht."

„Dort ist Eis und Schnee, dort ist es herrlich und gut!" sagte das Rentier. „Dort springt man frei umher in den großen glänzenden Tälern. Dort hat die Schneekönigin ihr Sommerzelt; aber ihr festes Schloß ist oben nach dem Nordpol zu, auf der Insel, die Spitzbergen genannt wird."

„O Kai, kleiner Kai!" seufzte Gerda.

„Du mußt stilliegen", sagte das Räubermädchen, „sonst stoße ich dir das Messer in den Leib!"

Am Morgen erzählte ihr Gerda alles, war die Waldtauben gesagt hatten, und das kleine Räubermädchen sah ganz ernsthaft aus, nickte aber mit dem Kopf und sagte: „Das ist einerlei! Das ist einerlei! – Weißt du, wo Lappland ist?" fragte sie das Rentier.

„Wer sollte es wohl besser wissen als ich!" sagte das Tier, und die Augen funkelten ihm im Kopf. „Dort bin ich geboren und aufgewachsen, dort bin ich auf den Schneefeldern herumgesprungen!"

„Höre", sagte das Räubermädchen zu Gerda, „du

siehst, alle unsere Mannsleute sind fort; nur die Mutter ist noch hier, und die bleibt. Aber gegen Mittag trinkt sie aus der großen Flasche und schläft danach ein wenig — dann werde ich etwas für dich tun!" Nun sprang sie aus dem Bett, fiel der Mutter um den Hals, zupfte sie am Bart und sagte: „Mein einzig lieber Ziegenbock, guten Morgen!" Und die Mutter gab ihr einen Nasenstüber, daß die Nase rot und blau wurde; aber das geschah alles aus lauter Liebe.

Als die Mutter dann aus ihrer Flasche getrunken hatte und darauf einschlief, ging das Räubermädchen zum Rentier hin und sagte: „Ich könnte große Freude daran haben, dich noch manches Mal mit dem scharfen Messer zu kitzeln; denn du bist so possierlich. Doch es ist einerlei, ich will deine Schnur lösen und dir hinaushelfen, damit du nach Lappland laufen kannst. Aber du mußt tüchtig Beine machen und dieses kleine Mädchen zum Schloß der Schneekönigin bringen, wo ihr Spielkamerad ist. Du hast wohl gehört, was sie erzählte; denn sie sprach laut genug, und du hast gehorcht!"

Das Rentier sprang vor Freude hochauf. Das Räubermädchen hob die kleine Gerda hinauf und war so vorsichtig, sie festzubinden, ja ihr sogar ein kleines Kissen zum Sitzen zu geben.

„Da hast du auch deine Pelzstiefel", sagte sie, „denn es wird kalt. Aber den Muff behalte ich, der ist gar zu niedlich! Trotzdem sollst du nicht frieren. Hier hast du meiner Mutter große Fausthandschuhe, die reichen dir bis zum Ellbogen hinauf. Krieche hinein! Nun siehst du an den Händen ebenso aus wie meine häßliche Mutter."

Und Gerda weinte vor Freude.

„Ich kann nicht leiden, daß du heulst", sagt das kleine Räubermädchen. „Jetzt mußt du gerade recht

froh aussehen! Und hier hast du zwei Brote und einen Schinken; nun wirst du nicht hungern." Beides wurde hinten auf das Rentier gebunden; das kleine Räubermädchen öffnete die Tür, lockte all die großen Hunde herein, durchschnitt dann mit seinem scharfen Messer den Strick und sagte zum Rentier: „Nun lauf! Aber gib gut acht auf das kleine Mädchen!"
Und Gerda streckte die Hände mit den großen Fausthandschuhen gegen das Räubermädchen aus und sagte Lebwohl, und dann flog das Rentier über Stock und Stein davon, durch den großen Wald, über Sümpfe und Steppen, so schnell es nur konnte. Die Wölfe heulten, und die Raben schrien.
„Fut! Fut!" ging es am Himmel. Es war gleichsam, als ob er rot nieste.
„Das sind meine alten Nordlichter", sagte das Rentier, „sieh, wie sie leuchten!" Und dann lief es noch schneller davon, Tag und Nacht. Die Brote wurden verzehrt, der Schinken auch, und dann waren sie in Lappland.

Sechste Geschichte
Die Lappin und die Finnin

Bei einem kleinen Hause hielten sie an; es war ganz jämmerlich, das Dach ging bis zur Erde herunter, und die Tür war so niedrig, daß die Familie auf dem Bauche kriechen mußte, wenn sie heraus oder hinein wollte. Hier war außer einer alten Lappin, die bei einer Tranlampe Fische kochte, niemand zu Hause. Und das Rentier erzählte Gerdas ganze Geschichte, aber zuerst seine eigene; denn diese erschien ihm weit wichtiger, und Gerda war von der Kälte so erstarrt, daß sie nicht sprechen konnte.
„Ach, ihr Armen", sagte die Lappin, „da habt ihr noch weit zu laufen! Ihr müßt über hundert Meilen weit nach Finnmarken hinein; denn dort hat die

Schneekönigin ihren Landsitz und brennt jeden Abend ein Feuerwerk ab. Ich werde ein paar Worte auf einen trocknen Stockfisch schreiben, Papier habe ich nicht, den werde ich euch für die Finnin dort oben mitgeben. Sie kann euch besser Bescheid sagen als ich!"

Und als sich Gerda nun erwärmt hatte und zu essen und zu trinken bekommen hatte, schrieb die Lappin ein paar Worte auf einen trocknen Stockfisch. Sie bat Gerda, gut darauf zu achten, band sie wieder auf dem Rentier fest, und dieses sprang davon.

„Fut! Fut!" ging es oben in der Luft, die ganze Nacht brannten die schönsten blauen Nordlichter — und dann kamen sie nach Finnmarken und klopften an den Schornstein der Finnin; denn die hatte nicht einmal eine Tür.

Da war eine Hitze drinnen, daß die Finnin selbst fast völlig nackt ging. Sie war klein und ganz schmutzig. Gleich löste sie die Kleider der kleinen Gerda und zog ihr die Fausthandschuhe und Stiefel aus, denn sonst wäre es ihr zu heiß geworden, legte dem Rentier ein Stück Eis auf den Kopf und las dann, was auf dem Stockfisch geschrieben stand. Sie las es dreimal, und dann wußte sie es auswendig und steckte den Fisch in den Suppenkessel; denn er konnte ja gegessen werden, und sie verschwendete nie etwas.

Nun erzählte das Rentier zuerst seine Geschichte, dann die der kleinen Gerda; und die Finnin blinzelte mit den klugen Augen, sagte aber gar nichts.

„Du bist sehr klug", sagte das Rentier, „ich weiß, du kannst alle Winde der Welt mit einem Zwirnsfaden zusammenbinden. Wenn der Schiffer den einen Knoten löst, bekommt er guten Wind, löst er den andern, dann weht es scharf, und löst er den dritten und vierten, dann stürmt es, daß die Wälder umfallen. Willst du nicht dem kleinen Mädchen einen Trank geben, daß sie die Zwölfmännerkraft bekommt und die Schneekönigin überwindet?"

„Zwölfmännerkraft!" sagte die Finnin. „Ja, das würde viel helfen!" Und dann ging sie zu einem Gestell, nahm ein großes zusammengerolltes Fell und wickelte es auf; da waren wunderbare Buchstaben darauf geschrieben, und die Finnin las, daß ihr das Wasser von der Stirn herunterlief.

Aber das Rentier bat wieder so sehr für die kleine Gerda, und Gerda blickte die Finnin mit so bittenden, tränenvollen Augen an, daß diese wieder mit den ihren zu blinzeln anfing und das Rentier in einen Winkel zog, wo sie ihm zuflüsterte, während es wieder frisches Eis auf den Kopf bekam: „Der kleine Kai ist freilich bei der Schneekönigin und findet dort alles nach seinem Geschmack und Gefallen und glaubt, es sei der beste Ort der Welt. Aber das kommt daher, daß er einen Glassplitter ins Herz und ein kleines Glaskörnchen ins Auge bekommen hat. Die müssen zuerst heraus, sonst wird er nie wieder ein Mensch, und die Schneekönigin wird ihre Macht über ihn behalten!" „Aber kannst du nicht der kleinen Gerda etwas eingeben, so daß sie Gewalt über das Ganze erhält?"

„Ich kann ihr keine größere Gewalt geben, als sie schon besitzt; siehst du nicht, wie groß die ist? Siehst du nicht, wie Menschen und Tiere ihr dienen müssen, wie sie auf bloßen Füßen so gut in der Welt fortgekommen ist? Sie kann nicht von uns ihre Macht erhalten; die sitzt in ihrem Herzen und besteht darin, daß sie ein liebes, unschuldiges Kind ist. Kann sie nicht selbst zur Schneekönigin hineingelangen und den kleinen Kai von dem Glas befreien, dann können wir ihr nicht helfen. Zwei Meilen von hier beginnt der Garten der Schneekönigin; dahin kannst du sie tragen. Setze sie bei dem großen Busch ab, der mit roten

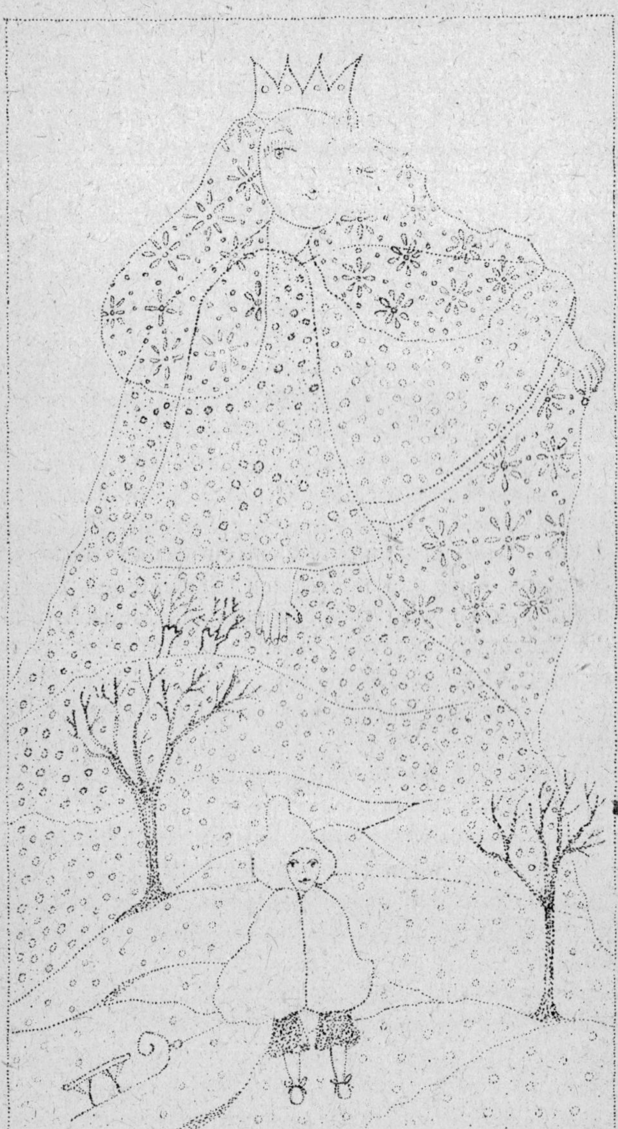

Beeren im Schnee steht; halte keinen langen Gevatterklatsch, sondern beeile dich, hierher zurückzukommmen!" Und dann hob die Finnin die kleine Gerda auf das Rentier, das lief, was es konnte.

„Oh, ich habe meine Stiefel nicht! Ich habe meine Fausthandschuhe nicht!" rief die kleine Gerda. Das merkte sie in der schneidenden Kälte; aber das Rentier wagte nicht anzuhalten. Es lief, bis es zu dem Busch mit den roten Beeren kam. Da setze es Gerda ab und küßte sie auf den Mund, und es liefen große heiße Tränen über die Backen des Tieres; und dann sprang es, was es nur konnte, wieder zurück. Da stand die arme Gerda ohne Schuhe, ohne Handschuhe mitten in dem fürchterlichen, eiskalten Finnmarken.

Sie lief vorwärts, so schnell sie nur konnte. Da kam ein ganzes Regiment Schneeflocken; aber die fielen nicht vom Himmel herunter, der war ganz klar und glänzte von Nordlichtern. Die Schneeflocken liefen gerade auf der Erde hin, und je näher sie kamen, desto größer wurden sie. Gerda erinnerte sich noch, wie groß und kunstvoll die Schneeflocken damals ausgesehen hatten, als sie sie durch ein Brennglas betrachtete. Aber hier waren sie noch weit größer und fürchterlicher; sie lebten, sie waren die Vorposten der Schneekönigin, sie hatten die sonderbarsten Gestalten. Einige sahen aus wie häßliche große Stachelschweine, andere wie ganze Knoten von Schlangen, welche die Köpfe hervorstreckten; noch andere wie kleine dicke Bären, deren Haare sich sträubten. Alle aber waren glänzend weiß, alle waren lebendige Schneeflocken.

Da betete die kleine Gerda ihr Vaterunser. Und die Kälte war so groß, daß sie ihren eigenen Atem sehen konnte; der ging ihr wie Rauch aus dem Munde. Der Atem wurde dichter und dichter und formte sich zu kleinen Engeln, die mehr und mehr wuchsen, wenn

sie die Erde berührten; und alle hatten Helme auf den Köpfen und Spieße und Schilde in den Händen. Ihre Anzahl wurde größer und größer, und als Gerda ihr Gebet beendet hatte, war eine ganze Legion um sie. Sie stachen mit ihren Spießen gegen die greulichen Schneeflocken, daß diese in hundert Stücke zersprangen, und die kleine Gerda ging ganz sicher und frischen Mutes vorwärts. Die Engel streichelten ihr Hände und Füße, da empfand sie weniger, wie kalt es war, und eilte nach der Schneekönigin Schloß.
Aber nun müssen wir doch erst sehen, was Kai macht. Er dachte freilich nicht an die kleine Gerda, und am wenigsten, daß sie draußen vor dem Schlosse stände.

Siebente Geschichte
Von dem Schloß der Schneekönigin und was sich später darin zutrug

Die Wände des Schlosses waren aus treibendem Schnee gebildet und Fenster und Türen aus schneidenden Winden. Es waren über hundert Säle darin, alle, wie sie der Schnee zusammengeweht hatte; der größte erstreckte sich viele Meilen lang. Das starke Nordlicht beleuchtete sie, und sie waren so groß, so leer, so eiskalt und so glänzend! Nie gab es hier Fröhlichkeit, nicht einmal einen kleinen Bärenball, wozu der Sturm hätte blasen und wobei die Eisbären auf den Hinterfüßen gehen und ihre feinen Manieren hätten zeigen können, niemals eine kleine Spielgesellschaft mit Maulklapp und Tatzenschlag, nie ein bißchen Kaffeeklatsch von den Weißfuchsfräulein. Leer, groß und kalt war es in den Sälen der Schneekönigin. Die Nordlichter flammten so regelmäßig, daß man ausrechnen konnte, wann sie am höchsten und wann am niedrigsten standen. Mitten in diesem leeren unendlichen Schneesaal war ein zugefrorener See, der war in tausende Stücke zersprungen; aber jedes Stück glich dem andern so genau, daß es ein vollkommenes Kunstwerk war. Und mitten auf dem See saß die Schneekönigin, wenn sie zu Hause war; und dann sagte sie, daß sie im Spiegel des Verstandes säße und daß dieser der einzige und beste in der Welt sei.

Der kleine Kai war ganz blau vor Kälte, ja fast schwarz. Aber er merkte es nicht; denn sie hatte ihm den Kälteschauer abgeküßt, und sein Herz glich einem Eisklumpen. Er schleppte einige scharfe, flache Eisstücke hin und her, die er auf alle mögliche Weise aneinanderfügte; denn er wollte damit etwas herausbringen. Es war gerade, als wenn wir kleine Holztafeln haben und sie in Figuren zusammenlegen, was man chinesisches Spiel nennt. Kai ging auch und legte Figuren, und zwar die allerkunstvollsten. Das war das Eisspiel des Verstandes. In seinen Augen waren die Figuren ganz ausgezeichnet und von höchster Wichtigkeit; das machte das Glaskörnchen, das ihm im Auge saß! Er legte vollständige Figuren, die ein geschriebenes Wort waren; aber nie konnte er es dahin bringen, das Wort zu legen, das er gerade haben wollte, das Wort: Ewigkeit. Und die Schneekönigin hatte gesagt: „Kannst du diese Figur herausfinden, dann sollst du dein eigener Herr sein, und ich schenke dir die ganze Welt und ein Paar neue Schlittschuhe.“ Aber er konnte es nicht.

„Nun sause ich fort nach den warmen Ländern“, sagte die Schneekönigin. „Ich will hinfahren und in die schwarzen Töpfe hineinsehen!“ Das waren die feuerspeienden Berge, Ätna und Vesuv, wie man sie nennt. „Ich werde sie ein wenig weiß machen. Das gehört dazu; das tut den Zitronen und Weintrauben gut.“ Und die Schneekönigin flog davon, und Kai saß ganz allein in dem viele Meilen großen leeren Eissaal, betrachtete die Eisstücke und dachte und dachte, so daß es in ihm knackte. Ganz steif und still saß er, man hätte glauben können, er wäre erfroren.

Da geschah es, daß die kleine Gerda durch das große Tor in das Schloß trat. Hier wehten schneidende Winde, aber sie betete ein Abendgebet, da legten sich die Winde, als ob sie schlafen wollten; und sie trat in die großen leeren, kalten Säle hinein — da erblickte sie Kai. Sie erkannte ihn, flog ihm um den Hals, hielt ihn ganz fest und rief: „Kai! Lieber kleiner Kai! Da habe ich dich endlich gefunden!"

Aber er saß ganz still, steif und kalt.

Da weinte die kleine Gerda heiße Tränen, die fielen auf seine Brust; sie drangen in sein Herz, sie tauten den Eisklumpen auf und verzehrten das kleine Spiegelstück darin. Er betrachtete sie, und sie sang das Lied:

„Die Rosen, sie blühn und verwehen,
Wir werden das Christkindlein sehen!"

Da brach Kai in Tränen aus; er weinte so, daß das Spiegelsplitterchen aus dem Auge schwamm. Und nun erkannte er sie und jubelte: „Gerda! Liebe kleine Gerda! Wo bist du nur so lange gewesen? Und wo bin ich gewesen?" Und er blickte rings um sich her. „Wie kalt es hier ist! Wie weit und leer es hier ist!" Und er klammerte sich an Gerda an, und sie lachte und weinte vor Freude. Das war so herrlich, daß selbst die Eisstücke vor Freude ringsherum tanzten. Und als sie müde waren und sich niederlegten, lagen sie gerade in den Buchstaben, von denen die Schneekönigin gesagt hatte, er solle sie herausfinden, dann wäre er sein eigener Herr und sie wolle ihm die ganze Welt und ein Paar neue Schlittschuhe geben.

Gerda küßte seine Wangen, und sie wurden blühend. Sie küßte seine Augen, und sie leuchteten wie die ihren. Sie küßte seine Hände und Füße, und er war gesund und munter. Die Schneekönigin mochte nun nach Hause kommen. Sein Freibrief stand da mit glänzenden Eisstücken geschrieben!

Und sie faßten einander bei den Händen und wanderten aus dem großen Schlosse hinaus. Sie sprachen von der Großmutter und von den Rosen oben auf dem Dache; und wo sie gingen, ruhten die Winde, und die Sonne brach hervor. Und als sie den Busch mit den roten Beeren erreichten, stand das Rentier da und wartete. Es hatte ein anderes junges Rentier mit sich, dessen Euter voll war, und das gab den beiden seine warme Milch und küßte sie auf den Mund. Dann trugen die Rentiere Kai und Gerda erst zur Finnin, wo sie sich in der heißen Stube aufwärmten und über die Heimreise Bescheid erhielten, dann zur Lappin, die ihnen neue Kleider genäht und ihren Schlitten instand gesetzt hatte. Das Rentier und das Junge sprangen zur Seite und folgten gerade bis zur Grenze des Landes; dort sproßte das erste Grün hervor. Da nahmen sie Abschied vom Rentier und von der Lappin.

„Lebt wohl!" sagten alle. Und die ersten kleinen Vögel begannen zu zwitschern, der Wald hatte grüne Knospen, und aus ihm kam auf einem prächtigen Pferde, das Gerda kannte — es war vor die goldene Kutsche gespannt gewesen —, ein junges Mädchen geritten, mit einer glänzenden roten Mütze auf dem Kopfe und Pistolen im Halfter: Das war das kleine Räubermädchen, das es satt hatte, zu Hause zu sein, und nun erst nach Norden und später, wenn es ihm da nicht gefiel, nach einer anderen Weltgegend hin wollte. Es erkannte Gerda gleich, und Gerda erkannte das Mädchen auch, das war eine Freude!

„Du bist ein schöner Bursche mit deinem Herumtreiben!" sagte es zum kleinen Kai. „Ich möchte wissen, ob du es verdienst, daß man deinethalben bis

ans Ende der Welt läuft!" Aber Gerda streichelte dem Mädchen die Wangen und fragte nach dem Prinzen und der Prinzessin.
„Die sind nach fremden Ländern gereist", sagte das Räubermädchen.
„Und die Krähe?" fragte Gerda.
„Die Krähe ist tot", kam die Antwort. „Die zahme Freundin ist Witwe geworden und geht mit einem Endchen schwarzen Wollgarns am Beim umher; sie klagt ganz jämmerlich, Geschwätz ist das Ganze! Aber erzähle mir nun, wie es dir ergangen ist und wie du ihn erwischt hast!"
Und Gerda und Kai erzählten.
„Schnipp-schnapp-schnurre-purre-basselurre!" sagte das Räubermädchen, nahm beide bei den Händen und versprach, wenn es je durch die Stadt kommen sollte, so wollte es heraufkommen, um sie zu besuchen. Und dann ritt es in die weite Welt hinaus.
Aber Kai und Gerda gingen Hand in Hand, und wie sie gingen, war es herrlicher Frühling mit Blumen und Grün. Die Kirchenglocken läuteten, und sie erkannten die hohen Türme, die große Stadt. Es war die, in der sie wohnten. Und sie gingen hinein und hin zur Tür der Großmutter, die Treppe hinauf, in die Stube hinein, wo alles auf derselben Stelle stand wie früher. Und die Uhr ging: „Tick! Tack!", und die Zeiger drehten sich. Aber als sie durch die Tür gingen, merkten sie, daß sie erwachsene Menschen geworden waren. Die Rosen aus der Dachrinne blühten zum offenen Fenster herein, und da standen die kleinen Kinderstühle, und Kai und Gerda setzten sich jedes auf den seinen und hielten einander bei den Händen. Die kalte, leere Herrlichkeit bei der Schneekönigin hatten sie vergessen wie einen schweren Traum.
Die Großmutter saß im hellen Sonnenschein und las laut aus der Bibel: „Werdet ihr nicht wie die Kinder,

so werdet ihr nicht in das Himmelreich kommen!"
Und Kai und Gerda sahen einander in die Augen, und sie verstanden auf einmal den alten Gesang:

„Die Rosen, sie blühn und verwehen,
Wir werden das Christkindlein sehen!"

Da saßen sie beide, erwachsen und doch Kinder, Kinder im Herzen; und es war Sommer, warmer, wohltuender Sommer.

Nachwort

Was für eine Stimme ist uns da im Ohr geblieben? Es ist nicht der Ton des Volksmärchens, gerundet und ausgeformt im Munde Hunderter von Müttern, Kinderfrauen und Greisen, die aus der Erinnerung nacherzählten, was sie vorzeiten selbst von der Großmutter vernahmen. Nein, es ist eine andere Stimme: gütig-verschmitzt, gefühlvoll, mitunter ein wenig spöttisch, eindringlich schildernd, immer wieder zum Lachen auffordernd, manchmal düster und schwermutvoll, dann von unwiderstehlicher Lebenslust und Zuversicht — überall aber von tiefer Liebe erfüllt zu den Menschen, zu Tier und Pflanze, zu aller Welt, ja selbst zu jenen Dingen, die man „tote“ nennt, obwohl sie doch von unserer Zärtlichkeit und Freude wie belebt erscheinen können.

Was diese Stimme erzählt, ist nicht weniger eigentümlich als ihr Tonfall. Wo gäbe es in anderen Märchenbüchern so kuriose Geschichten wie die vom Halskragen, vom Wassertropfen oder das beängstigende Abenteuer mit dem Schatten? Wer sich darauf verlassen wollte, daß hier alles gut und glimpflich ausgeht, wie er es sonst im Märchen gewohnt ist, der wird allerhand Überraschungen erleben. Ist man darauf gefaßt, daß der fliegende Koffer, mit dessen Hilfe der Kaufmannssohn die Prinzessin bekommen soll, im entscheidenden Augenblick zu Asche verbrannt? Und der Bräutigam setzt nicht etwa alles daran, zu seiner Braut zu gelangen, sondern läßt sie auf dem Dache stehen und warten. So gibt es manchen Ausgang, der uns betroffen macht und nachsinnen läßt. Der Schatten wird am Ende ein großer Mann und führt die Prinzessin heim — sein Herr aber, der Gelehrte, wird ins Gefängnis gesperrt und hingerichtet! Das Lied der kleinen Seejungfrau,

die mit all ihrer Liebe, ihren Opfern und ihren Schmerzen doch nicht den Prinzen gewinnen kann, preßt uns das Herz zusammen. Und kein noch so schöner Traum kann uns mit dem Los des kleinen Mädchens versöhnen, das in der Silvesternacht bei ihren Schwefelhölzchen erfriert.
Es sind Märchen besonderer Art, und der sie erzählt hat mit seiner unverwechselbaren Stimme, ist ein Mensch besonderer Art gewesen: Hans Christian Andersen war das Kind armer Eltern, die kaum satt zu essen hatten. Er wurde am 2. April 1805 in dem kleinen dänischen Städtchen Odense geboren. Sein Vater, ein einfacher Flickschuster, war damals — wie Andersen erzählt — „kaum zweiundzwanzig Jahre alt, ein sehr begabter Mensch, eine echt poetische Natur". Jahrzehnte später noch steht die Hütte der Eltern, verklärt von Erinnerung, dem Dichter vor Augen: „Ein einziges kleines Zimmer, das mit den Schuhmachergerätschaften, dem Bette und der Schlafbank, worin ich lag, fast ausgefüllt war, war meiner Kindheit Behausung; aber die Wände hingen voller Bilder, und über der Werkstatt war ein Gestell mit Büchern und Liedern. Die kleine Küche war voll glänzender Teller und Geschirre, und auf einer Leiter konnte man von hier aus auf den Boden gelangen, wo in der Dachrinne, gegen das Nachbarhaus hin, ein großer Kasten mit Erde und Küchengewächsen, der ganze Garten meiner Mutter, stand; in meinem Märchen ‚Die Schneekönigin' blüht er noch."
An den Vater erinnert sich Andersen mit Achtung und Zärtlichkeit: „Er ließ mir in allem meinen Willen; ich besaß seine ganze Liebe, für mich lebte er. Des Sonntags machte er mir Perspektive, Theater, Bilder, die sich verwandeln konnten, und las mir aus Holbergs Komödien und ‚Tausendundeiner Nacht' vor; nur in solchen Augenblicken entsinne ich mich, ihn

recht heiter gesehen zu haben."
Der junge Schuhmacher muß ein nachdenklicher Mensch gewesen sein, der sich über die Welt seine eigenen Anschauungen bildete. Die Mutter Andersens war eine gute Hausfrau, die das Ihre zusammenhielt und den kleinen Hans Christian liebevoll und energisch erzog. In bitterster Armut war sie aufgewachsen, und sie erzählte dem Jungen oft, daß er es gegen sie wie ein Grafenkind habe: Sie sei als Kind von ihren Eltern hinausgejagt worden, um zu betteln, und als sie es nicht vermocht, habe sie einen ganzen Tag unter einer Brücke gesessen und geweint. Lesen konnte sie nur gedruckte Buchstaben, schreiben hat sie nie gelernt.
Hans Christian lebte in einer Welt, die er mit Träumen und Phantasien erfüllte. Schon früh setzte er die Leute durch seine Reden und Erzählungen in Erstaunen. Bei armen alten Frauen, die er in der Spinnstube besuchte, galt er als ein merkwürdig kluges Kind, das nicht lange leben werde. „Man belohnte meine Beredsamkeit damit, daß man mir Märchen erzählte — eine Welt, so reich wie in ‚Tausendundeiner Nacht', ging hier vor mir auf."
Einen tiefen, für sein weiteres Leben bestimmenden Eindruck machte auf ihn das Theater. „Es wurde bald meine liebste Stätte, da ich aber nur selten hineingehen konnte, erwarb ich mir die Freundschaft des Zettelträgers, der mir dann jeden Tag einen Zettel gab; mit diesem saß ich in einem Winkel und erdachte mir eine ganze Komödie nach dem Namen des Stükkes und den Personen darin. Das war mein erstes, unbewußtes Dichten."
Inzwischen hatte der Vater versucht, auf einem anderen Wege sein „Glück" zu machen. Er nahm als Soldat am Feldzug in Holstein teil und hoffte, als Leutnant heimzukehren. Doch seine Träume erfüllten

sich nicht. Krank und gebrochen kam er aus dem Kriege, nur wenige Jahre siechte er noch dahin. Als er 1816 starb, ließ er die Familie in tiefer Armut zurück. Die Mutter mußte sich als Wäscherin ihr Brot verdienen. Sie heiratete nochmals, wieder einen Schuhmacher, der nach wenigen Jahren starb. Ihre Gesundheit wurde durch all die Not und Mühsal untergraben, schließlich verfiel sie in ihrer Verzweiflung dem Trunk. Ihre letzten Lebensjahre brachte sie im Armenhaus von Odense zu.

Der Weg, der vor dem jungen Hans Christian lag, schien ihm ein ähnlich düsteres Los vorzuzeichnen wie seinen Eltern. Er konnte nur die dürftigste Bildung erwerben. Auf der Armenschule lernte er, wie er später berichtet hat, „nur Religion, Rechnen und Schreiben, und das letztere schlecht genug; ich konnte kaum ein Wort richtig buchstabieren". Voller Sehnsucht schaute er den Schülern der Lateinschule bei ihren Spielen zu: „Ich wünschte, daß ich unter den Glücklichen wäre, nicht des Spielens, sondern der vielen Bücher halber und wegen dessen, was sie in dieser Welt werden konnten."

Die Mutter drängte den Jungen, als er vierzehn Jahre alt geworden war, in die Lehre zu gehen. Sie glaubte ihn, weil er gern für sein Puppentheater bunte Flicken zurechtschnitt und nähte, zum Schneider geeignet. Hans Christian aber widersetzte sich und beteuerte, er wolle zum Theater gehen und Schauspieler werden.

Mit einer Zähigkeit ohnegleichen verfolgte er sein Ziel. Er bat und plagte die Mutter, ihn nach Kopenhagen reisen zu lassen. „Was willst du dort anfangen?" fragte sie.

„Ich will berühmt werden", erwiderte er und erzählte ihr, was er von großen Männern gelesen hatte: „Man hat erst gewaltig viel Widerwärtiges durchzumachen,

und dann wird man berühmt!"
Die Mutter ließ schließlich eine sogenannte „weise Frau" vom Hospital holen, die aus Karten und Kaffeesatz Andersens Schicksal voraussagen sollte.
„Ihr Sohn wird ein großer Mann", verkündete die Alte, „ihm zu Ehren wird Odense einmal illuminiert werden!" Da gab die Mutter nach und ließ den Jungen reisen.
Mit dreizehn Talern, die er sich zusammengespart hatte, zog Andersen los. Der Postillion bekam drei Taler dafür, daß er ihn als blinden Passagier mitnahm. Am 6. September 1819, mit kaum zehn Talern in der Tasche, hielt er seinen Einzug in der Hauptstadt. Jahre der Enttäuschung lagen vor ihm.
Alles, was er unternahm, schien zunächst fehlzuschlagen: Die berühmte Tänzerin, für die er ein Empfehlungsschreiben mitbekommen hatte, schickte ihn fort. Der Theaterdirektor, bei dem er sich vorstellte, erklärte ihm, er sei für das Theater zu mager. Als Andersen entgegnete, bei hundert Talern Gage wolle er schon fett werden, hieß ihn der Direktor seiner Wege gehen.
Schließlich nahm sich ein italienischer Musikdirektor seiner an, sammelte Geld für ihn und versprach, seine Stimme auszubilden. Doch bereits nach einem halben Jahr, als Andersen Stimmbruch bekam, verlor der Musikdirektor alles Interesse und riet ihm, heimzufahren und ein Handwerk zu erlernen. Aber Andersen gab nicht auf. Wie ein Ertrinkender klammerte er sich an den Traum, beim Theater sein Glück zu machen. Er spürte neue Gönner auf, die ihm Geld beschafften, nahm Unterricht im Vortragen, überall aber blieb der Erfolg aus.
Zuletzt faßte er den Entschluß, Theaterdichter zu werden, und schrieb in vierzehn Tagen ein Trauer-

spiel, das freilich von Fehlern wimmelte und ihm als völlig untauglich zurückgesandt wurde. Doch mit einem neuen Trauerspiel hatte Andersen bei der Theaterdirektion endlich Glück! Man wies das Stück zwar gleichfalls ab, stellte aber fest, daß es „viele Goldkörner“ enthalte und der junge Verfasser „vielleicht bei ernsten Studien, nach dem Besuch einer Schule und dem vorherigen Erlernen alles dessen, was dazugehöre, einst der dänischen Bühne Arbeiten liefern könne, welche würdig wären, aufgeführt zu werden“. Jonas Collin, ein Mitglied der Direktion, verschaffte Andersen für mehrere Jahre eine öffentliche Unterstützung zur Ausbildung in der Lateinschule von Slagelse. Nach Jahren bitterster Enttäuschung und ständiger Fehlschläge sah Andersen nun ein sicheres Ziel vor sich, als er im Herbst 1822 mit der Postkutsche aus Kopenhagen abreiste.

Das Leben, das ihn erwartete, sollte aber durchaus nicht sorgenfrei und heiter werden. Eine Zeit seelischer Qual begann: „Ich war einem wilden Vogel gleich, der in den Käfig gesperrt war!“ Wenn es schon nicht leicht für ihn war, als Siebzehnjähriger mit zwölfjährigen Jungen zusammen auf der Schulbank zu sitzen, so traf ihn schwerer noch die Härte und Grausamkeit des Rektors Meisling, dem jedes Verständnis für den empfindsamen Träumer fehlte und der ihn mit seinem beißenden Spott zur Verzweiflung trieb. Endlich erlöste ihn Collin aus dieser Not und holte ihn nach Kopenhagen zurück. Andersen mietete sich ein kleines Dachstübchen und erhielt Privatunterricht, bis im Oktober 1828 das Abitur bestanden war.

In diesen Jahren wurde Andersen von den Collins fast wie ein Sohn aufgenommen. Dennoch fühlte er sich in der vornehmen Beamtenfamilie nie ganz wohl. Dem Hausherrn gegenüber hatte er immer das Gefühl

der Abhängigkeit, und von den Kindern trennte ihn bei aller Freundschaft doch eine gewisse Kühle, die den nach Zärtlichkeit verlangenden einsamen Dichter schmerzlich berührte. Er hat es nie verwunden, daß ihm der zwei Jahre jüngere Eduard das angebotene brüderliche Du abschlug. Im Grunde wurde der arme Flickschusterjunge aus Odense von der vornehmen Kopenhagener Gesellschaft nie für voll genommen.
Der dreiundzwanzigjährige Andersen mußte sich nach bestandenem Abitur auf eigene Füße stellen. Der demütigenden Abhängigkeit von Gönnern und Wohltätern war er überdrüssig, in die Enge einer Amtsstube wollte er sich nicht einsperren lassen, so lebte er fortan als freier Schriftsteller von dem, was ihm sein Schaffen einbrachte. In späteren Jahren, bei wachsendem Ruhm, wurde ihm ein festes Dichtergehalt gewährt. Zunächst aber hieß es schreiben und schreiben, was die Feder hergab: „Dänemark ist ein kleines Land, nach Schweden und Norwegen gingen damals nur wenige Bücher, das Honorar konnte deshalb nicht groß sein. Es wurde mir schwer, mir durchzuhelfen, doppelt schwer, weil meine Kleidung einigermaßen den Kreisen entsprechen mußte, in die ich kam. Zu produzieren und immer zu produzieren war ruinierend ..."
Die ersten schriftstellerischen Arbeiten brachten ihm einen mäßigen Erfolg: die witzige Beschreibung einer Fußreise, ein Band Gedichte und ein lustiges kleines Theaterstück. Seine Einnahmen verwandte er vor allem dazu, die Welt kennenzulernen. Eine Reise führte ihn zunächst nach Jütland; im Frühjahr 1831 trat er dann die erste Auslandsreise an, nach Deutschland: „Alles überraschte mich und erfüllt meine Seele. Ich sah die ersten Berge, das Harzgebirge, die Welt erweiterte sich so erstaunlich vor mir." Zwei Jahre später begab sich der Dichter auf

eine weitere Reise, die ihn nach Frankreich und Italien führte und zu einem Wendepunkt seiner Laufbahn werden sollte.
Auf seinen Reisen hat Andersen die Anerkennung gefunden, die er daheim oft so schmerzlich entbehrte. In Kopenhagen fielen die Kritiker gehässig über seine Schriften her; die vornehme Gesellschaft rechnete dem „Emporkömmling" ungeschickte Wendungen an und suchte seine Gedichte nach Fehlern durch. Im Auslande dagegen schätzte man seine Werke und erkannte ihn als Menschen an. Voll Stolz berichtete der Dichter in seinen Briefen über diese Erfolge und notierte jedes Zeichen seines Ruhms für die Zweifler zu Hause.
Nicht nur das Bewußtsein des eigenen Wertes wuchs auf diesen Reisen, Andersen reifte auch in seiner dichterischen Kraft, gewann neue Erfahrungen und Einsichten vor den Erscheinungen der Natur, bei der Bekanntschaft mit den Menschen und ihren Schicksalen. Er unternahm insgesamt neunundzwanzig Auslandsreisen, von denen viele auch ihre Spuren in seinen Märchen hinterlassen haben. Keine aber war für seine Entwicklung so wichtig wie die große Reise der Jahre 1833 und 1834. Landschaft, Kunst und Volksleben in Italien überwältigten den Dichter: „Alles war Sonnenschein, alles war Frühling! Die Trauben hingen in langen Gewinden von Baum zu Baum, nie habe ich Italien später so schön erblickt. In Florenz, vor der Mediceischen Venus, war es, als fiele ein Schleier von meinen Augen; eine neue Kunstwelt erschloß sich mir. Hier lernte ich die Formenschönheit verstehen, den Geist, der sich in Formen offenbart. Das Volksleben, die Natur, alles war mir neu und doch so sonderbar bekannt, als wäre ich in eine Heimat gekommen, wo ich meine Kindheit verlebt hätte."

Die Frucht dieser Reise war der Roman ,,Der Improvisator", der nach der Rückkehr in Dänemark geschrieben wurde, erfüllt von den frischen Eindrücken aus dem Süden, mit denen Andersens Lebensgeschichte zu einer ergreifenden Dichtung verschmolz. Dieser Roman brachte den ersten großen sichtbaren Erfolg. Im gleichen Jahr 1835 erschien er auf dänisch und deutsch; 1838 auf schwedisch, 1844 auf russisch, englisch und amerikanisch. Gleichzeitig mit diesem Buch war ein kleines Heft herausgekommen, das Andersen selbst nicht sehr wichtig nahm, das auch zunächst von der Öffentlichkeit nicht übermäßig laut begrüßt wurde, das aber in Wahrheit seinen Weltruhm begründen sollte. Es war für Kinder bestimmt und enthielt vier Märchen: ,,Das Feuerzeug", ,,Der kleine Klaus und der große Klaus", ,,Die Prinzessin auf der Erbse" und ,,Die Blumen der kleinen Ida". Die drei ersten Märchen hatte Andersen, wie er berichtet, in seiner Kindheit in der Spinnstube und beim Hopfenpflücken gehört. Das letzte aber war frei erfunden: ,,Es entstand, weil ich eines Tages bei dem Dichter Thiele dessen kleiner Tochter Ida von den Blumen im Botanischen Garten erzählte; einige Äußerungen des Kindes merkte ich mir und gab sie wieder, als das Märchen später niedergeschrieben wurde."
In den folgenden Jahren erschienen immer wieder solche schmalen Hefte. Bis zu seinem Tode schrieb Andersen über 150 Märchen und Geschichten; an keinem Weihnachtsfest sollte nach seinem Wunsche ein neues Büchlein fehlen. Der Erfolg übertraf bald alle Erwartungen. Andersens Märchen flogen über den Erdball. Zu seinem 70. Geburtstag konnte ihm eines davon in fünfzehn verschiedenen Übersetzungen vorgelegt werden. Inzwischen sind die Märchen in mehr als dreißig Sprachen übersetzt und in vielen

Millionen Bänden gedruckt worden.
Was ist das Geheimnis dieser Wirkung? Andersens bildhafter, natürlicher, lustiger Erzählweise merkt man es an, daß die Märchen nicht auf dem Papier entstanden sind. Der Niederschrift ging, wie Edvard Collin sich erinnert, fast immer das Erzählen voraus: „In mehreren der Kreise, in denen er täglich verkehrte, fanden sich Kinder, mit denen er sich abgab; er erzählte ihnen Geschichten, die er teils im Augenblick selbst machte, teils aus bekannten Märchen holte; aber ob er nun seine eigenen erzählte oder nur nacherzählte, seine Erzählweise war so ausschließlich seine eigene und so lebendig, daß sie die Kinder entzückte. Ihm selbst machte es Spaß, seiner Laune freien Spielraum zu geben, die Rede floß unaufhaltsam dahin, reichlich ausgestattet mit den den Kindern bekannten Redensarten und mit Gebärden, die dazu paßten. Selbst dem trockensten Satz gab er Leben. Er sagte nicht: ‚Die Kinder kamen auf den Wagen, und dann fuhren sie', sondern: ‚So kamen sie auf den Wagen, lebe wohl, Vater, lebe wohl, Mutter, die Peitsche knallte, klitsch, klatsch, und weg fuhren sie, hei, willst du wohl gehen.'"
Aber die Märchen waren zugleich auch an die Adresse der Erwachsenen gerichtet. Der Dichter wußte, wenn er den Kleinen erzählte, „daß Vater und Mutter zuhören, und die müssen etwas zum Nachdenken haben!" So konnten sich die Kleinen über Däumelinchens Erlebnisse ängstigen und freuen, während im Hintergrund die Eltern verdutzt nachsannen, ob die anmaßende Beschränktheit von Feldmaus und Maulwurf nicht vielleicht ihren eigenen Fehlern den Spiegel vorhielt. In seinen Märchen zahlte er der Kopenhagener Gesellschaft ihre Hochnäsigkeit heim. Wie verständnislos begegnen Kater und Henne dem jungen Entlein! In welcher Be-

schränktheit lebt die „glückliche Familie“ dahin! Die eingebildeten Schnecken sind so töricht, daß ihr höchster Wunsch der eigene Untergang ist: gekocht auf silberner Schüssel zu liegen! Klatschsucht und Übertreibung können nicht beißender verspottet werden als in der Geschichte „Es ist ganz gewiß!“ Und wie entlarvt das Verhalten des Maikäfers jene charakterlose Unzuverlässigkeit, die sich allein nach der öffentlichen Meinung richtet. Erst findet er Däumelinchen niedlich, aber als alle Maikäferfräulein sagen, sie sei häßlich, „glaubte er es zuletzt selbst und wollt sie nicht mehr haben“. Ganz besonders trifft Andersens Spott die Welt des Hofes, die Adelsgesellschaft und ihre kriecherischen Lakaien. Im Märchen vom Schweinehirten zeigt er, was sich hinter dem hohlen äußeren Prunk des Kaiserhofes verbirgt: Künstelei geht über Natürlichkeit, ein Automat wird höher geschätzt als Rose und Nachtigall.

Wer diese Märchen las und darüber nachdachte, mußte den Eindruck gewinnen, daß vieles in der Gesellschaft nicht in Ordnung war, und Generationen von Lesern schöpften daraus die Kraft, das Leben zu verändern und menschenwürdig zu gestalten. Der Dichter stand mit seinem Herzen immer auf der Seite der Armen, Verstoßenen und Unterdrückten. Er selbst war aus Not und Elend zum Ruhme aufgestiegen; sein eigenes Leben war ihm wie ein Märchen erschienen. Darum erhoffte er auch für andere arme Menschen eine märchenhafte Erlösung aus ihrer Not, die er freilich oft nur als ein Wunschbild der Phantasie und der Religion verstand. So wird das bittere Sterben des kleinen Mädchens mit den Schwefelhölzchen durch einen beglückenden Traum gelindert: Dem Kind erscheinen der warme Ofen, der Weihnachtsbaum und die Großmutter, mit der es zum

Himmel schwebt.
Andersens Gestalten wenden sich häufig an Gott um Hilfe, wie etwa Elisa, die Schwester der wilden Schwäne. Aber im Grunde ist es das gute Herz, die Opferbereitschaft des Mädchens, die Rettung bringt! Auch die kleine Gerda bittet die Engel herbei, daß sie die greulichen Schneeflocken vertreiben. Die kluge Finnin jedoch spricht es aus, daß die wahre Hilfe nur von der Kraft ihres eigenen Herzens, von ihrer selbstlosen Liebe kommen kann: „Sie kann nicht von uns ihre Macht erhalten; sie sitzt in ihrem Herzen und besteht darin, daß sie ein liebes, unschuldiges Kind ist.“ Das Vertrauen auf die Kraft des Menschen steht hinter Andersens Frömmigkeit: Gott ist mit den Guten. Die mutige, standhafte Elisa behält recht gegen den mächtigen Erzbischof!
Der Dichter hat die Wunder der Welt mit offenen Augen aufgenommen und sie dem Märchen erschlossen. Die bunte Fülle seiner Gestalten stammt aus allen Kreisen des Volkes. Neue, bisher ungewohnte Reiche tun sich auf. Tier und Pflanze, Spielzeug und Hausgerät bis zum Halskragen und der Stopfnadel — eine andere Welt hält Einzug in das Märchenland. Andersen ließ sich auch von dem Unbeachteten anregen, das andere übersehen oder gar verabscheuen. So erzählt er das Märchen von der Kröte mit den klugen, goldumrandeten Augen und entdeckt selbst im Rinnstein und unterm Gerümpel noch Sehens- und Berichtenswertes.
Mit seinem scharfen, eindringenden Blick für die Wirklichkeit war Andersen ein moderner Mensch, ein Mensch unseres Zeitalter, jedem Fortschritt begeistert aufgeschlossen. Mit lebhaftem Interesse beobachtete er die Entwicklung der Naturwissenschaft, bewunderte Mikroskop, Photographie oder die Eisenbahn. Als er sich 1853 auf dem Kopenhagener Post-

amt den Telegraphenapparat vorführen ließ, wurde er tief erschüttert. „Ich fühlte mich ganz wunderlich überwältigt von der Größe der Erfindung; es war, als stände ich unter dem Flügelschlag eines mächtigen Geistes, es gingen mir so viele Gedanken durch die Seele, daß ich nahe am Weinen war und forteilte ..."
Er überdachte die Folgen, die sich aus der Erfindung ergeben mußten: „Die Menschen werden näher zusammengerückt; die Gedanken lassen sich leichter austauschen, wir werden mehr zu einem Volk, zu einem Geistesstaat. Ich habe in den letzten Jahren so viel Interesse für die Wissenschaft bekommen, daß ich überzeugt bin: Wäre ich vor zwanzig Jahren so von ihrer Herrlichkeit erfüllt gewesen, wie ich es jetzt bin, so wäre ich sicher einen andern Weg gegangen, oder richtiger, ich hätte mir Kenntnisse angeeignet, durch die meine dichterische Tätigkeit andere Blumen getrieben hätte als jetzt." So bedeutet die Verurteilung der „Verstandeseisspiele" des kleinen Kai im Märchen von der Schneekönigin keineswegs, daß der Dichter mit der Wissenschaft auf Kriegsfuß stand. Andersen lehnte nur die herz- und phantasielosen Verstandesmenschen ab.
Wie bunt und vielfältig seine Märchen auch sind, eines haben sie alle gemeinsam: Sie sind vom Dichter erlebt und spiegeln Glück und Leid seines eigenen Lebens wider. Wir ahnen, daß mit dem Schicksal des häßlichen jungen Entleins insgeheim auch der Weg des jungen Hans Christian miterzählt wird. War der Dichter glücklich geworden, der sein Leben so gern als ein Märchen bezeichnete? Es war wohl einem Märchen ähnlich, aber einem von Andersen, in dem sich Leid und Freude mischen und das nicht überall glatt aufgeht. Im Grunde war Andersen, der aus dem Elend auszog, um das Glück zu finden, nicht ans Ziel gelangt. Aus der Welt der armen Handwerker, der

Bettelnden und Verkommenden hatte er sich gelöst — aber in einem neuen Kreis doch nicht Wurzeln gefaßt. Zur vornehmen Gesellschaft, die sich seine Dichtungen nur gefallen ließ, hat er nie gehört. Am 4. August 1875 ist er, auf der Höhe seines Ruhms, gestorben.

Durch seine Märchen lebt Hans Christian Andersen fort. All das, was er im Leben selbst nicht fand, hat darin Gestalt gewonnen: Güte, Hilfsbereitschaft, wahre Menschlichkeit. Darum geht von Andersens Märchen bis zum heutigen Tag solch eine mitreißende Kraft aus. Liebe zu den Menschen, Liebe zur lebendigen Natur, Glauben an den Sieg des Guten über das Böse liegt darin als unvergänglicher Schatz beschlossen. Die Stimme dieses Erzählers wird uns immer wieder anrühren und bezaubern: Es ist die Stimme eines guten Menschen.

Ernst Stein

INHALTSVERZEICHNIS

3 Das Feuerzeug
13 Der kleine Klaus und der große Klaus
28 Der Schweinehirt
34 Tölpel-Hans
39 Wie's der Alte macht, ist's immer recht
46 Des Kaisers neue Kleider
51 Die Prinzessin auf der Erbse
53 Der fliegende Koffer
61 Die wilden Schwäne
82 Die kleine Seejungfrau
111 Der Schatten
127 Däumelinchen
142 Der Kobold und der Krämer
147 Die Schnelläufer
150 Der Sandmann
165 Fliedermütterchen
175 Das kleine Mädchen mit den Schwefelhölzchen
178 Die Nachtigall
191 Das häßliche junge Entlein
203 Die Störche
209 Die Kröte
218 Die glückliche Familie
222 Der Mistkäfer
232 Es ist ganz gewiß!
234 Der Wassertropfen
236 Der Tannenbaum
248 Die Teekanne
250 Die Blumen der kleinen Ida
260 Das Gänseblümchen
265 Der Flachs
271 Fünf aus einer Schote
275 Der standhafte Zinnsoldat
281 Die Hirtin und der Schornsteinfeger
287 Das Liebespaar

290 Der Halskragen
293 Die Stopfnadel
297 Der Springer
300 Der Schneemann
308 Die Schneekönigin

349 Nachwort

AKSELEU SEJDIMBEKOW

Alpamys und Baischubar

Aus dem Russischen übersetzt von Leonore Weise
Illustrationen von Jewgeni Sidorkin
Für Leser von 11 Jahren an

Alpamys, der Held vieler Sagen und Epen aus den Steppen Mittelasiens, ist mit außergewöhnlichem Mut und übermenschlicher Kraft begabt. Im Kampf mit räuberischen Eindringlingen vollbringt er wahre Wunder an Tapferkeit. Die Bedrückten finden bei ihm Schutz und Hilfe. Der kasachische Autor Akseleu Sejdimbekow hat die Abenteuer des Recken, wie sie das Volk kennt, in Prosa erzählt.

Der Kinderbuchverlag Berlin

ENO RAUD

Als kühne Recken durch die Lande zogen

Aus dem Estnischen übersetzt von Helga Viira
Illustrationen von Klaus Müller
Für Leser von 11 Jahren an

Der Schriftsteller Eno Raud hat das estnische Epos von Kalevipoeg, dem klugen und starken Helden, dem guten, tapferen König, für junge Leser in Prosa nachgestaltet. Auf märchenhafte Art erzählt er von längst vergangenen Zeiten, da die Recken durch Wald und Feld zogen und Abenteuer mit Zauberern und allerlei Geistern erlebten. Und er zeigt, wie diese alte Welt sich ihrem Ende zuneigt.

Der Kinderbuchverlag Berlin

7. Taschenbuchauflage 1989

Lizenz-Nr. 304-270/422/89
Gesamtherstellung:
Grafischer Großbetrieb Völkerfreundschaft Dresden
LSV 7758
Für Leser von 10 Jahren an
Bestell-Nr. 630 723 5
00280

ISBN 3-358-01417-7